SHU SAKUJIN "TAINICHI KYORYOKU" NO TENMATSU
by Hideo Kiyama
© 2004 by Hideo Kiyama
Originally published in Japanese by Iwanami Shoten,
Publishers, Tokyo, 2004.
This Chinese (simplifies character) language edition
Published in 2008
by SDX Joint Publishing Co., Beijing
by arrangement with the author c/o Iwanami Shoten,
Publishers, Tokyo

日本二周研究经典选辑

北京苦住庵记

日中战争时代的周作人

[日]木山英雄 著
赵京华 译

Simplified Chinese Copyright © 2008 by SDX Joint Publishing Company. All Rights Reserved.
本作品中文简体版权由生活·读书·新知三联书店所有。未经许可，不得翻印。

图书在版编目（CIP）数据

北京苦住庵记：日中战争时代的周作人／（日）木山英雄著；赵京华译．—北京：生活·读书·新知三联书店，2008.8　（2024.6 重印）
（日本二周研究经典选辑）
ISBN 978-7-108-02973-7

Ⅰ.北⋯　Ⅱ.①木⋯②赵⋯　Ⅲ.周作人（1885～1967）－人物研究　Ⅳ.K825.6

中国版本图书馆 CIP 数据核字（2008）第 066905 号

责任编辑	叶　彤
装帧设计	罗　洪
责任印制	董　欢
出版发行	生活·讀書·新知 三联书店 （北京市东城区美术馆东街 22 号）
邮　编	100010
图　字	01-2007-2542
经　销	新华书店
印　刷	北京隆昌伟业印刷有限公司
版　次	2008 年 8 月北京第 1 版 2024 年 6 月北京第 2 次印刷
开　本	880 毫米×1230 毫米　1/32　印张 10.5
字　数	236 千字
印　数	6,001-9,000 册
定　价	49.00 元

目 录

致中文版读者 ········· 1

缘起 ········· 1
一　对日和战问题 ········· 1
二　日本研究 ········· 17
三　滞留北京 ········· 27
四　非议与沉默 ········· 49
五　"流水斜阳太有情" ········· 69
六　狙击事件 ········· 90
七　出任伪职 ········· 113
八　"中国人的思想" ········· 140
九　大东亚文学者大会 ········· 167
十　文献一束 ········· 197
十一　审判 ········· 219
十二　在中华人民共和国 ········· 249

尾声 ·· *267*
后记(1978年) ································· *271*

附录1：知堂狱中杂诗抄(1990年) ············· *273*
附录2：《周作人致周恩来信》及题解(1994年) ··········· *290*
新版后记(2004年) ································· *309*

译者后记 ·· *313*
译者再印后记 ·· *319*

致中文版读者

这本以日中交涉史上极其微妙的部分为主题的著作,自初版以来经历了近30年的时光而有了刊行中文本的机会,作为作者,我不能不产生一些复杂的感慨。从直接的感想来说,首先便是有些矛盾的心理,通过中文本的出版终于能得到那些不懂日文的朋友们的指教,我在欣喜的同时,又对将如此繁琐的读物呈送于一般读者面前感到惶惑。

这本书的写作动机原本很简单,我的愿望只是想亲自来确认一下使自己平素爱读的那位作家后半生沾满污名的事件之真相。然而,与主人公及其事件相关的日中间诸种关系却绝没有那么简单。因此我虽然希望通过写作此书,使自己能够以更为自由的心境来阅读周作人,并借此追问日本人自身的历史和自我认识问题,但执笔的当时正值"文化大革命"结束前后,我做梦也没有想到会有一天将我个人的思考结果展示在中国人面前。不仅在执笔写作的当时,甚至在两国间学界交流的大门敞开之后,我依然对此书的翻译出版取一种消极的态度。如果进而说到其理由的话,其实在我的执笔动机里面,还包含着当初阅读周作人一系列"日本研究"文章而获得新鲜的感动和惊讶这一经验。那是他面对日军全面侵略的危机,最大限度地去寻找可能取代国家民族间憎恶的理解之道的执着努力,而我则因被这份执着的努力所惊讶和感动,作为后代日本人的一个回应,试图尽可能贴近他的立场而对事件的整个过程予以重构,以安慰那失败的灵魂。以上虽然是我的真情,但我在思想上却未必能一一认同他,这也是事实。我于是把这个矛盾有意识地在作为日本公民而负有侵略战争之共同责任的立场上承担下来。反过来说,我甚至是依靠日本人没有权利批判周作人这一不成文的限制,勉强把"安魂"的微茫希望贯彻到底的。总之,本书有一言难尽的因由。

当然,中国方面也有其固有的状况。例如一旦触及该事件,仍然会引发疑问:按照把政治观点和道德观点结为一体的"民族气节"标准,周作人到底是不是"汉奸"?或者他究竟是好人还是坏人?若从抗日战争的沉重历史经验着眼,这种疑问也是理所当然的。不过,对于此种关切来说,我这本书恐怕几乎是等于无内容的。还有,长期以来,以《在延安文艺座谈会上的讲话》涉及周作人的一节为出典的领袖裁断,保持着超越民国和共和国的法院两度判决的权威。尽管外国人也可以对这一权威是经过抗战、内战以及革命建国的具体历史而形成的事实表示理解和尊重,但到底不能将其作为自己思考的前提,何况是问题超出政治责任的范围而触及个人道德领域的时候。这样,双方都有各自的历史因缘,加之彼此间原本缺乏如"欧洲精神"那样可能超越国界的共同理念,我们暂时不便讨论如此微妙的问题,也是不足为奇的。

另一方面,由于以上动机和所取的方法,无论是作为一介文人的个人史,还是作为以沦陷区这一特殊地域为背景的特殊事件史,都是需要重视其纪实性的,也因此,我不能不背负起仅以有限史料写出一部不完整历史的史家那样的遗憾之念。而直到最近,终于得以将出版以来近四分之一世纪内主要在中国大陆公开的史料以补充论文和补注的形式加进去而刊行本书的新版,这不仅是为了完成类似于史家的职责,同时也是想对自己与这个课题漫长的因缘关系有个了结。改版的详细情况如新版后记所示,《北京苦住庵记》本身实乃属于上世纪70年代的历史范围,基本上是不容改动的。不过,为刊行新版重读一过,我注意到有关本书的我个人的意识发生了变化。对此我亦在新版后记中有所言及,即所谓"对周作人之失败主义式抵抗思想之可能性做认真思考的话"云云者。"作为思想之可能性"这句话的涵义如何,以及"可能性"本身是否存在,在此倒可以不问,我想要说的是,我同时感觉到如今有些条件已经达到了相当的成熟度,连周作人的这一类思想问题也有可能与中国友人共同讨论了。我所以不只那么感觉,而且事实上在此书中文版的序文里也不惮误会地敢于特地提到此事,是因为我认为我们今天已经开始意识到如下的共同课题,即市场资本主义称霸世界,然而如谁也不再大谈"无产阶级国际主义"那样,目前还没有找到任何有效的替代方案;而我们就要在这样的状况之下直面毫不留情的"全球化"趋势与单个国家的民族情绪之排他性高昂所造成的恶性循环。实际上,恰恰就是在这样危机重重的时期里,与中国友人不存隔阂地进行对话的条件得到了难以置信的改善。而想到希望,我则期待从中找到希望的一个方向。周作人的思想(如"东洋人的悲哀"这种负面的亚洲主义等)至少不背离这个方向。

在此之前,曾不辞辛劳编译我的论文集《文学复古与文学革命》(北京大学出版社出版)的赵京华君,在该书刊行新版之际便想到要将其翻译成中文。其后,在正式向我提出此事的理由说明中,他强调做这个包含繁琐补注的麻烦的翻译工作,对于自己在日本取得博士学位回国之后重启中断已久的周作人研究,很有意义。听他如此说，我也就不好再一味强调自己的犹豫不决了。其实，如上文所述，在我自己的内心也渐渐有了一定程度的思想准备，况且其中也有他起的作用，因为那本论文集中收录了本书"缘起"一文以及其他数篇关于周作人的拙文，不少读者已经有所了解了。从这个意义上讲，我当然由衷感激赵君的辛劳，亦期待他自己的研究不断有新的发展。同时，对据说直接或暗地里鼓励他做这项翻译工作的北京友人们，表示诚挚的谢意。

木山英雄

二〇〇七年十一月 于横滨

缘　起

　　自"日华事变"（即"七七事变"——译者）之后直至日本对联合国无条件投降，亦即1937年7月至1945年8月的整整8年期间，古都北京一直被置于日本军的占领之下。日本方面把这种占领地区称为"和平地区"，表面上建立了由中国人组成的政权，但占领的实质并没有任何改变。参加这些伪政权的中国人，不管其个人意图怎样，都没能免除掉与敌合作的罪责，从而沾上"汉奸"的污名。在占领军及协助占领的当地政权之下，多数市民只要有可能，是不会忘掉日常生活的，事实上也没有忘掉。而在知识界占有某种地位，处于政治乃至道义上的去留进退考虑的人物，则无论是谁都曾一度面临着逃离北京还是留下来这样一个选择，那么，留下来的其后每有事情便要遇到对于占领统治是抵抗还是合作的歧路与抉择。

　　这样，在出色的知识人纷纷南下而消失了身影的北京，名声上与实质上都是重量级的文人，身居国立北京大学文学院教授职位，最后不但留居下来，甚至出任了在人去城空后"再建"起来的伪北京大学文学院院长，进而就任"合作政权"的相当于文部大臣的督办职位的，乃是周作人。这个名字在当今日本，因是著名的鲁迅的弟弟而为一部分人所知晓，其实，他的这一事件作为中国文化界的重大创伤，于战争期间及战后都成了深刻的非议对象。之所以如此，是因为此人乃中国近代精神发展史上的一颗闪耀的烁星，在文坛上的声望曾与鲁迅平分秋色。这里，为方便读者起见，即使撇开战争中的那个事件，虽作为与日本有着非同一般关系的邻国名士，也还是有必要一瞥此人到事件发生为止的身世经历的。

周作人生于1885年，清光绪十一年，即日本的明治十八年。其家世乃浙江省绍兴县一旧式地主家庭，祖父是通过了科举考试最后阶段的进士，父亲亦具有生员的资格，这是一个传统的读书人世家。年长四岁的长兄树人即后来的作家鲁迅，而年幼四岁的小弟建人长期从事出版工作，时而写一些启蒙性的社会评论，后来成了共产党外围的知识分子运动的活动家，如今乃是中国政界的元老级人物而为人所知。周作人先是在旧式私塾接受古典教育，曾与兄鲁迅一起参加过科举县试，后就学于南京的洋式海军学校江南水师学堂，1906年与最终决意弃医从文而回国的鲁迅一起来到日本留学。在日本，于东京的汤岛、本乡界隅和长兄及同乡过着学生寄宿生活，接受了日语预备教育之后，在立教大学攻读英国文学及古代希腊语。这期间，与长兄一起受到了留日中国学生掀起的旨在推翻清朝异族统治之民族革命运动的潮流洗礼，开始尝试与此深有关系的西欧文学的翻译出版，结果因太超前于时代而告失败。在本乡西片町他们兄弟的租借公寓里，住着名叫羽太信子的女工（有人认为是公寓老板的女儿，这是不对的），周作人则与这个圆圆的脸的日本姑娘发生了恋爱，1909年春终于结婚。这一对夫妇的结合从各方面不断惹起我们的好奇心，不过，这里就存而不论了，信子则在结婚的同时放弃了日本国籍并在此后漫长的生涯中一直伴随着周作人直到最后（因信子一个人很寂寞而叫到身边来的妹妹芳子，也于稍后嫁给了建人）。同一年夏天鲁迅回国，他们夫妇仿佛于此前后搬到麻布的森元町，开始了独立的家庭生活。在长兄的庇护下，周作人作为清国留学生得以过上比一般人要安稳得多的生活，与鲁迅分别后，他在此所度过的一年多日本式的结婚生活，毫无疑问，使他对日本的人情风土的经验和理解得到了进一步深化。1911年归国不久便发生了辛亥革命，他在乡里的革命政府下面一边做教育界的官人和中学教员，一边继续从事文学研究。1917年应聘进京入作为新文化运动的发源地而渐渐形成阵容的北京大学，之后，一直没有离开北京。作为新文化运动的旗手，在因胡适倡导的言文一致论而兴起的文学革命中，周作人通过评论和新体诗的创作，为运动注入了日本白桦派的对于个人与人类之觉醒的思想，显示出一个清新的人道主义者的面貌（周是《白桦》的订阅者，还作为武者小路实笃"新村"的中国会员访问过日向的"村子"）；还以那种通晓日、英、希腊三国语的诚实的文学启蒙主义者，以及与鲁迅不相上下的执着的因袭传统之批判者形象，在人们的记忆里留下了深刻的印记。不久，他放弃激进的反传统主义，渐渐地将这一切消化于对传统文学本身的"再生"之中，作为独特的散文艺术的名家不断加深其沉潜的深度而铸就了凝重苍郁的风格。这种风格虽与夺得了五四新文学之主流位置的左翼之阶级乃至民族解放斗争的文学性质不同，但只要是新文学的解放思想继续在左翼文学之中得到了继承，那么，两者之间自然会留下同情与理解的余地，即使有批判和讽刺的交锋亦很少发展到侮辱与憎恶的程度。这种状况同样也可以用来说明1923年因家事而绝交的与鲁迅之间的关系。作为北京大学的教授，他虽然不太适合于做学院式的研究，但在大学里组织"歌谣研究会"，为中国民俗学的草创做出了贡献，而于古今东西的文艺方面开启青年后学的眼界,其功劳实在显著。我们还不该忘记,在所属的北京大学文学院外国文学系开设日本文学专业而处于指导地位的也是这个周作人。

在某个时期里,周作人勤奋写作的时事批评文章中有《李完用与朴烈》(1926)一文。《读卖新闻》当时有两则新闻记事:一个是"日韩合并"时,韩国总理李完用病危之际,由日本皇室"赐给"葡萄酒一打;另一个是大逆事件的被告朴烈和金子文子夫妇于曾经审判过幸德秋水及难波大助的同一个法庭上,大言"三年后相见"。周作人特意译出两则新闻并放在一起,指出李完用才是"将朝鲜引渡给日本"的"真真正正的叛徒",朴烈则是"企图谋反日皇"的"朝鲜的忠良",进而这样写道:

> 我相信中国可以有好些李完用,倘如日本(或别国)有兴致来合并中国,但我怀疑能否出一两个朴烈夫妇。朝鲜的民族,请你领受我微弱的个人的敬意……

这种语言表述本身还回响着曾经共鸣于白桦派的余韵,而将这种共鸣作为与中国的现实不合的"梦想"自动抛弃掉的,是在作此文的稍早一些的时期。这之后又因历史的激荡和自身年龄的变化,他也曾显示过独具特色的思想转变,尽管如此,仍未能完全抛弃这种反身忧己批判式的"忠良"之民族意识。然而,就是这个周作人十余年之后却身处被称为"汉奸"的立场上,实乃任何人也不曾预料到的。这真是一个不幸的讽刺,对他本人乃至中国人的伤害程度有多深,我们实在无法估量。

本来,关于占领之下与敌人合作的问题,仅仅由于对背叛者的愤怒以及本人曲折的名誉心,还有战后重新建立起来的国家主权之政治性等等,要将尽情尽理的认识公诸于世,毫无疑问是至为困难的。更何况，侵略与抵抗的关系虽然明明白白，但又是各自包含了复杂要素的异常战争中发生的事件——正如日本方面投入了如此惊人的资源深深陷入全面战争的深渊而直至最后依然只能将此称为"事变"一样，也正如中国方面其内部存在着国共两党关系那样深刻的矛盾对立一样。而作为后一代的一个日本人，在道义的负担上还包括想象的难度上，要做出判断都是极为困难的。进而言之，面对从那场鲜血淋漓的抗战中顽强地战斗过来而实现了飞跃性成长的人民革命势力之今日的空前盛况，我现在针对作为抗战之敌而遭到追究的这个文人所做出的判断，除了道义和想象上必有的混乱，再加上感伤的情绪，难免不发生扭曲。

　　毛泽东在《在延安文艺座谈会上的讲话》（1942）中提到与为人民群众的文艺对立的是为剥削者、压迫者的文艺，他说这种"文艺是为帝国主义者的，周作人、张资平这批人就是这样，这叫做汉奸文艺"。详细讲来，"汉奸文艺"这个词当初是叫作"奴隶文化奴隶文艺"的，无论如何，这个抗战当中所下的裁断不同于根据"汉奸惩治条例"判处周作人徒刑的国民党政府，有着相当于中华人民共和国之判决的权威性。总之，把这场战争视为正义的自卫性抵抗而非帝国主义之间的战争，只要以此为前提，则无论是国民党还是共产党都将对周作人做出严厉的审判，这是当然的，至少也是一种自然的趋势吧。而所谓"合作"的主观方面以及"合作"中的抵抗等等，也只能视为"酌情"范围之内的问题。总而言之，这是一个归中国人来判断的事情。有关这个问题，如果从日本人方面能够找到什么可以判明的事实，虽然为时晚了点儿我当然还是愿意来做的。不过，我本来没有为周作人的行动下判决或加以辨明的资格，因此，在这里与其说为了酌情的根据、为了他的名誉，不如说为了作为直接亲切的理解所不可缺少的具体细节而追究那些事实。要之，我的动机本身不过是基于经验性的一种考究和自然而然的对于人之关怀而已。

所谓中国文学,即使对于像我这样不求甚解的悠闲的读者,也很难从包含战争的政治乃至包含了政治的文化之相关意识中得到自由放松的阅读感觉。所谓关系者,如从日文中的汉字乃至战争,即使只是各种各样的或祸或福乃至非祸非福的事实,一旦意识到这种关系,便不好单纯地享受这种异民族之异文化了,这实在不是一件那么轻松的事情。我常常为与对外国东西之隔靴搔痒的感觉不同的某种忧闷所困扰。当然,不为相关意识所困扰的彻底的自由也许是空虚而不实际的,总之,为了得以抱着自由自在的心情来读周作人,我一向感觉必须从正面来对这个问题做一次思考。

本来,周作人正是在各种各样麻烦的状况下,欲从中国人的角度来认真观察日本文化的少数人中突出的一位。无可置疑,中国人对于日本文化等问题的关心无论是过去还是今天都是淡泊而微乎其微的,而周作人则强调日本文化的独特性及其研究的价值,甚至自造 Nipponophilos 这个希腊语来表述理解日本应有的态度。可是,对于他那种谋求两个民族之间人与文化之正常接触的孤独努力,给予难堪的回报,甚至将那优美的 Nipponophilos 一语弄成占领之下的"亲日派"的最悲惨的译语而逼使周作人走到绝境的,不是别人正是日本人。也正是这一点,使我这个读者至今仍然感到迷茫。当然,他以自己的方式——虽然未必是英雄化的方式,始终作为一个自立的精神存在而跨越这个绝境生存下来了,这亦是事实。那个强有力的个性遭逢到一切文化行为的土壤都被剥夺殆尽的特殊困难的境况而演出的一段人生剧,无疑在他的传记中是非常意味深长的一段经历。有一点我敢肯定地说:即使借助贫乏的资料和靠不住的想象也值得追溯他这个时期的生活,我预感到其中有让我如此来想的真实意味。

说到我的动机大概也就是以上这些。平常所见到的材料曾多有留意。作为同时代的应该对此问题深有关注的少数人士——通过他们对这种后来变得模糊了的复杂关系之体验而获得证实的论述，也是我所曾期待的。然而，因体验深彻骨肉而不愿在话语上来议论的人，想来也是有的吧。一般说来，战争期间曾吹捧一时而战后则默杀，其悬隔之大，实在很是势利眼的。不过，这也确实需要经历一段时间，对革命中国的敬重等等，其中或许是有一些不能完全归罪于日本新闻媒体的健忘症或机会主义的因素的。就我个人来说，虽然并非面向中国人写这本书，但总觉得有难以下笔的地方。话虽如此，结果我还是要自己来解决自己所关心之事，在发现一些机缘之后，便去见了一些人，做了些调查问询。可是好容易查找到的一些有关系的人却多已作古，实在有悔之晚矣的感慨。另一方面，与某些意外生存下来的人取得了联系，虽说没有发掘出什么值得震惊的事实，但觉得在某种程度上还是填补了我对于时代和当时状况的隔绝感。曾经生存于当时的历史场景中的人未必看得清楚事情的关键处，这样的例子有时反而使我受到了鼓舞。特别是从与晚年的周作人多有书信交往，并公开发表过其中一部分的身居香港的鲍耀明先生那里，得到巨大的帮助。如果没有他的帮助，恐怕连这样的尝试著书的想法眼下也不会有的。

若要事先对用语加以说明的话，首先就是"汉奸"这个词，它一般被解读为汉民族的败类。孙伯醇《一个中国人的回忆》中有这样一种说法：本来"史记中项羽叔父项伯常在庇护汉的意义上"称楚阵营中"汉的内奸"，后来便成了一般意义上的"叛徒、内奸"。我不知道此一奇说的出处。孙氏曾任职中华民国驻日大使馆书记官直至汪兆铭伪政权时代，有过被视为与敌合作者的经历，因此，这说不定是他的潇洒诙谐之辩解性创作。这个词语本身不用说《史记》了,其他一般的典籍中也没有使用的例子,在文献上只是到了清代才见得到,而多用来指责忠实于满洲王朝的汉人。其次,被占领地区,即侵略者一方所谓的"和平地区"亦即抗战一方所说的"敌伪地区",当地的中国人则自称"沦陷区"。"沦陷"也可以用来表达个人的落魄境遇,让人感到难以译作陷落或失陷,是带有人之暗影的词语,相反译作沦落则也要失去其政治性的广泛含义。还有,与此对应的抗日地区,其名称为"自由区",其中,国民党统治地区称为"大后方",共产党的解放区又称"边区"。最后,"北京"在南京国民政府时期,用周作人的话来说,是出于"封建意识"而改称为"北平",占领时期则根据日本方面的意思而恢复了旧称,不过,正确的说法应该是作为中华人民共和国的首都而最后恢复"北京"这个称呼的。我在本书中一般统一使用"北京"一词,引文等则保留原文的叫法。

一 对日和战问题

经历了"满洲事变"(即"九一八事变"——译者)这一巨大屈辱之后,在民族感情不断遭到蹂躏的中国民众之中,终于出现了有组织的全国性抗日运动的高涨,这是在日本用侵略行为分离出了伪满洲国之后,借口"华北五省自治"开始策划露骨的华北分离工作的 1935 年下半年。大略形势如下:

1935 年 8 月,共产党于长征途中发表《为抗日救国告全体同胞书》,明确阐释了抗日统一战线的方向。

12 月,北京学生一万余人高举"反对防共自治运动""反对一切内战""要求政治自由"等标语,掀起大规模示威运动。以此为契机,一改政治上不甚敏感的"文化城"形象,古都北京自觉到如今已身处危机最前线,学生运动也迅速波及全国(一二·九运动)。

1936 年 6 月,"全国各界救国联合会""全国学生救国联合会"两大联合组织成立。

11 月,受日本关东军支援的内蒙古德王军队进攻绥远,而得到国民政府反击方针鼓励的傅作义绥远军奋力击退进攻,一举扫去了国民失败主义式的抑郁情绪(绥远抗日支援运动)。

12月，在西安，被张学良软禁的蒋介石终于放弃与共产党进行内战的政策（西安事变）。

以上，是一般所讲的全国性抗战体制确立的经过。

然而，以甚至发展到国共两大势力的二重权力状态的抗争为主轴，抗日问题上的政治情势即使仅限于国内关系亦十分复杂，特别是在考虑"事伪者"的问题时，应当对这方面的大致情况给以最低限度的关注。

既然侵略的事实昭然若揭，抗日便毫无疑问地成为国家民族的大义。然而，出于国民党政府"攘外必先安内"的国权立场，只要不出现迫不得已的情势，反共灭共会被优先考虑。迫不得已的事态随着西安事变以后形势的发展真的出现了，但灭共的方针也只是一时压了下来。例如，要求停止排日、承认伪满洲国、共同防共的所谓"广田三原则"（1935年10月），由于中国方面原则上不同意第二项和日本方面"河北自治工作"本身颠覆了这个"三原则"，结果没能达成任何协定。可相传蒋介石的态度是"完全同意"（秦郁彦《日中战争史》）。实际上，南京政府相继发布"排日取缔令"（1935年2月）、"敦睦友邦令"（1935年6月）和"维持公安紧急治罪法"（1936年2月）等，全力抑制抗日运动的激化，对于北京的学生运动亦不单使用军警镇压，还不断以国民党系统的新学联对抗被认为是受到共产党影响的旧学联。1937年的五四纪念会上发生了殴打学生的暴力事件，学生视北京大学教授陶希圣为幕后黑手而向法院提起诉讼，许德珩等教授则支持学生的起诉（中国现代史资料丛刊《一二·九运动》）。共产党方面也难题不少，针对当时的国民党政权，如何在政治妥协和维持自身主体性两者之间保持平衡，围绕此事引发的混乱和对立，一直延伸到今日的党内斗争中，并留下了尾巴，"文化大革命"中的各种信息就生动地验证了这一点。而对上面提到的起诉事件，据说共产党方面曾出面做调解工作（陶希圣《北京二三事》，《传记文学》1卷6期）。对于国民党政府来说，矛盾还不仅仅存在于与共产党的关系方面。与日本谋略机关联手而稳坐伪冀东防共委员会长官位置的殷汝耕，本来是国民政府派遣到日中缓冲地带的"行政督察专员"，为解除傀儡机关而组织起来的"冀察政务委员会"委员长宋哲元，曾经是与冯玉祥和阎锡山共同肩负反蒋运动之一翼的华北军阀实力派，委员中还有后来成为北京傀儡政府大人物的王克敏和王揖唐的名字。宋哲元还作为国民政府中央军第二十九军军长，掌握着包括北京市在内的日中缓冲地带的军事权力。不用说，日军的谋略是倾其全力在这位宋哲元和中央政府之间挑拨离间，他的动摇也好像一时达到了十分危险的境地。因此，学生们的抗日运动在向中央政府进行请愿的同时，也不得不考虑向抵抗意图越发模糊的第二十九军当局提出诉求。此外，国民党内部还有拥戴长老胡汉民的对日强硬政策而试图逼迫蒋抗日的"西南派"、汪兆铭等的"亲日派"和宋子文等的"欧美派"，最终是蒋介石顺应抗日潮流而登上了民国以来最强的国家权威的顶峰。

周作人奉职的国立北京大学，其抗日运动也无疑留下了上述情况的投影。详情当然不得而知了，不过，从当时任北京大学教授的马叙伦的回忆（《我在六十岁以前》，生活书店，1947）可以略窥端倪。他站在抗战胜利后民主运动的立场上，这样描写了1935年时北京大学教员们讨论抗日的情景。

> 这时北大校长是蒋梦麟，文学院长是胡适，法学院长是周炳琳；校长是政府任命的，自然必须"仰承意旨"；周炳琳是国民党党员，也做过教育次长，不免是政府派；胡适是主张好人政府的，这时，这些好人也"登龙门"了，胡适当然也是靠政府牌头的一个，而且他是蒋校长的亲信呢，所以北

大已不是当年的北大——五四运动时代的北大。为了抗日问题，一晚教授俱乐部聚餐，餐后开会，却加入了高级职员（在先许德珩先生主张不限教授，不得同意），吃饭多些人倒也有趣的；可是，开会的时候，应该不是教授就退出了，"然而不然"，我们自然不好意思竟请他们出去的。原来，当局们晓得如果讨论抗日问题，一般的看法是会通过的，因为究竟北大教授传统上的关系，主张抗日的会占多数，所以拉上高级职员来凑场子；这晚对于抗日问题，我当然是主张北大教授，应该表示态度，而且主张抗战，许先生是附议我的，尚先生也同意我们，陶希圣说了些令人不可捉摸的话，（那时他是汪派）胡适便不同意我们的主张，他是相当会说话的，很婉转地说明应当让政府去主持的意思；周先生当主席，很拿主席的地位，想硬压下我们的主张，竟有越出范围，拿党的地位来说的话，我也只得不客气地和他抬了一阵杠子，这晚没有结果而散。

几天之后的会议依然是同样的争执不下，这回根据政府的命令，为反映抗日问题的意见，派校长、教授、学生三方代表前往南京，而马叙伦与试图让胡适"兼代"校长和教授的当局主流意见不合，踢翻了椅子。后来，他另外组织了"北平文化界抗日救国会"，被推举为主席而于奔忙之中病倒，北大评议会则准许他自己要求的时间一倍以上的一年停职，他愤然之下提出了辞呈。这个人物是从相当于周作人之师的章炳麟那里直接继承了考据学及清末民族革命思想而带有古朴风格的政治家式的学者，他本身作为国民党"西山派"之一，过去曾经反对过孙文的"联俄联共"。意味深长的是，那种志士仁人式的民族主义似乎与南京国民政府时代的国民党主流不合拍，又和现代式政治性的胡适等人的立场构成了鲜明对照。

这种与现代化擦肩而过的旧式政客和军阀的所谓失落感往往成为与占领者合作的有力温床，如纳粹占领下维希（Vichy）政权的法国也有相似的事例。马叙伦其人虽然深通事理，战后不久便和鲁迅遗孀许广平、弟周建人等一起组织"中国民主促进会"，并担任过中华人民共和国的要职，但失去北京大学教职后不久，也曾受到出任占领下的伪北大的校长的邀请，这在他自己的回忆中提到过。马叙伦回忆文章中出现的陶希圣，不久便参与了汪兆铭的"对日和平工作"又中途与汪分了手，这也是历史上有名的事实。另外，被称为"政府派"的校长蒋梦麟和文学院院长胡适，在"满洲事变"后华北暂时停战前后，曾为给后来埋下祸根的《塘沽协定》（1933年5月）的签署，积极运动英美大使和国民党首脑，这些事实也于最近弄清楚了。他们的斡旋本身没有直接影响到协定的签署，结果是受蒋介石之命的黄郛一人首当其冲承担了国民的非难，但这背后的努力在如今的台湾被说成给共产党的抗日宣传打击不小，并且也赢得了4年的时间，因此受到了高度评价。据说，胡适在战后时常称这保持了北京一时的和平，带来了"北大黄金时代"（吴祖缃《蒋梦麟〈西潮〉考释举例》，《传记文学》17卷6期。《西潮》为蒋梦麟回忆录）。

仅此，就会明白北京大学教授的世界的确政治色彩浓厚，当然这是在与"五四"时代不同的意义上而言的。周作人日常是怎样处身立命的呢？详情虽然不得而知，但正如外国文学系同僚、与胡适一起为"新月社"以来文艺同仁的梁实秋回忆时特别强调的那样，"当时正在对日抗战的前夕，也正是剿共进行激烈的阶段"，周作人"没有政治活动，没有政治色彩，没有政治野心"（《忆岂明老人》，《传记文学》11卷3期）。完全的超然派且不说，周围的正派心是那么强，因而他那自觉的无党派姿态受到了人们特殊的注目和信赖。另外，校长蒋梦麟有关他的下列回忆，当是事实无疑。

> 有一次，一个日本人到北京大学来讲中日文化合作。周作人能讲很好的日语，那天，他跟日本人说："谈到中日文化合作，我没有看见日本人的文化，我倒看见他们的武化，你们都是带着枪炮来的，哪里有文化，只有武化。"日本人也没有法子驳他。（《谈中国新文艺运动》，载《新潮》，台湾传记文学杂志社，1967）

那么，开战前夜的周作人有关对日和与战的意见又是怎样的呢？在文章上他已不想再认真谈论时局国事，因此实在难以看得清楚。不过，他在那排斥高蹈的艺术主义而坚持关注历史与民俗、具有深刻的常识性之伦理批评家的文章中，如果真是对俗世的如此大事一言不发，那反倒不可思议了。实际上，从其文章中拣出一些意见似的东西，也不是不可能的。这些意见似的东西往往是参杂在巧妙圆熟的表现中，令人有难以抓住真意的遗憾。不过，换一个角度，如此有意识地向外界表示的态度，比起难以捉摸的真意来更为个性化，如果在这些个性化的语言中有左右他言行的东西在，那么或许正是文人的本意之反映。总之，举两三篇成问题的文章吧。

其一，《岳飞与秦桧》（1935年3月）。当时历史学家吕思勉在学生参考书中，涉及南宋时代对金的和战问题，打破传统的一般观念，针砭主战派大将岳飞军事上的无能而赞赏和议派宰相秦桧的见识和责任感，由此触犯了国民党政府南京当局的忌讳，而发生了被查禁的事件。周作人以此为话题，用那已然登堂入室的抄古书而发感想和批评的手法，进一步补充发挥了吕的说法。进而，与此相关联又写了《关于英雄崇拜》一文,其中有"中国往往大家都知道非和不可,等到和了,大家从避难回来,却热烈地崇拜主战者",可见其笔法与鲁迅不分上下,是关乎时事的大胆讽刺。不过,这种情况下鲁迅的矛头往往集中于民族性的"卑怯",相比之下,周作人的重点稍有不同。例如,一年之后谈民俗的《再论油炸鬼》,三次讲到同一个主题,用的是下面这样的常用手法。

> 我很反对思想奴隶统一化。这统一化有时由于一时政治的作用,或由于民间习惯的流传,二者之中以后者为慢性的,难于治疗,最为可怕。那时候有人来扎他一针,如李贽邱濬赵翼俞正燮汪士铎吕思勉之徒的言论,虽然未必就能救命,也总可以放出一点毒气,不为无益。关于秦始皇王莽王安石的案,秦桧的案,我以为都该翻一下,稍为奠定思想自由的基础……

"思想自由"与口号式的表达大不相同,翻译成更为具体的"思考自由"可能更贴切也说不定。然而,周作人的兄嫂许广平在《鲁迅回忆录》(1961)中则根据这些话评道:"其时已在明显地为大汉奸汪精卫和自己叛国开辟道路,和汪贼的主和论一鼻孔出气了。"的确,周作人特意点到"这里边秦案恐怕最难办"之后,用下面一段话结束全文:

> 盖如我的朋友(未得同意暂不举名)所说,和比战难,战败乃不失为民族英雄,(古时自己要牺牲性命,现在还有地方可逃)和成则是万世罪人,故主和实在更需要有政治的定见与道德的毅力也。

尽管这是远非政论的一节文字,不过从中国文学的体质来说,若否定相关时局下的这段文字的政治性,那恐怕会违背常理的。在此,假如他有政治家的韬略和野心,那么仅就和战问题而言,他大概会成为与汪兆铭、周佛海相近的和议派吧。汪兆铭和周佛海因后来的行为被视为"汉奸"的代表,但正如胡适也参加了由周佛海主持的和议派政策团体"低调俱乐部"那样,和议论本身在当时只是一个政治见解而已。如果纯粹的政治判断承认只有和议的话,那么在现实主义面前主观的道德论应该沉默,这里存在着与周作人一向主张的因袭批判相通的合理主义。前面引述的《英雄崇拜》中,他以辛辣的笔调论及岳飞、关羽那种武人的名誉不过是从说书唱戏上得来的,崇拜殉国的文天祥、史可法那样的文人,亦是源自只重"气节"而轻"事功"即现实之有效性的恶习,最后寄希望于"毫无东方那些君恩臣节其他等等的浑浊空气"的自由、合理、现实的领袖之出现,这也是出于同一个道理。另外,许广平说"思想奴隶统一化"亦有暗讽中共的"统一思想",而且周作人也曾说"我从前以责备贤者之义对于新党朋友颇怪其为统一思想等等运动建筑基础"(《苦茶随笔·后记》,1935年6月作),但这是以"新生活运动"(蒋介石)、"读经救国"(陈济棠)、"中国本位文化建设宣言"(陶希圣等十教授)等一系列"反共救国"的舆论诱导为直接对象的。主和也好,思想自由也好,说到底只是一个反俗的道德思想家以"异端"为使命的无望的抵抗而已。

其二,《读禁书》(1935年8月)。如标题所示这是一篇关于禁书的随笔,讲到越是遭禁越引起好奇心,结果禁的效力一半还是劝,只是上了禁书目录的书价钱便特别的贵,这样的古书其实大多是很无聊的东西。接下来写道:

近时上海禁书事件发生,大家谈起来都知道,可是《闲话皇帝》一文谁也没有见过，以前不注意，以后禁绝了。听说从前有《闲话扬州》一文激怒了扬州人，闹了一个小问题，那篇闲话我也还不曾见到，这篇闲话因为事情更大了，所以设法去借了一个抄本来，从头到尾用心读了一遍，觉得文章还写得漂亮，此外还是大失望。这是我最近读禁书的一个经验。

这等讽世的手法只是在显示若无其事的态度，而关于政治上的一大事件如此若无其事的态度本身也可以说是一种意见吧。与"闲话皇帝"相关的禁书问题，以"新生事件"而闻名。上海《新生周刊》第2卷第15期所载署名易水的文章，谈到各国的元首，特别是涉及天皇的文字被视为"不敬"，所以，6月7日，日本大使馆提出严重抗议，要求"国民党及国民政府道歉"、"由亲日作家实行图书检查"、"禁止对'满洲国'的污辱"，以及"对《新生》的作者编辑判刑"等等。国民政府则几乎全面屈服，在立刻采取了一系列措施后，上海高等法院于7月判处主编杜重远一年零两个月徒刑，杂志则遭到公共租界工部局"停止发行"的处分。对于独立国民的言论之粗暴干涉，和被干涉的党、政府的应对之软弱，使舆论一片哗然，而周作人对所禁之书的内容则是"大失望"，以此方式对"禁"和"书"两方面透露了自己的意见。判决杜重远的当天，国民党中央党部和国民政府联名发布以下主旨的布告：此次《新生》记事确有不敬之节，殊有碍于外交。以后国民当敬重皇家之尊严，严禁同列记事，违者严惩不贷。不限于"不敬"问题，包括对一般"抗日"的其他禁令，此种言论控制多大程度上影响及于周作人的文章，难以推测。总之，表现本身只属于写作者本人。

前面所引的梁实秋文章中，以影印件介绍了当时周作人的三封短信，其第二封的开头有这样的文句：

> 小文附呈，乞查收。本来想一说和日和共的狂妄主张，又觉得大可不必，故后中止。……

从"七月六日"的落款可以推知，这是末尾记有"民国二十五年七月五日"、以致梁的信函形式所写《谈日本文化书》、寄给梁所编《自由评论》时所附书简。"狂妄主张"实际上并没有写出来，也不知道是否真的曾有那样的想法。不过，应当是了解到被鲁迅将其与胡适并列讥讽为"政府之诤友"的梁实秋之政治性，周作人才有了上述不说不爽的一番话的。所谓梁实秋的政治性，如他自己直言不讳的那样，"抗日"与"剿共"这两个大义虽有许多可谏之处，但作为政府之友还是站在支持的立场上，"和日和共"与此恰恰相反。梁实秋对周作人这封信的解释中，关于"和日"说到其日本趣味和夫人信子，关于"和共"则讲到其"书生气质""书斋里的共产主义""同情落水狗""不明白共产党的真实面目"等等，费了不少笔墨。总之，是对以抗日为契机中央政府的统治越发得到强化的时代趋势所发的曲折讽喻。在这个意义上，我认为说他"书生气质"更为妥当。我们知道，那种"玩世不恭""嬉笑怒骂"式的文人气质之"狂妄"的一面，几乎是作为无以实现的理想而存于他内心之中的。特别是从以上两篇文章所见对于时事国事的微言和这封信中的狂语，完全可以在同一个层面上加以解释，若一定要探询其意见的话，恐怕也只有抗战不能、灭共无益这样的否定性意见吧。

这里所谓的否定性意见，有文学史家郑振铎所传周作人的中国"必败论"作为根据。郑振铎直到卢沟桥事变一直在北京，后来逃亡上海。上海被占领后他为悄悄地编辑出版鲁迅全集和维持古籍整理等文化事业尝到了不少辛酸。在抗战胜利后不久所写的《蛰居散记》里题为"惜周作人"一节中，记述了在北京最后与周作人谈话时所听到的意见。

  这时，抗日救国的空气十分的浓厚。我劝他，有必要的时候，应该离开北平。他不以为然。他说，和日本作战是不可能的。人家有海军。没有打，人家已经登岸来了。我们的门户是洞开的，如何能够抵抗人家？他持的是"必败论"。

  周作人一向喜欢将一度表明过的意见和态度在有效的期间里于书信或作品中反复地加以说明，上面的"必败论"无疑也是对以前所写《弃文就武》（1934年冬）中论点的重复。该文谈到因五、五、三比率问题闹到决裂地步的英、日、美海军会议，论及中华民国的海军处于"只好讲和的状况"而难以应对战争的现实问题。所谓"弃文就武"源自他最初曾就学江南水师学堂的经历，一反"武人不讲文事，文人不谈武，庶几中国才能变得好些"的一贯讽喻之论，宣布开始插嘴国事而放弃文学。同一时期，还有题为"投笔"的短文寄给《独立评论》，表示"意思是说，政府最终与日本战还是不战？我自己是准备投笔的。这一方面在讽刺政府国策的优柔寡断，一方面情急之下要求武器对武器的相杀"（孔嘉《周作人"谢本师"》，《抗战文艺》7卷6期）。但查《独立评论》杂志并没有见到该文。总之，只能认为这是用与"弃文就武"有异曲同工之妙的反语，来表示他对军事的关心。

  这个"必败论"还有另一个侧面。依然是同一个时期里，他曾经应邀去保定中学讲演，顺便走访了有名的定县"平民教育促进会"。在记述观感的一文中他说道：

不唱高调,不谈空论,讲什么道德纲常,对饭还吃不饱的人去说仁义,这是平教会消极方面的一大特色,与积极方面的注重生计同样地值得佩服。……我是相信衣食足而后知礼义的说法的,所以照现在情形,衣食住药都不满足,仁义道德便是空谈,此外许多大事业,如打倒帝国主义,抗日,民族复兴,理工救国,义务教育等等,也都一样的空虚,没有基础,无可下手。我想假如这些事不单是由读书人嚷嚷了事,是要以民众为基础,那么对于他们的生活似乎不可不注意一点,现在还可以把上边的空话暂时收起,先让他有点休息的时间,把衣食住药稍稍改进,随后再谈道德讲建设不迟。(《苦茶随笔·保定定县之游》)

这个运动统称为"乡村建设运动"或者"村治",作为非共产党组织的几乎可以说是唯一的农民运动的一环,阶级论政治上的功罪如今还没有被论及,不过,周作人于此寄托了自己的同感当是无疑的。

要之,他从军备和民生这两个近代国家的要素来占卜民族前途,因此,这里的悲观也就成了对国民党政府军政两方面实行抗战的能力的真正失望。同时,在这两个问题意识上,他还有意识地否定了共产主义者对思想和大众的"浪漫的信仰",这也是毫无疑问的。而与旧式士大夫经世之论不无相似之处的这个积极的提案部分,虽说认真但也几近于空论,这一点他自己恐怕比谁都清楚。

以上是周作人在开战之前所表露的有关和战意见的大略。这是一个算计好了的构架,正因为是算计好的,故散发着非现实的味道。不过,假如没有这种程度的与现实之间的游离恐怕也难以形成意见,这里因此有他的灵魂在。公诸于世的意见本身更仿佛一种韬晦似的[补注]。

然而，普通的抗日论者对于国民政府的国力多少有些担心，而以"不是我们去侵略日本，如果他们一步步地迫近来，难道我们一点也不加抵抗么"来反驳周作人"必败论"的逃离北京的郑振铎等人，归根到底只能寄希望于源自比国家更久远的民族这一生活实体的为了自存的抵抗。还有，同样是在开战前夜，针对优先考虑与国民党政府的政治妥协以引导局势向有利于抗战发展的上海文化界共产党人的"国防文学"，提出"民族革命战争的大众文学"口号，在生命最后阶段的激烈论争中死去的鲁迅，则期待这种大众的抵抗不久便可以成为老大民族自我革命的契机。附带提一下，鲁迅们的这种思考与毛泽东领导下的长征一派的方针之关系，在"文化大革命"中被刻意强调反而显得证据不够可靠，但至少在鲁迅，并没有把在远离国家中心的边境地带组织起大众的这个集团与上海文化界的左翼指导者们等量齐观，这是无可置疑的。

这种大众，根本就无法用周作人式的书斋里的理性主义那样的政治观动员组织起来。那么，基于与生性对群众抱有怀疑不无关系的对于中国抗战能力之毫不掩饰的悲观，他要求自己怎样去努力呢？文集中没有收录，《独立评论》第207号上曾发表过他题为"国语与汉字（讨论）"的与胡适的往来通信。讨论大概起因于前两号上语言学学者了一（王力）的汉字改革论，而倡导"文学革命"的这两位，借此又重新提起曾经是共同关心之课题的新口语文和由此而来的文字问题。首先，周作人强调有"利用""国语、汉字、国语文"以"强化中国民族意识之必要"，在这个目的之下，大众化论者的汉字拼音化和采用方言说，虽本身不失为一个"好理想"，但也还是应该排斥。对此，胡适回答说，作为暂时的方策"完全赞成"，但对作为代表历史发展方面的表音化还是应该支持的。不过，这个讨论没怎么咬合，胡适一方做了认真的回答，而周作人却对两三年前发生的"大众语论争"的论点本身不感兴趣，这场论争注意到"国语文"这一中央的书面语与大众生活方言之间的乖离问题，而强调必须将无法表记方言音的汉字拼音化。1936年6月，他直接感受到华北一带越发加重的日军威胁，所要谈的不是别的正是对战局的观察及战局之下自己的方策。正如文章开头部分所交代的那样，不说汉民族而用"中国民族"的说法是因为"汉民族"包括不了说中国语言的回、满、蒙各族，我们甚至可以认为这是基于他独特的政治见地而发表的意见。

> 现在他与本国分离了，但大家知道这并非出于人民的自决，完全系敌人的武力所造成，与台湾等的失去并无什么不同。由武力失去的，以唯由武力得回，故收复失地非难事，只要有武力，但也无别法。这是一件事。在政治上分离的，文化以至思想感情上却未必分离，除非用人工去分离他。这又是一件事。头一件事我们等着看，第二件事我们不必等了，大家就都可以来尽点力。我们避免太时髦的非常时啰国防啰的字样，总之这在现时是值得考虑的事，我们拿笔管的人也不必费什么大气力，也无须一定转变何种宗旨，只要各自尽心，把诚实的自己的意思写成普通的中国文，让他可以流传自西南至东北，自西北至东南，使得中国语系统的人民可以阅读，使得中国民族的思想感情可以联络一点，未始不是好事。

如果将此视为抗日方策，实际上是很迂远的。但他是把自己预想到的军事上的败北和政治上的分离之进一步扩大，与艰辛的日常生活之下的"文化以至思想感情"上的民族之维持这样一种茫然的行为结合在一起，问题已不再局限于政治上的和议论或主战论了。不管已是怎样的老成世故，他早已从根本上培植了其思想的民族意识,不可能与一般的民族主义完全背离的,而这个一般的民族主义自清末民族革命运动以来在不到半个世纪的时间里经过一系列的运动如今正向其顶峰昂扬挺进。因此,虽然他选择了孤立于新生的民族意识主流之外的道路,沉淀为如此这般平凡的议论,但这也还是一种民族意识。因此,我们不能不佩服这个周作人说到底不愧为老大文明之子孙的那悠远的文化感觉等。总之,为了做出这样的努力,他主张"利用"虽非完全但却是唯一"现成的工具"的"国语与汉字",但如前所述,排除"好的理想"而选取"现成"的国语与汉字,这种主张多有装模作样之处。就是说,在这个汉字上寄托了远比单纯的"工具"还要丰富的意义,这在稍后被占领之下他的发言中可以得到证明。而此刻还没有彻底到那个程度,因此还有这样的讽刺和怀疑的表现:

> 单有这种联络或统一,未必能替代武力而奏收复失地之功,但是这总有点好处吧,我自己不大相信文字的力量,不过大家近来都大提倡其宣传,可见必有好处无疑,故姑且想沾其说之光耳。

这样婉转曲折的表现是周作人的惯用手法,常常使我们不知如何理解为好,在此可以认为反映了他的一种苦衷,即遭逢危机的民族实体与他所依据的"文化以至思想感情"这一观念,未必完美无间地相一致所导致的苦衷。然而,苦衷并非自今日起,作为中国新文学家摆脱了各种各样的苦衷,最终达到 1930 年代自称"非革命文学"境地的他,尽管对革命与文学之两极中间的一些难题比鲁迅做出了更为原理性的判断,但最终还是试图以炼就出经得起考验的文体来超越之。"寄沉痛于悠闲"的平常理想也是其中之一,而在这篇文章中于一反常态的认真议论之后,也没有忘记加上一个淡淡的笑谈来做结：

> 我相信上边的意见在中国近五十以至百年中都可通用，虽然我也不敢保证，因为，假如在这期间内中国鱼烂以亡，那么像法国的安南一样，拉丁化的中国方言也就可以出现了。

如此这般，我感到在试图于侵略和抗战之间寻究另一条道路的这个文人身上，看到了某种文化态度的极致。然而，这种态度与一本正经的文化至上主义无缘，因为他是不相信那种和在极其政治化或冲动的现实之中用尽招数以维持平常心迥异的文化的。在他看来，政治之恶在于"宗教的热狂"，从这种非合理性中解放出来而崇尚情理之自然的生活意识，才是他民族文化之再生而非革命的思考之根本。要找出这一思考的政治性来恐怕也并非难事，不过，对此加以批判并不是我在此要做的。

[补注] 朱自清日记 1935 年 9 月 9 日项下，记载了清华大学同僚闻一多对周作人当时的时局观的严厉批评，同时也表达了朱自己的感想，深有意味："九日 晴 星期一 参杨宅宴，闻一多攻击周作人之矫饰虚伪态度。闻以为周实在焦虑于现局，但故作对社会漠然之状，宜呼之为'京派流氓'。固然，周之行为诚有与其人生态度相冲突之处，未能引退如其所赞美讴歌者，但彼承认此乃性格上之冲突。且言行完全一致乃人生颇高之理想，臻之殊难。醉酒。"（《中国现代文学资料丛刊》第 3 辑）闻与朱，以及后面出现的俞平伯，都是在周作人等人的文学革命的号召下，从年轻一代的立场出发，于新体诗的实践上取得很大成就后，转到古典文学研究方面的。

二　日本研究

前一章用了许多篇幅，讲了周作人于战争一触即发之际对于和战问题的意见。实际上，这些意见也只是一种隐微的表示，而他那早已形成一代风格的独特的散文，并没有改变表现表面上与眼下危机无关的读书人生活之四平八稳氛围的作风。例如，很早以前他就简明扼要地表达了自己这种自觉意识，作为文集公开刊行的《周作人书信》有一节（1933年2月致俞平伯）云：

> 世事愈恶，愈写不进文中去，（或反而走往闲适一路）于今颇觉得旧诗人作中少见乱离之迹亦是难怪也。

的确有他所说的那种趣向，其作品中常常谈到日本的文艺和风俗，但即便如此也很少让人感到战争的迹象。虽说在他对日本式的生活和文化某一方面的爱好中，有着对中国某一方面的憎恶和不容怀疑的现实批判性，不过，他的生活、趣味、读书和文学中有着无所不在的日本情趣，这一点则是确实无疑的。

这个时期里，当然与这样的日本不会没有关系，他发表了不少以普通日本人特别是其文化为谈论对象的文章。这些文章仿佛与对因和战问题而动荡的"世事"保持着沉默的态度相反。当然，这是与当时的时局状况比较而言，或者可以说正是在这里潜藏着他更为真实的意见。而这些并没有以当时论坛常见的形式表现出来，实在是由于他特殊的立场使然。如果简单地加以分类，从1935年到卢沟桥事变发生为止，他写作了如下文章：

一、《关于日本语》《我是猫》《和文汉读法》《日本话本》《文字的趣味一》《文字的趣味二》等有关日语学习启蒙的。

二、《尾久事件》《鬼怒川事件》等针对日本报纸记事的感想。

三、《市河先生》《怀东京》《东京的书店》等对留日生活的回忆。

四、《日本管窥》四篇及所附《谈日本文化书》等一系列"日本研究"。

有关日语学习，他强调日文中也使用汉字，但这反而会影响中国人的理解。反过来说，对日本人的中文理解也适用的这个论点，在此主要是对作为汉字本家的中国人之语言观中毫无理由的自大感觉以及中日"同文同种"论之谬误的批判。特别是在文学的语言上必须克服诸多的困难，作为实例他提到夏目漱石小说题名中的"我辈"和"である"难以汉译的语感，又开列了周到的注释并就俗语和敬语做了意味深长的解释。总之，可以说是将多年来他特别关注的中国人对于日本乃至一般外国文化研究的不热情和漫不经心的问题，运用到语言的话题上来，实际上也是针对与抗日热不同而悄悄流行开来的精明取巧的日语速成热现象而发的。他慨叹"九一八"这种大事件影响到上述风潮，而"知彼知己的决心"，"在学校则不及，在社会则过"之。好像世间也有一些比周作人等人更彻底而坚定的必败论者。

有名的阿部阿定变态杀人事件，和"因赤色嫌疑"前科而遭到检举的"急进的妓女"之情死事件,都是周作人从所订购的《读卖新闻》(也是夫人信子的读物)读到了消息,而著文有所议论的。其议论的态度中有着他素来对理性的性科学和妇女问题的特别关心,为了性和妇女的解放他始终坚信社会主义的理想,他以这种认真态度所发的议论与新闻事件的猎奇趣味形成鲜明对照,而且是在同时对纳粹关闭柏林性科学研究所予以批判的视野下来发议论的。特别感人至深的,是他对盛气凌人的军国主义高调背后的日本下层庶民的生活之苦,尤其是被由政治到世俗道德等各种力量压抑而走投无路的不幸女子,其境遇的东方式黯黑所寄予的暖暖深情。这也是他日本问题观的根底里所存在的"东洋人的悲哀"之另一种表现形式。

所谓"东洋人的悲哀",若取他回忆留学生活的《怀东京》(这题名源自谷崎润一郎的同名文章)一文中的例子,便是:

> 中国和日本现在是立于敌国的地位,但如离开现时的关系而论永久的性质,则两者都是生来就和西洋的运命及境遇迥异的东洋人也,日本有些法西斯中毒患者以为自己国民的幸福胜过至少也等于西洋了,就只差未能吞并亚洲,稍有愧色,而艺术家乃感到"说话则齿寒"的悲哀,此正是东洋人之悲哀也,我辈闻之亦不能不悯然。

"艺术家"指永井荷风,其感慨发自荷风《江户艺术论》中"我反省自己是什么呢,我非威耳哈伦似的比利时人而是日本人也"一段文字,进而又引用木下杢太郎《食后之歌》序言中"在杂耍场的归途,戏馆的归途,又或常盘木俱乐部,植木店的归途……"一段,这样写道:

> 这不是代表中国人的悲哀,却也未始不可以说包括一部分在内,因为这如上文所说其所表示者总之是东洋人之悲哀也。

留学时代的东京生活,很明显乃是周作人日本文化论全部的经验基础,而在这个时期里不断提到这一点则有其特定的意图。即虽然只是偶然经历了其最后的五六年,但总之对于明治这一时代,他此刻特别要谈到两个方面,一是依然记忆犹新的日俄战争对亚洲民族主义的刺激作用,另一个是残存于东京的令人怀念的东方生活情调。例如,题为"日本的衣食住"的回忆留学生活的一文,从谈论衣食住一转而提出两国之命运终究是一致的,从而将上述两个方面联系到一起。

> 日本与中国在文化的关系上本犹罗马之与希腊,及今乃成为东方之德法,左今日而谈日本的生活,不撒有"国难"的香料,不知有何人要看否,我亦自己怀疑。但是,我仔细思量日本今昔的生活,现在日本"非常时"的行动,我仍明确地看明白日本与中国毕竟同是亚细亚人,兴衰祸福目前虽是不同,究竟的命运还是一致,……

该文的开头,生动地回忆了清末留学日本的中国人在东京的庶民生活中发现到处有明以前的汉文化遗风,重新唤起了反清排满的民族主义,那栩栩如生的历史一幕。同时,从日本方面有与之相呼应的志士浪人的侠气,只因如今其末流变得轻薄污秽至极,故周作人已不打算再去谈论(1920年代中期曾经激烈地批判过),然而存在于他的日本观之根底里的"东洋人的悲哀"情绪与清末革命运动中的泛亚洲主义的连带情感遥遥地连在一起,则是不能忽视的事实。但是，对于来自左右两面的"道义上"的抗日热，他一面泼军备、民生的"事功"之冷水，一面只能将自己的观点与对现实的悲观结为一体。与此相仿佛，遭到日本人背叛而成为眼前之危机的亚洲主义，作为主义已经不再具有足以发挥作用的基础，实质上，他也只好指出其作为悲哀的连带而无法抱有更多的期望。因此，《日本的衣食住》末尾便有了这样的慨叹：

> 亚细亚人岂终将沦于劣种乎，念之惘然。因谈衣食住而结论至此，实在乃真是漆黑的宿命论也。

就这样，从勉强称得上祈祷或者绝境中之反讽的知日家周作人的绝望言辞中，我们不能不感到他那超越了单纯的个人之关心的强烈自觉。所谓"知彼知己……"乃是针对战争和对敌方的理性认识之间的关系构成理解的极为普通的方法。但是，比起《孙子兵法》，周作人更喜欢援引王阳明与仆从一起埋葬路死者时的吊词"吾与汝犹彼也"这一自我与他者一体化的同情说，而且，不是作为绝对和平论或者彻底的无抵抗主义等一般理念或宗教信条，而是发自面对令人忧虑的东方现实作为文人的具体的自觉，来援引的。无论从哪个意义上讲，他如今走的已经不是白桦派式的道路，不是从世界人类，而是从亚洲各民族的命运出发，达到了将国家主义相对化的境地。这所谓道路，正是他自与西方精神相遇以来，经过各种曲折而坚持不懈的民族自我批判的立场。也可以说，如果就当时的对象而言，将这条道路向别的方面扩大之，也可以说即外国文化研究者的使命逼使他站到了这样的立场上。他作为社会人处于北京大学文学院外国文学系教授的位置上，特别是促成日本文学专业建立起来以后，他是处在这个领域的指导地位的，这无疑也是一个重要的事实。他并没有因此而祭起学术化的日本学门户，但正因为如此，更体现了事情本来具有的困难。他要忍耐理解一个国家的文化时的"困难和寂寞"或者憧憬与现实之间的"矛盾失望"，依然继续发表着"抗日时或者觉得未免亲日，不抗日时又似乎有点不够客气"的言论，总之，都是出于这个自觉的。

实际上这无疑是一种相当困难的立场。然而，由于社会对他的信赖，有一些人几乎是苦苦求他写作真正的日本论，难道不是这样吗？1935年5月至1937年6月，断续发表的总共六篇（上述《日本的衣食住》后改题为《日本管窥之二》）"日本研究"，就是他被迫参与到这种困难状况中的最为吃力的作品。而始终一贯的主题，是以理解代替憎恶来弥合下面这样的悬隔和矛盾：他所始终喜爱的爱清洁和细腻的日本人之生活感觉、审美意识，与帝国主义之不言自明的目的及手段特别"丑恶愚劣"的日本对华行为之间的悬隔。也正是在这样的文章脉络中，他才直截了当地触及军国主义日本的对华行为。他不止一次提到的"丑恶愚劣"的行为有一系列的实例，如"满洲事变"和伪满洲国的分离；须磨弥吉郎总领事断定南京总领事馆秘书失踪乃"抗日分子杀害"，甚至出动战舰"八云"号威胁国民政府外交部，而实际上因个人动机自杀未遂的该秘书被中国警察发现并保护起来的"藏本失踪事件"；作为"河北自治工作"的一环而由不良中国人演出的"自治请愿"闹剧；名为"冀东特殊贸易"的走私事件，即以土肥原机关一夜之间组建的"冀东政府"命令之形式，试图加剧国民政府财政危机而倾销积压的日货，要求降低国民政府所定关税的四分之一；无视中国方面的反对，强行开放"满洲事变"后关闭的成都领事馆而中途日本记者被民众所杀的"成都事件"；还有在北海、汕头、上海相继爆发的一系列引起抗日恐吓行为的事件，以及日本人及日本籍朝鲜人的贩毒等等。

有关周作人自称为"日本研究"的文章,特别是其中的《日本管窥》四篇,晚年的自传《知堂回想录》写道:

> 日本管窥是我所写关于日本的比较正式的论文,分作四次发表于当时由王芸生主编的《国闻周报》上头,头三篇是在民国廿四年下半年所作,可是第四篇却老是写不出,拖了一年多,到得做成刊出,恰巧是逢着七七事件,所以事实上没有出版。头三篇意思混乱,纯粹是暗中摸索,考虑了很久,得到一个结论,即此声明日本研究小店之关门,……如《谈虎集》上的那些对于顺天时报的言论,自己看了也要奇怪,竟是恶口骂詈了。我写这几篇《管窥》,乃是想平心静气的来想它一回,比较冷静的加以批评的,但是当初也没有好的意见,不过总是想竭力避免感情用事的就是了。

《谈虎集》中的议论,指1920年代活跃的时事评论中批判日本大陆浪人、汉字报纸、"支那通"等的那些文字。自那以后经过10年,在困难越发加重的情况下,他开始重新谈论日本问题。而所谓暗中摸索结论,意味着迫不得已而认真地参与了讨论,促成了自己论点的进一步发展。我在译著《日本文化谈》(周作人原著)〔补注〕的解说中,这样概观了其具体的状况:

> 正像周作人十年前所担心的那样,介于"反日"与"亲日"之间的"持第三种研究态度的独立派的生存余地"业已完全丧失。不光是时代趋势,就连他本人,在他以独特的方式脱离个人主义的同时,"研究"或"文化"的专家式、艺术主义的"独立",至少作为一种信仰,已经被放弃。因此,"混乱""摸索"和面对艰难时局下的难题,与自己究竟有没

有立足之地这种充满苦涩的迷惘相连，在论及日本和日本文化的方方面面时，周作人自己的兴趣也和研究对象一起遭到了检验。前提条件只有作为手段的文笔和作为对象的宽泛的"文化"场域，然而日本问题业已充斥着恐怖、暴力、战争等反"文化"的因素。虽然难以割舍对明治时期东京生活的怀旧之情，但眼下需要说明的是昭和的军国日本。因此，周作人的论调再次动摇于好意与反感之间，进而连对"文化"概念本身也发生了动摇。对于中国人原先很难理解的"万世一系"的信仰，在事实的基础上，竭力予以肯定。但是，军阀横行反倒让人想起王政复古以前的幕府专制。周作人进一步将"文化"的范围扩大，在视为不过是"人情美"之敌的"武士道"中，承认有所谓"慈悲种子"的"武士之情"。但是，"五·一五"事件只能让人觉得那是此种武士精神衰落的象征（不少中国人在日本的军国主义化中，看到了武士道的并非发扬而是衰退，如戴季陶、林语堂即是如此）。尽管这些具有强烈的反语效果，但是很难成为答案。结果，除了少数"贤哲"的文化之外，不得已将影响多数的"英雄"的武化，作为世间现实而引入议论中来，在精神和历史相分裂的状况下暂时中断了《管窥》的写作。

终于，周作人将"考虑了很久"才写出的《管窥之四》中所得出的结论，归结为以抬神舆壮丁的"神人和融"为象征的日本人的宗教性格。虽然他未必是第一个将抬神舆当作日本性格象征的中国人，但其意义并不仅仅在于答案，而在于这种结论的选择本身。因为，这种性格是作为与中国人完全相反的东西被指出来的。而且，周作人就此便关上了"日本研究小店"。三年后，他应日本国际文化振兴会的委托，将《管窥之二》的衣食住谈和《管窥之四》的后半部合在一起，写成《日本之再认识》(《知堂乙酉文编》)一文,其中重复了过去的结论,说自己的"日本研究"只注意日本的亚洲共性是错误的,寻求这种"固有精神"时,共性中的异质性才是问题之关键所在。这里也并不是没有反语的味道,但以宗教为结论,而说宗教正巧是自己最棘手的对象,只好放弃,最终陷入与军国主义狂热民族的"协力",这种经历是不是更具反讽意味呢?……

知日家周作人的文化与理解的立场最终遭到了挫折,这恐怕是不争的事实吧。大学里的日本文学课程也在国民政府抗日方针明确下来的同时,于"七七事变"的前一个月被命令停止。他不会愉快地接受此种政治措施,不过,即使没有这种情况发生,他那对于侵略国国民强调同情与连带的观点也终归要落得空谈甚至被认为乃屈服之说教的境地。此后,他或者为了真正的悲哀或者为讽刺的讽刺,除此之外将不再谈到"东洋人的悲哀"。即使是被迫迎合"大东亚共荣圈",也绝不肯将这个"悲哀的玩具"用于屈从和背叛的语词吧。这样,他正好借此承认了自己一系列"日本研究"的失败,并最终指出日本国民超出了他的同情和理解且不具备接受真正的连带之器量的"固有精神"后,结束了这一"研究"。不过,他还是把这个文化概念进一步推到更基本的民俗层面,而试图站到"第三种态度"上来。在给当时日本唯一一位周作人研究者和翻译者松枝茂夫的信(1937年12月7日,原件松枝茂夫所藏)中,他说明自己未发表的《管窥之四》的主旨,有"这里不可能涉及'政祭一致'的大问题,只讲到以'お祭り'(祝祭节日)为主的民间信仰"一句,这并非仅仅意味着对政治批判的回避。在放弃了"日本研究"之后,于不留"与敌合作者"痕迹的文章上,得以继续淡淡地谈论日本的文艺和风俗,全赖战争即将爆发之前他所采取的这种视角。请允许再引用我的"解说"里的一段：

> 周作人援引柳田国男的《祭礼与世间》，着眼于宗教的狂热而得出的结论，表明了他对于中日民族相互理解的悲观态度，同时也似乎为他带来了某种满足感。虽然口口声声说什么宗教请原谅啦不懂啦等等，如果由此可以找到解决难题的突破口，是否就等于确认了可以总括文艺与强力或精神与历史这两极的某个文化阶层。而且这也是处于他最初以来一直怀有浓厚兴趣的民俗学乃至人类学的延长线上。关于民俗即人事的自然面，周作人可以用非常轻松的笔调谈论日本。即便在写完《管窥》搁笔之后，仍然以诸如《关于祭礼》的形式发表自己的对日观点，或对其"日本研究"增添新的内容。

[补注] 拙译《日本文化谈》（筑摩书房，1973），后来经过若干增补修订，改题为"日本谈议集"，收入平凡社"东洋文库"于2002年再版。

三　滞留北京

从 1937 年 7 月 7 日深夜北京郊外的卢沟桥发生事变，到宋哲元和国民政府第二十九军不流血撤回北京为止，整整经过了 20 天的时间。事件本身的真相，至今仍然没有完全弄清楚，仿佛纠缠于"局部解决"还是"扩大"的两种对立论而径直陷入全面战争深渊的日军，和不知是忠诚于最高方针未定的中央政府还是只顾保全自身的"冀察政务委员会"，两者之间夹杂着一些小规模的冲突并进行了复杂奇特的交涉。有文献记录了其间城门紧闭且发布了戒严令的北京市内的情况：

七月八日，前○·一○小野军团副官来电话。丰台部队第八中队于卢沟桥龙王庙附近进行夜间演习，晚十一时忽然遭到支那方面十八发子弹射击。中队长清水节太郎大尉马上召集中队进入应战态势，却发现一名士兵失踪。眼下双方还在僵持之中。

这是《北平陆军机关业务日志——昭和十二年七月八日至七

月三十一日》的开篇（现代史资料第 38 卷《太平洋战争·四》，みすず書房，1972）。北平陆军机关乃特务机关（机关长为松井太久郎），考虑到体面故用此称呼，除了特务人员还有宪兵、宣抚班、谍报员每刻得到的情报和报告，日志上逐一有其记录。不用说，其中也有值得怀疑的观察或只是流言而已的记事，不过，对于了解当时紧迫的气氛和北平市内抵抗与合作的动态来说，是十分难得的史料。为获得大致的印象，下面只例举重要事项而省略其具体时间等。首先看抵抗的方面：

　　据谍报员讲，民族先锋队计划明日举行市内示威游行，而后袭击日本人家宅实行虐杀。（14 日）

　　宣抚班报告，西城支那人中间流传要杀害日本人，但其目标是日本内地人还是外地朝鲜人，其谣言来自何方等不甚明了，有人相信会成功，其抗日气氛相当浓厚。（14 日）

　　东北大学慰劳团。手持慰劳团横幅游行市内，至晚七时顷欲出崇文门时被制止。
　　同样的情况在永定门也有目击。
　　北平市内状况：据张允荣言，北平学生界乘这次事变之机不断掀起运动，但当宣布运动一律视为共产党系统的行为后，立刻停息了，目前事态已趋平稳。（14 日）

　　北平市内情况。戒严状态比昨日有所缓和，但依然有散发传单等活动，根据市长命令已解散其传单散发活动，市内概归于平稳。（15 日）

刚才燕京大学附近有二百名学生集结，商讨针对日军的（铁道破坏？）对策，详情不明，明日再作报告。（15日）

北平文化界抗敌后援会组织。谍报员：据悉共产党员徐仲航十五日会同北平文化界约百余人，根据共产党的指令组建"北平文化界抗敌后援会"，执行委员会等已确定。（15日）

北平学界的动向：

1. 据报纸报道，北平学界十七日致电宋哲元其要旨如下：

北平学界决定全力声援二十九军，并要求无条件恢复到七月八日以前之状态，虽然不反对和平解决的方案。

另，学界目前正在为前线将士募集慰问品。

2. 谍报员：北平各校学生所组织抗日铁道工作班及交通班，正准备向平津各铁道派遣工作员一百二十余名以破坏日军的运输。（7月17日）

学生铁道工作团的阴谋活动。据可靠谍报员报告，北平各校学生所组成的铁道工作团决议向唐山北宁铁路工场及车库派遣二十名别动队以破坏日军的铁路运输，根据情况甚至可以采取非常手段。另，据悉正在呼吁马家沟煤矿工人组织武装抗日团。（7月23日）

北平状况。数日来有所撤退，各地壕坑又有增设，警察人数亦明显增多，除前门外其他各城门常常封闭，无言的抗日气氛弥漫全市。（7月27日）

北平市内共产党的活动。此次事变发生以来共产党于北平市内忽然开始公开活动，散发标有"红军"字样的过激反日传单，甚至露骨地列举出朱德、毛泽东等名字，二十八日白天目击于东洋牌楼附近有三名赤色俄国人正对众多民众发表街头演说。（7月28日）

开头那条记事中的"虐杀计划"恐怕只是谣传，而所谓"民族（解放）先锋队"乃是1936年2月结成于"一二·九"以后学生运动之中最让占领军当局头疼的战斗性抗日组织。收入现代史资料丛刊《一二·九运动》一书中的《划时代的一二·九》这样描述该组织此后的活动：

北平沦陷后成为死城，学生运动也转入地下难以进展。许多"民先队"队员夜间爬出城门赴香山、妙峰山一带进行游击战。他们与二十九军士兵和农民结成牢固的游击队。这些游击队后来装扮成日本人做了营救第二监狱政治犯等等活动。

以上公开的抗日行动主要发生在学生和知识分子中间，而特务机关针对实业界和旧政客们的工作则渐渐有了成效，二十九军撤退之时甚至出现了"地方维持会"，其经过大致如下：

由北平市督促二十九军撤退一事，本日亦动员商务会银行公会元老等致力于气氛之缓和，然而普通民心之安抚依然难以早日实现。（7月15日）

关于促进二十九军撤退一事。为救北平市免于兵火，其首要事项在于促进二十九军的撤退，有关此事力争唤起舆论的同情，希望结集在北平文学校校长等"联盟"协会会长青年会总干事等以实现此目标，另，支那方面已得到商务总会等如江朝宗大老的赞成，明里暗里的运动已经开始。

唯大学教授系统顽固不化，大谈什么"国耻之下仅维护北平有何意义"。（7月18日）

地方维持会成立。
一、出席者，中岛顾问、今井武官、西田顾问、川上大佐、赤藤少佐、笠井顾问、今村、江朝宗、潘毓桂、邹泉孙（商务会主席）、林文龙、冷家骥等数名。
二、会场及时间，南湾子，江朝宗宅，午后二时至四时。
三、决议事项，1. 定名称为地方维持会。2. 推举江朝宗为会长。3. 地方维持会之下设公安局，局长为潘毓桂。4. 起草委员会委员有梁亚平、邹泉孙、吕习恒、冷家骥、林文龙。备考，起草委员本日拟定人选交本机关。（7月29日）

本来，在中国因战争等原因地方行政机关丧失功能之际，由该地方有影响力的人物组成治安维持会，乃是惯例。以上也可以视为此种惯例的体现。这种习惯大概来自于比起国家统治来，地方社会的自治与民众生活有更深关联的民族传统，另一方面，它也给野心家和投机分子投敌变节创造了有利条件。此时登场的江朝宗这个人物，乃是有红卍字会会长头衔年近80岁的老人，清朝时代曾任代理国务总理，后与臭名昭著的张勋复辟有关联，故赋闲家中。

此外，有关日本留居民的消息，7月14日宣抚班报告项下有这样的记载：

> 对于留居北平的日本学生及青年的宣传忠告。在平青年学生之间，有一部分出于要求扩大事变的感情心理而操弄过激言辞，要求不惜牺牲留居民采取果敢行动等。我等说明这些过激言辞将产生刺激支那人的恶果，强调要理解这将使双方陷于不利的结果，要求他们以冷静的言辞和态度努力安慰自己周围的支那人。

另，上面看到的27日北平城内的紧张态势，对于日本留居民是这样安排的：

> 中午，留居民之大部分（日本内地人约九成，九百名，朝鲜人［指日本本土之外的拥有日本国民资格的殖民地朝鲜人——译者］约八成，九百名）已集中到东交民巷内。内地人，在大使馆内，朝鲜人，在草席小屋中（本日竣工）。
> 食品可以保证一星期的量。（27日）

那么，周作人等又如何呢？

古都北京自"满洲事变"以来一直处在日军的威胁之下，1933年初在所谓热河作战之前山海关陷落的时候，北京各大学曾不得不暂时停课，国民政府则采取了将历史博物院和历史语言研究所的文物转移南京的措施。中央教育部虽然发出照常上课的行政命令而学生则多逃离北京，并受到了一些非难。鲁迅针对此种非难，批判政府只保护古董而将学生置于死地不管（《逃的辩护》等）。另外，为了解北京文化界的动静，还可以举出以下例子。由于以上战局的发展出现了担心文化设施受损的动向，一些人向中央政府请愿，要把军事设施转移到保定而将北京指定为"文化城"，有一种说法见于《鲁迅全集》第 2 卷的注释，认为鲁迅在小说《理水》（1935）中所嘲笑的"文化山"即来自于此。进而，1935 年为分离华北而策划"河北自治运动"阴谋之际，曾出现故宫文物开始搬迁和国立清华大学转移长沙等提案，甚至发生日本公使馆武官要求宋哲元逮捕北大校长蒋梦麟的事件。当时的宋哲元以私人信函劝告蒋梦麟在被捕之前离开北京，而蒋不听劝告，被日本宪兵传去"训话"。可以说，教育界已经进入了"最后一课"的准备阶段（参见《一二·九运动》、《蒋梦麟〈西潮〉考释举例》等）。有关阿尔萨斯 - 洛林（Alsace Lorraine，法德交界地区，1940 年被德国占领，二战后归还法国——译者）的悲剧而得名的都德小说"最后的一课"，正如描写沦陷区女教师逃向自由地区的李广田小说《引力》反映的那样，几乎成为当时的一致口号。北京大学转移长沙是从何时开始的不甚清楚，总之，暂时与国立的清华、天津私立的南开合并于长沙成立临时国立大学已经确定，正在准备当中遇到了日军的占领。通过文学院教授罗常培在战后不久所写《七七事变后北大的残局》，并结合同一时期周作人写给上海《宇宙风》杂志编辑陶亢德的信等，可以了解到前前后后的情况。罗常培这样回忆说：

> 当七七事变发生时蒋校长梦麟正在南方，法学院院长周枚孙（炳琳）已经改任教育部次长。那时北大重要负责人留在北平的只有文学院院长胡适之先生（他六月二十二日刚从南京回来），理学院院长饶树人（毓泰），秘书长郑毅夫（天挺）和教务长樊逵羽（际昌）。
> 事变发生的第二天，我到米粮库四号去看胡先生。在

他那里见了徐森玉（鸿宝）张奚若陈之迈张佛泉沈仲章五位。大家询问胡先生对于时局的意见，他当时以为卢沟桥只是局部事件，或者不至于扩大。他原定八日下午六时赴南京开会，正在我们坐着的当儿，中国旅行社来电话说津浦通车仍旧照常开行。于是胡先生便照他预定的时间离开了北平。

如果加注说明，这里所说的南京会议乃7月14日在牯岭由中央政治委员会以"茶话会"形式召集的所谓"庐山会议"。各党派及无党派（共产党方面的周恩来等也来到此地，但没有出席会议）来宾中，平津地区的代表有蒋梦麟（北大）、张伯苓（南开）、梅贻琦（清华）等各校校长和胡适、陶希圣等，蒋介石还特意与平津代表进行了座谈。后来的政府咨询机关"国防参议会"好像就是以这时的参加者为母体组建起来的。胡适和陶希圣离开北京的前一天即7日，曾受到市长秦德纯的召见，请求他们向中央转达宋哲元和二十九军对中央的忠诚，好像他们在南京与"冀察政务委员会"之间也确实发挥了各种调停和斡旋的作用（陶希圣《从牯岭到南京》，《传记文学》2卷2期）。

从七月十五日到月底教职员一共在松公府大厅（现在的子民纪念堂）集了三次会：第一次是十五日下午四时，议决通电表明态度。公推我和建功草拟电稿。第二次是二十日下午六时，公推钱端升曾昭抡和我起草宣言，大意约分三点：（一）申述我国国民素爱和平的本性，（二）指出现在的情形，（三）预测将来的责任。陈援庵先生（垣）并提议多发表在国际间有利于我们的新闻。于是又公推张子缨（忠绂）叶公超钱端升联络各方面，组织对外宣传团体。

那晚一直延到九时才散会。在我们开会的期间，四郊的炮声一个劲儿的隆隆响着！第三次是三十一日下午三时，那时北平沦陷已经三天了。大家在凄凉惨痛的氛围中仍旧主张镇静应变，共维残局。

但是自从七二九以后大家的精神实在已经逐渐涣散了。

就这样，在日军进驻之前人们便纷纷开始避难逃离。占领之初日本方面的打击目标主要是国民党的三民主义，一般大学教授被视为一群"党化教育"和"反日"的元凶，这种氛围在《陆军机关日志》里也有明显的表露。与《日志》一起公开的"私案"、"具申"（呈报——译者）等一类文书中，作为应当"驱逐""排击"的人物列出了蒋梦麟、胡适、顾颉刚等人的名字。而此刻周作人致陶亢德的书简这样写道：

旬日不通讯，时势已大变矣。舍间人多，又实无地可避，故只苦住，幸得无事，可以告慰。以后如何办法尚未能定，北大本已休假半年，看来学校未必再开了吧。回南留北皆有困难，只好且看将来情形再说耳。交通不便，不能按时寄稿，乞谅之。（8月6日）

三十日快信昨晚始能接到，承念甚感。寒家系累甚重，交通又不便，只好暂苦住于此，绍兴亦无老屋可居，故无从作归计也。……无聊中写小文消遣，唯邮寄多阻隔，未能送呈。……（8月12日）

就是这12日的早晨，有一个日本新闻出版界人士"途中被十几数百双眼睛盯视着"而走访了周作人。这位曾经与晚年的鲁迅有来往并在其死后不久出版了全集的日本改造社社长山本实彦，靠着来自兄弟关系的亲切感和在东京的一面之交，老早便怀着不寻常的关心来"偏僻的学者街"见周作人。不用说，如今已非相互可以深入交谈的场合，周作人也只能说些如"无论哪一方的国家，如果能有一两个不为现实所束缚，具有远大谋略的政治家出现才好"等，不过，这位对于政治话题表现出"一言难尽"样子的主人却"清楚地断言如今中国只能承认力之哲学"（山本实彦《周作人的心境》，收方纪生编《周作人先生的事》）。这些片言只语的深意已无以追究，但从中还是可以感到事情至此的寡言沉默和对抗战现实的追认。

留下来的教职员以秘书长郑天挺为中心仍在致力于维持最后的局面，但在占领军和"地方维持会"的统治之下，所剩的业务也渐渐没有了。下面这个资料，虽然对与军事侵略同呼吸共命运的日本学术相关部门多有庇护的言辞，却记录了当时大概的情况：

> 而皇军迅速而有秩序的进攻使北京完全免于战火，适当的处置得以较好地制止混乱的发生，入京之后立刻着手遗留文化设施的保护和复兴，这是中国人最应该感谢之处。即在地方维持会中设立了文化组，其文化工作受到我方的支援而迈出了第一步。八月三十日经国立各级学校保管委员会之手，北京、清华、师范、交通等大学、北平铁路学院、军需学校、艺术专科学校及其他河北省立学校二十二所得到保管，接下来九月十四日进而国立文物机关保管委员会组织成立，故宫博物院、古物陈列所、历史博物馆、北平研究院、历史语言研究所、地质调查所、北平图书馆、中国大辞典编纂所等设施得到安全保管。（《北京文化界的现状》，收上海自然科学研究所《支那文化情报》）

"地方维持会"的合作者们不必说，就连日本方面的一些相关者，出于各自的立场大概都对北京文化设施的保全做出了努力吧，然而，据被要求感谢的中国人一方当事者的记述，则并非那么令人愉快的。再引用一段罗常培的文字。

自北平陷落以后市内报纸完全登载日人所办同盟社的消息。市民只赖着无线电和英文《北平时事日报》（*Peiping Chronicle*）稍微窥察一点儿真实战况。八月二十四日《时事日报》被封，消息更加闭塞。我们除去从唧唧啦啦被扰乱的电波里偷听一点南京的广播，几乎完全和自由中国隔绝了！八月二十五日日本宪兵四人到第二院校长室检查，由毅生独自支应，后来周作人闻讯赶到，用日语和日宪兵驳辩，那时他还站在北大同人的立场说话。过了两天日人又到图书馆索取三多时（原文如此——译者）中俄划界地图并且请孟心史先生给他们解释。这时的情势已经越逼越紧了。八月二十五日汉奸所组织的地方维持会约各校负责人谈话，北大派顾亚德参加。二十七日又函约各校负责人在第二天下午到南海丰泽园会商保管办法。经同人商定派包尹辅参加。并且校方自动先入保管状态，每部分各留一二人负责。三十日尹辅报告参加地方维持会谈话情形。该会决定先请各校将保管各项加封，然后再由该会派人查核。九月三日日军进驻第一院和灰楼新宿舍。据最后和红楼告别的吴晓铃报告，中国文学系门外的标志是"一〇小队附属将校室"，文学院院长室则是"南队长室"……
在那一天建功突然接到地方维持会文化组的通知约他到丰泽园开会，他为避免纠缠，曾经到我家避了两天。

不久，周作人便接到了避难长沙的三所大学合并的临时大学即将开学的消息,以及北京大学校长有关如何停止北京遗留事务的指示,还有胡适以"藏晖"的书斋号寄来假装商人似的谜语般书简,鼓励鞭策的同时通知了大学当局的计划等［补注一］。这期间,8月13日到10月28日,仅罗常培到会的会议就召开了6次,9月29日以留平全体人员的名义起草了汇报情况和表明决心的致蒋校长函,但据说在10月8日署名之际,参与其事的28人当中,包括周作人和郑天挺在内的6人却没有签字。不过,从是否签字的人员来看,很难推测其特定的理由。而同一期间在给陶亢德的信中,周作人写道:

> 现只以北京大学教授资格蛰居而已,别无一事也。有同事将南行,曾嘱其向王教务长蒋校长代为同人致一言,请勿视留北诸人为李陵,却当作苏武看为宜。此意亦可以奉告别位关心我们的人。至于有人如何怀疑或误解殊不能知,亦无从一一解释也。(9月26日)

> 八九月中曾写几篇小文,唯现在草稿不能邮寄。因似属禁品也,如发表恐须天下太平时矣。近来拟继续翻译希腊神话,却尚不知能否换得若干钱来耳。南方无处可归,北大至今不闻有正式办法,教授留平者尚有三十许名,正在翘首以待校长之命也。(10月9日)

援引征讨匈奴殚精力竭而降敌的汉李陵的故事为反例,早已向大学当局传递了誓言的周作人,大概已无心思在悲壮格调的联名信上署名了。但即便如此,考虑到疑惑和误解而不得不在致陶亢德信中讲上述一番话,可见这个阶段在留平人员和南方避难群体之间已有如此的隔膜,实在是令人痛心疾首。与此相关联,在《宇宙风》所刊五封信之后,还有一封致陶亢德的明信片,后来才公布于众（见陶亢德《知堂与鼎堂》文中，《古今》20、21期）。

十五日所寄刊物四册于今日收到，至为忻喜。鼎堂先生文得读，且感且愧，但亦不敢不勉耳。（落款为10月25日）

鼎堂是郭沫若的笔名。郭8月于上海听到周作人以8000元购得飞机准备南下的有些荒唐之传闻（仿佛是银行家周作民之误），于题为"国难声中怀知堂"一文中表露了但愿此"传闻"当真的心愿，而登载此文的杂志编辑陶亢德则将杂志寄送给了周作人。原文中的"且感且愧"是周常用的书信语，一种表达厚意可感而受用有愧的寒暄话。郭沫若的文章恳切至极。

他那委婉而有内容的文章，近来在《宇宙风》上已有好几期不见了。记得最后一篇文章的末尾，是把苦雨斋记成为"苦住斋"[补注二]的。苦住在敌人重围中的知堂，目前不知怎样了。

近年来能够在文化界树一风格，撑得起来，对于国际友人可以分庭抗礼，替我们民族争得几分人格的人，并没有好几个。而我们知堂是这没有好几个中的特出一头地者，虽然年青一代的人不见得尽能了解。

"如可赎兮，人百其身"，知堂如真的可以飞到南边来，比如就像我这样的人，为了换掉他，就死上几千百个都是不算一回事的。

日本人信仰知堂的比较多，假使得到他飞回南边来，我想，再用不着要他发表什么言论，那行为对于横暴的日本军部，对于失掉人性的自由而举国为军备狂奔的日本人，怕已就是无上的镇静剂吧。

有些夸张的措辞乃是这位诗人特有的秉性，最后一段尤其可以视为直接向周作人发出的政治性呼吁，而贯穿全文那热切怀念之情则没有一点儿虚假。作者则在前个月底刚刚从北伐革命失败后"亡命十年"的日本抛妻别雏只身归国参加抗战。周作人"不可不勉"的感想虽说是针对第三者的短短一句，也可以理解为按捺住百感交加心情的直率回应。三年前访问东京之际，他曾经主动要求会见身处特高（特别高等警察——译者）监视下的郭沫若，而得以亲切的会面［补注三］。但是，这之外若要再多讲下去，恐怕也只是重复9月26日致陶亢德信中所记请勿视留北诸人为李陵的意思，而关于最关键的逃离北京这一"行为本身"，在此已成为无以沟通的前提性的隔膜。

不久，便得到了10月9日信中所言北大当局的"正式办法"和"校长之命令"。临时大学的开学定于11月1日，故当然要督促其南下，于是36人当中除了马幼渔、孟森、冯汉叔、缪金源、董康、徐祖正、周作人外，全都于11月17日最后离开北京。关于最后留下来及其善后处理，《知堂回想录》这样记道：

> 北大专任的教职员本应该一同前去，但是也可以有例外，即是老或病，或家累重不能走的，也只得不去。我那时并不算怎么老，因为那年是五十三岁，但是系累太多，所以便归入不能走的一边。当时不记得是在什么地方开会的，因为那一年的旧日记散失了，所以无从查考，只记得第二次集会是廿六年（一九三七）十一月廿九日，在北池子一带的孟心史先生家里。孟先生已经卧病，不能起床，所以在他的客房里作这一次最后的聚谈，可是主人也就不能参加谈话了。随后北大决定将孟心史、马幼渔、冯汉叔和我四人算作北大留平教授，每月寄津贴费五十元来。在那一年的年底，蒋校长还

打一个电报给我，叫我保管在平校产……

事情涉及公私两面，还是先分别来看为好。在公职方面，如战后国民政府的审判也曾经涉及的那样，法律上是有问题的。首先，北大当局包括薪俸上的措施，对于四教授留平的承认这一事实应该没有问题。特别是对周作人，校长曾有事务上的指示，对此蒋梦麟不仅亲自向法院提出了证明，而且在回忆录中也承认的。

抗战的时候，他留在北平，我曾示意地说，你不要走，你跟日本人关系比较深，不走，可以保存这个学校的一些图书和设备。（《谈中国新文艺运动》，《新潮》）

"示意地说"当然是因为担心占领军的检阅而在电文上下了工夫。不过，每月五十元只是正规薪水的几分之一，原文的"津贴"也只是意味着临时支付的补助，虽说乃不得已状况下的措施，但能否说是国家公务员依然不明确。正如后面将要涉及的那样，占领下的生计问题十分严峻，例如罗常培曾讲述过因病留下来的少壮哲学教授缪金源，便于1941前后守节饿死。另有一个疑问，即最后留下来的7人当中，缪金源、董康和徐祖正三人何以没有列入"留平教授"之中呢？不得而知。总之，北大当局仓促之中拿出临时津贴承认周作人等四教授的留平，而事后又期待他们完成留下来的使命。

其次，周作人决心留平的理由如何呢？他在致陶亢德的信中再三强调家庭系累。以辩解无用为信条的他，对这一件事到最后也没有放弃强调，晚年，在给原《宇宙风》作者徐讦的信里详细列出了系累的内容。

我对于自己的行为向取"不辩解"主义……回想录中即实行之。但是对于先生却不妨来说明一下沦陷时的我的境况,就知道由于我不能丢下家族,所以留在北平。我的家族那时有我夫妇及子女各一,女已出嫁,夫在西安,所以她住在我家,带着两个儿子。我兄弟的弃妻,就是我的妻妹,有二子一女,也住在我处,过着共同生活,此外我的老母同了鲁迅前妻虽然住在别处,也要我照顾,这样说来,就是这不算在内,已经连我在内有十个人了。我也知道顶好是单身跑到西南去,但是撇下九个人没有办法,所以只好在北平"苦住"。……以上这些"说明"实在没有什么说服的力量,当作辩解,结果无非证明我意思薄弱,没有撇掉家族,牺牲别人,救出自己的毅力而已,所以除了对于先生以外,我是并不曾说过。（此信刊载于1966年2月10日《笔端》第1期）

　　后面的"意思薄弱"虽有自嘲之意,总体上仍隐含着强硬的口气——仅从人表层的处世进退来看能理解什么呢。不过,这事后的感慨暂且不提,有一点是容易查知的,当时的周作人某种程度上是以啼笑皆非的心情接受下面这样的命运,即谁都不会怀疑其抗日立场的亡兄鲁迅及弟弟周建人,两人一块老早就把最初的夫人留在北京而南下上海,如今这却成了自己多余的累赘。周作人原本就对这兄与弟的婚姻不抱同情。说明也好辩解也好,总之,这系累束缚着他乃可以理解的事实,若想在此处发现世态人情的微妙也可以的。但周作人不想坠入俗流,只抓住一个确定的事实说话（此亦是向北大当局提出的正式理由）,根本没有与旧政客下野之际大讲专心念佛奉养老母等等相提并论的意思,事实归事实,此乃充分选择后的表现,则是确实无疑的。因为,如此的家累之重的确不假,但假若没有这家累呢,他会毫不犹豫地离开北京吗?

想一想，答案也未必不言自明吧。在此，有关的事实需要再做些思考。郑振铎《蛰居散记》下面一段话，无疑便是一个问题：

> "七七"以后，我们在南方的朋友们都十分地关心着他。许多人都劝他南下。他说，他怕鲁迅的"党徒"会对他不利，所以不能来。这完全是无中生有的托辞。其实，他是恋恋于北京的生活，舍不得八道湾舒适异常的起居，所以不肯搬动。

这"鲁迅的'党徒'"是针对多少人的怎样的劝告而做出的回答，具体的情况不得而知。不过，某种场合下，周作人或许真的会说出这样的话的。例如，两年前鲁迅逝世的时候，周作人曾草写《关于鲁迅》《关于鲁迅其二》两篇文章，向外界公开了他最了解的有关乃兄早期的丰富掌故。其资料的价值是没有人否定的，但下面这样的攻击所构成的壁垒已经超出兄弟不和的个人范围而成了意识形态问题，甚至作为象征北京与上海之政治风向上的差异而存在着：像周作人那样消极隐退的弟弟，纪念鲁迅不必说了，他根本就理解不了鲁迅。然而，这之所以能够成为问题，主要是来自从郑振铎所在的上海向桂林、汉口、重庆乃至延安扩展的文学界抗敌协会等在野知识分子的南下呼吁，而期待作为国立北京大学教授的周作人跟随长沙临时大学乃至昆明西南联合大学的工作岗位而"走西南"的呼声，其背景多少有些不同。不过，不管"政府派"色彩强烈的大学，还是共产党统一战线思想影响浓厚的抗日文化运动（郭沫若不久成为国民政府军事委员会政治部第三厅的厅长，正与周恩来等在此危险万分的关节点上共同奋斗着），都使他对以抗日之国家大义为大前提走向新生活踌躇不已。发生影响的未必仅仅是家累一项，"鲁迅的'党徒'"也好，"八道湾舒适异常的起居"也好，或"意思薄弱"或日本妻子等等，可能有许多许多。另外，与鲁迅比较，周作人的一生没有经验过乃兄那样的多次逃离，其行动模式构成了鲜明的对照，这也可以考虑在内。然而，归根结底怎样呢，前面提到的《国语与汉字》中他所表示的决心，难道不是已经事先做出的选择吗？从另外的立场观之，或者即使他本人如后来回顾，可以说在其决心与具体的去留之间，有判断的疏忽和预测的错误也未可知。特别是预测"事变"可以早期得到局部的解决，这并非他一个人的乐观看法，但的确是重大的失误。如果将这决心与去留的整体理解为亲身创作的作品，那么两者则会构成完结了的一个事物之两面。生活和见解当然不可能如作品那样结合在一起，但我不能不觉得，实际上常常倡导平凡、自然、情理的这位常识主义者，其特殊的觉悟方式反而一点点地将他引向了带有空幻色彩的生活和思考。占领下的"文化城"，难道这不是已经带有了空幻色彩的一个场域吗？

就这样，进入全面战争的 1937 年就要过去了。借此机会他想到翻译希腊神话的工作，这从 10 月 9 日致陶亢德的信中可以看到，实际上也是为了解决失业后的生计问题。于此，他循曾经卖过《现代日本小说译丛》和海罗达思《拟曲》等译稿的因缘，去找"文化基金"的编译委员会。这个"中华教育文化基金会"大概是美国为返还义和团事件赔款于中国的教育事业而成立的。胡适曾任"编译委员会"的负责人，如今他已不在北京，周作人便几次与北大毕业的该委员会秘书洽谈，结果说定每月翻译两万字支付二百元。首先选定的是阿波罗多洛斯所著《希腊神话》（《知堂回想录》）。在这年 12 月 7 日给松枝茂夫的信中，他这样记述了自己在被占领前后的工作：

数年前曾将文学店关门，今于卢沟桥事件之前又将日本研究店闲歇，可谓得时，此后谈东方文化者将如雨后之菌矣。以后作何事尚无计较，此一年乃在翻译，将希腊人自著神话翻成汉文，本是多年宿望，于今得达，亦是大好事也。……

要之，这里可以窥见他在遭遇难局的第一阶段，总算以自己的方式获得了安身立命的暂时平稳甚至余裕，可以说，他的精神还是安然不动的。前面提到他对走向新生活曾有犹豫，而在不同寻常的境遇下维持旧有的生活，也同样会有各种类似于冒险的对于未知前途的预感。在这之前首先要确定自己所采取的态度，而准备全力投入自己一直想做的工作的他，虽有郁闷，却也获得了文人"固穷"那样一种无畏的心境吧。

但另一方面，战争毫不留情地一路扩大开来。11月16日，国民政府不得不做出迁都重庆的决定；12月13日，南京最终陷落；14日，北京成立了"中华民国临时政府"（行政委员长为王克敏）。从香港入京的王克敏等军阀时代的旧政客群，再加上"四教授"之外的前北大教授董康等，表面上由中国人组成的局部地区政府，实际上是通过日本顾问实行日军所谓"内部指导"的战争中傀儡政权的典型。日军的华北占领地行政，历来是由"支那驻屯军"总参谋长之下的北平、天津、通州的特务机关担当的。这年9月，随着"北支那方面军"的编成，参谋部之外又设立了特务部，到第二年5月，完成了天津、青岛、济南、太原、河南等五个特务机关的编成。从业务上说，军队（兵站）和军特务机关的工作关系并不明晰，军部还有宪兵队和宣抚班分别充当占领地的"治安工作"。原本应该是以留居中国的日本侨民为对象的领事馆警察，好像也把目光扩大到了中国人身上。进而，12月24日，在方面军的关照下，临时政府的翼赞团体"新民会"成立，在曾经参与过伪满洲国"协和会"的多位日本人的实际指导下，启动了进行

"思想教化"工作的所谓"新民运动"〔日本防卫厅研修所战史室编《北支（那）的治安战》等〕。

要躲过占领机关如此多重复杂的网目实在困难，不管看上去怎样与政治野心无缘，周作人的名字实在太惹人注意了。从不得不寻找不被对方国民视为"汉奸"的合作者这一日本方面的两难处境观之，毋宁说，逼使周作人出来合作乃是必然的趋势。前面提到的那个山本实彦，在这年年底的12月29日和1938年1月3日，两次"走访旗舰出云长谷川清支那方面舰队兼某某舰队司令长官"的对谈（1938年《改造》2号）中，已经出现了下面这样的内容：

> 长谷川：直言的话，原海军副官李世甲等也很聪明嘛，又能干的。海军部长陈绍宽也是潇洒的绅士。
>
> 山本：周作人好像也进过海军学校，比陈绍宽高一年级。他是鲁迅的弟弟，太太是日本人，到海军学校后发现眼睛近视被甩了出来，要是现在仍在海军里那可是不了得的官儿了，有人甚至想以这个人为中心让他出面做北方的文化工作，而本人推说自己不能胜任，没有出马。
>
> 长谷川：是吗？

好像负责筹备"临时政府"的是军特务部长喜多诚一（当时为中将），据当初预定当主席且曾为"五四运动"抗议对象的曹汝霖自传（《一生的回忆》，香港，1966）所言，要把他推捧出来的人中，喜多之外，仿佛还有"来自东京的兴亚院某部长"（当时还没有兴亚院，大概是误记）、土肥原贤二，中江丑吉（据云中江得知曹本人之辞意后反而鼓励他保全"晚节"）甚至也有其干系。直到王克敏一班人马凑齐为止，人才选拔工作困难重重，如果将此与山本实彦的话对照起来思考，在组织临时政府的前前后后阶段，恐怕是以各种各样的方式，利用的手已经伸向了周作人。

[补注一] 罗常培说这封信是寄给毅生，即在校长手下掌管全校行政面的大学秘书长郑天挺（当时还兼任中文系教员，后来以明清史专家著称）的，而对照郑的信则可以知道罗文中的引用是有删节的。其中一处与周作人有关，故摘录于下（括号中文字为郑的注）。

> 台（指台静农）见访，知兄与知老（指周作人）、莘（指罗常培）、建（指魏建功）诸公，皆决心居留，此是最可佩服之事。鄙意以为诸兄定能在此时期埋头著述，完成年来未能完成的著作。人生最不易得的是闲暇，更不易得的是患难，——今诸兄兼有此两难，此真千载一时……

其中的"知老"二字，不见于再次发表于《传记文学》的罗文所引部分。用"知老"来暗示周作人符合胡适的习惯，而即使罗有删除的理由，郑则没有添加的道理，故郑文所引用的应当无误。关于这段文字，郑还写道"这时胡适忽然从九江来信给我和罗常培、魏建功等人，劝我们留在北京读书，大家都有些犹豫"。这里的回忆依然是无视"知老"二字的存在。不过，这且不谈，总之，这个阶段文学院院长胡适对周作人的留平，乃至一般的居留北京，是持这样的态度的，这一点值得注意。但，这是《知堂回想录》中所言四位"留平教授"正式认可之前的事情。

[补注二] "苦住斋"即便是"苦住庵"之误，也没有什么大的不一样。"苦住"二字与本书的书名亦有关系，故在此介绍一下其出处。周作人最早在文章中用此号，是在1937年6月3日所写《桑下谈序》

(《秉烛后谈》)中。该文提到"浮屠不三宿桑下"(《后汉书》襄楷传),以此表达不能久住一处以免生爱恋的句子为话题,讲到人生去留的种种机微,有从作诗技法的书中引"乐行不如苦住,富客不如贫主"的佛经语,之后说:

> 这苦住的意思我很喜欢,曾经想借作庵名,虽然这与苦茶同是一庵,而且本来实在也并没有这么一个庵。不过这些都无关系,我觉得苦住这句话总是很好的。所谓苦者不一定要"三界无安犹如火宅"那么样,就只如平常说的辛苦那种程度的意义,似乎也可以了。不佞乃是少信者,既无耶和华的天国,也没有阿弥陀佛的净土,签发到手的乃是这南瞻部洲的摩诃至那一块地方,那么只好住了下来,别无乐行的大志愿,反正在中国旅行也是很辛苦的,何必更去多寻苦吃呢。

落款正是"七七"开战之前,"苦住庵"的戏号则作为主人一般人生态度的特殊战时版被选定。而且,十分细心周到,同一天作了下面这首七绝:

> 柳绿花红年复年
> 虫飞草长亦堪怜
> 于今桑下成三宿
> 惭愧浮屠一梦缘

(见岳麓书社刊《知堂杂事诗抄》所收"苦茶庵打油诗补遗")

[补注三] 1934年8月,夫妇访日期间的日记中有下列两条:

十四日 ……乘电车至市川须田二六七访郭沫若君。……

十七日 上午同耀晨(徐祖正)往文求堂访田中(庆太郎)君,未几郭沫若君亦来,同往千驮木町田中宅即旧森氏观潮楼也。(见影印本《周作人日记》下,大象出版社)

四　非议与沉默

　　急于早日结束战争的日本政府在各种"和平工作"不见进展之后，开始期待通过第三国的斡旋与中方交涉，1937年底通过德国驻华大使德兰迪曼向国民政府转达了媾和条件。蒋介石一开始也展示了予以接受的姿态，可是南京陷落等战况的发展使强硬论升温，日本方面的条件中途悄悄地变得苛刻起来，逼迫对方限期做出回答，结果断送了媾和的机会。在中断交涉的前后，日本政府于1938年1月9日召开的大本营政府联络会议上，通过了"支那事变处理根本方针"，11日将此变成御前会议的决定。其中，"支那现中央政府若不求和"情况下的方针是这样的：

　　　　帝国不再期待尔后之（国民政府）为解决事变之对手，将推动新兴支那政权之诞生并与之协议两国国交之调整，协助更生新支那之建设，对于支那现中央政府，帝国要使之溃败并收纳于新兴支那中央政权之下，以此为施政方针……

　　同月16日发表的"不以国民政府为对手"的那个第一次近卫

声明便直接基于上述方针。虽然，在日本政府内部也有"即使加上'临时'二字也是为时过早地建立的与中央政府类似的机构，将造成未来中日国交全面调整之际的累赘，那时将因既成事实而牵制日本政府"的反对意见（森岛守人《阴谋、暗杀、军刀》），但还是以完全中断与国民政府交涉实现结束战争之可能性的形态，硬性地做出了上述规划。这样，由于昭示了与高涨的中国民众的民族意识之完全敌对的立场，以"兴亚"为旗帜的"事变"之解决，在原理上亦变得绝对不可能了。

在陷落后的南京，3月18日建立了将来与北京"临时政府"可以合并的临时"地方政权""中华民国维新政府"（行政委员长为梁鸿志）。而7月15日决定的日本政府"支那中央政府树立指导方针"高调讴歌将来集合这些地方政府旨在建立"独立国家"之"新中央政府"，其时间则预定在汉口陷落以后。然而，这种陷入长期战争的本身，难道不正是不得不以国民政府为对手的境地吗？如此，日本政府只能用自己的手亲自捣毁其使之"独立"的"政权"了，这在明眼人看来不是一目了然的吗？事实上，不但如此，在这几个"合作政府"的准备阶段，其独立的空头支票便化为泡影，结果使合作者一方感到了失望和怀疑，这样的事例实在数不胜数。这且不说，总之日本方面的构想旨在将沦陷区变成其祖国的敌国，这一点越发地暴露无遗了。

这一年即1938年的5月8日，四川成都等抗日地区的新闻报纸以"周作人等终于附逆""周作人当了汉奸"的醒目标题（有的后面加上了问号）一齐报道了身处沦陷区北京的他的行动。这名之为"周作人事件"，它给抗日阵营的人们以巨大的冲击。此时身在成都的诗人何其芳，也于11日深夜草拟了声讨文章《论周作人事件》投给《工作》杂志。何其芳作为1930年代崭露头角的吸收了法国象征派潮流的知性新诗人当中之杰出者，早已有了一定的名声。由于"满洲事变"后局势紧张，他抛弃北京大学文学院哲学系学生的身份，在到各地任教职的同时，其抗日与革命的政治信念逐渐坚定起来，并在这一年中离开成都实现了奔赴延安解放区的愿望。先看看他的声讨：

> 在比较多知道一点近几年来文化界的情形的人，周之落得这样一个下场并不是怎样可骇异的。因为这不是偶然的失足，也不是奇突的变节，而是他的思想和生活环境所造成的结果。他顺着他的路走到了他的坟墓。
>
> 然而这条新闻到底还是引人注意的。一些十四五岁的孩子也问我："为什么周作人做了汉奸？"由于很多人都是还没有忘记他在五四运动前后对于新文学的贡献，虽然未必如报纸上所说他还是什么"新文学权威"，周到底是很知名的。而且由于他在"语丝时代"的积极态度，早一点在北平住过的人对于他也许还没有完全失去敬意。比如去年秋天，我风闻日本人要弄周出来了，就告诉一位害了多年的肺病的朋友，他说他不会。而且他递给我一本《宇宙风》看，那上面刊着周的一些短信，有的说希望南边的人不要把他当作李陵看，应该当作苏武，有的说他想逃到南边来也似乎无办法，因为他的老家浙江绍兴已没有了家，而且恐怕南边也非安全的地方。表面上看起来那些话是凄惨的，但骨子里却是胡涂。他既不是国家派遣到异域去的使者，而且现代的"匈奴"又没有扣留他，我们无法把他当作苏武。至于家的问题呢，南边虽说没有舒服的风雅的"苦雨斋"，却有无数的人在活着，在流亡着，在工作着，在战斗着，在死着。

这无疑是针对因权威和名声导致的温情脉脉的同情，要在坚守自己纯洁的正义感基础上所发的议论,这离开周作人为他去北京大学以来最亲密的文学朋友李广田的作品集写了序言(《画廊集序》)才不久,由此观之,何其芳的严厉多来自如此的重创吧。正像何所说,周作人的声望依然很高,因此对这严厉的批评当然会有不同意见,使得他应读者的要求又写了《关于周作人事件的一封信》。读者的要求如下:

> "关于周作人事件",你(指读者——引者)这样说,"被许多报章杂志宣传,我觉得有些头疼。以前对于这个人的书我很爱读,因此对他也相当崇敬,但现在许多人说他是汉奸,我又觉得是可能,而在五期《工作》上先生论过以后,这一期朱先生再论一下,却使我有些胡涂了。何先生,能给我一个圆满的解答吗?"

从何其芳的文章我们可以查知,文艺学者朱光潜介绍北京友人来信,说周作人宅虽时有"汉奸敌人"的足迹,日本人也对他"重视并钦迟"即试图利用他,但周还没有怎样受利用,认为新闻报道的真伪还"尚待考证",告诫将周作人私生活上的态度、日常言行与背叛的有无放在一起论断的年轻的何其芳,"我们对自己尽可谨严,对旁人不妨宽厚一些"。而对此加以反驳,认为"宽厚"也要看对什么人的何其芳,其论调没有显示出任何的动摇。他对"脱离了时代和人群"的周作人其生活态度本身感到不能容忍。盖八道湾周家的书斋作为新文化运动最有力的堡垒而为青年人崇敬的对象之时代,已然成为过去。鲁迅离开后,这里被称为"苦雨斋"或"苦茶庵",作为新文学理想和传统风格调和的象征而静静地发挥影响力的时代,也因战争而中断了。如今,人们不能不自问,对那位滞留敌军占领之下而自己戏称的"苦住庵"主人的苦衷表示同情，这本身是否正确。

何其芳写文章之际，仿佛从同一个新闻报道中得知了武汉的"中华全国文化界抗敌协会"（简称"文协"）面向全国发出的驱逐周作人、钱稻孙等的电文。这样的话，恐怕是"文协"通电促成了新闻报道的契机。南京国民政府和国民党中央党部都已经转移到重庆，而武汉汇集了党政军的要人，周恩来领导的"八路军办事处"也开始办公，这里已呈现出"事实上的抗战主都"（郭沫若《洪波曲》）之象。稍早的这年3月，作为活动于当时延安、上海、香港、广州、昆明、重庆、西安、成都、长沙等地的抗日作家统一组织的"文协"的成立也是在此地，其机关杂志《抗战文艺》（最初为三日刊）5月4日创刊就遇上了这个"事件"。通电大概就是5月5日发表的"武汉文化界抗敌协会声讨周作人宣言"。另外，5月14日第4期登载了茅盾等18人署名的《给周作人的一封公开信》[补注一]。用孔罗荪的话讲，"公开信一面批判了周作人的背叛民族、屈膝事敌的罪行，一面仍寄予希望，盼他能翻然悔悟，间道南来"（《〈抗战文艺〉回忆片段》，《中国现代文艺资料丛刊》1辑）。与周氏兄弟双方关系密切的郁达夫，在第二年3月谈到公开信发起的经过：

> 现在颇有些人，说周作人已作了汉奸，但我却始终仍是怀疑。所以，全国文艺作者协会致周作人的那一封公开信，最后的决定，也是由我改削过的；我总以为周作人先生，与那些甘心卖国的人，是不能一样的看法的。（《回忆鲁迅》，《宇宙风乙刊》1期）

那么，如此引起骚动的周作人之行为是怎样一回事呢？新闻报道的主要内容说他参加了日本方面召集的"更生中国文化建设座谈会",配有照片的消息载于《大阪每日新闻》。座谈会是1938年2月9日的事情,2月16日的《大阪每日新闻》报道了详细的内容,而抗日地区的新闻报纸作为事件予以报道,是在大约三个月之后。即便考虑到交战当中的客观条件,从报纸到报纸的消息传达方式看,时间也是太迟了。这也证实了文协的通电引起了新闻报道的关注这一推测。而文协所依据的是效仿美国《读者文摘》(*Reader's Digest*)式的综合杂志《文摘》第19期的译文。《文摘》原本为上海复旦大学发行的月刊,这时变成了"战时旬刊",担负着战时消息报道的重要一翼。第19期应该是4月28日发刊,时间上正好相合。该杂志的第21期还转载了"文协"的通电和公开信[注]。另外,前面所引《改造》杂志的山本实彦与长谷川长官的对谈的译文也有刊载,这成为何其芳马上注意到的"叛逆"旁证。

"叛逆"的主要根据就是这些,因此,"文协"的公开信亦留了一个难以简单下结论的尾巴,这也可以理解。孔罗荪的《〈抗战文艺〉回忆片段》是这样记述的:

> 公开信发表后,也引起了一些不同的反响,特别是有个别人为他的汉奸行为辩解,总企图寻找根据,证明是一种误传等等。第五期的编后记上,就是根据某些人的反映,而作了如此的说明,"现周氏已有信寄此间友人,声明摄影系受骗,座谈会记录完全为日本记者所捏造。下期准备将周先生原函制版发表,以明真相"云云。但是到了"下期"并没有发表什么"原函",一直等到第十二期,发表了一篇《关于周作人事件》的记者报道。当时为周作人传言的一个是后来做了国民党新闻图书检察官的徐××,一个是后来自己终于也落水当了汉奸的陶××;前者说周有信来,后者云周已经复十八位作家的公开信,其实二说都是查无实据,反而引起一

些迷惑作用。但是在记者的报道中,还是为他作了不少粉饰,说周作人很"磊落"云云。虽然其他各地报刊上已认为周确实"附逆"了。

人们最终没有听到周作人对公开信做出的答复,但这回他应该给在各地担忧其处境并立刻查询此事的众多友人寄来回信了吧。直到《抗战文艺》杂志上报道了另外一个决定性的事实为止,这种说不清的状态一直持续着,5月27日周作人致上海年轻散文家周黎庵的复信(见周黎庵《华发集》附录)等,就是其中一例。

此刻,周黎庵在已成"孤岛"的上海法租界于编辑《救亡日报》的郭沫若、夏衍逃离之后,依然同王任叔、柯灵、唐弢等出刊《鲁迅风》,他倾慕鲁迅遗风,展示出了杂文方面的才笔,而从资质上仿佛更有为周作人所深深吸引的地方。周黎庵对事件的主人公给予了不同寻常的同情,写了五六篇专论的文章,其论调可以说与何其芳恰成对照。他怀疑并期望《大阪每日新闻》的消息和照片可能是敌人的"离间之计",这样写道:

知堂先生在致《宇宙风》的信上,要做"啮雪海上"的苏武,叫南中切莫把他当作"纳首北延"的李陵看待。这一点上他是欠看得清楚,今日之"匈奴"是不会许有苏武存在的,他虽不至于自动的做为虎作伥的汉奸,但被动的做一下"词赋萧索"的庾信,将来也是必然的事。今天的《大阪每日新闻》所载,或许是造谣,而将来也必将成为事实;那时的苏武,除却殉节之外,就非做庾信不可了。

我相信知堂先生不肯做庾信,但也决无做苏武的可能;还是效法郭沫若先生,赶紧南来,医治每一个人心里所受的创痛,这是他唯一的活路。(见《华发集》中《苏武与庾信》)

在礼教时代的缙绅先生，每每鼓励女子殉节，志士全忠，以为是极应该的事，这在现代眼光看来当然太残酷；但对于作人先生，要是他既不能积极的逃出魔手，又不能消极的做"啮雪海上的苏武"而腼腆投降的话，则这是希望他追从范爱农，以悲哀来代替今日人们心头的耻辱，也决不是过分的话。（见周黎庵《周作人与范爱农》，收《华发集》）

　　后面一文，是因为在上海成为禁书而转移到广州的《宇宙风》第67期刊载了周作人的近作《关于范爱农》，由此促发而作。正如鲁迅同名的回忆性小说所示，范爱农乃是不适应辛亥革命的世态炎凉，幻灭与失望之中投河自尽的狷介的"新党"。周作人的文章披露了范爱农过去给鲁迅的信和鲁迅的悼诗，行文依然保持着一贯的作风，而周黎庵鉴于目前的形势，由文章题材的选取方式引发了自己的联想。他认为，写作此文的同一个作者不可能在两个月后出席那种座谈会的，因此对日本报纸产生了疑惑。但实际上，顺序是相反的，比文章中的落款2月13日早4天，那个座谈会便召开了。

　　周作人5月27日给周黎庵的复信中，有关"事件"的一段是这样的：

　　　　大阪每日所载不知何事，容托人查阅来看，以前津报曾说鄙人将做大学校长，或者亦此类乎？此事真伪自有事实可征，但世上有捕风捉影者及幸灾乐祸者，只可供他们去当材料，受其祸者无可奈何，造谣与报怨各各满足之后，或自消沉耳。（见周黎庵《看人论事》一文所附"北平通讯"，收《华发集》）

令人着急不耐烦的隔阂感，在周作人一方也是很浓重的吧。他并没有去看《大阪每日新闻》的消息和《文摘》的译文乃至抗日地区的反响，而只是依据与自己相关的"可征之事实"，指责这些说法源自世上一般浮躁和恶意造谣的心理。然而，事实怎样呢，他却不想说明。不说明实际上也是一种有选择的态度。关于这一"事件"，恐怕他也只能以这样的调子来复信吧。也因此，《抗战文艺》杂志上要求以"原函"证明一事，结果也只能不了了之了。

构成"事件"原因的《大阪每日新闻》2月16日的消息，大标题为"谈更生支那文化建设"，旁边则是"首先要打倒唯我独尊的态度""与共产主义战斗的新民会方策""紧急改革学制"等语句，占了整个版面。北京特派员的前言则在歌颂"日支两国文化提携"已然成熟之后，设问"目前中国首脑对此问题有何准备和抱负呢？于当地通过两国文化而握手言和其发挥各种作用的日本方面有怎样的方策呢？又将以怎样的路线实施呢？"等等。2月9日，在北京饭店召开的座谈会，其出席者名单及职位如下：

日本方面——大使馆参事官森岛守人，新民学院教授泷川政次郎，军特务部成田贡、武田熙。

中国方面——（"临时政府"）"议政委员长兼教育部总长"汤尔和，"新民会"副会长张燕卿，原河北大学校长何其巩，"北京大学"教授周作人，"清华大学"教授钱稻孙。

报社方面——支局长三池及四名特派员。

日本方面的泷川政次郎发言道："为了日支文化的提携有必要反民族主义。这对支那来说可能是最难堪的，但良药苦口，必须大力去做。""大学复兴的说法是不对的，日本要讨伐的是作为国民党外围的大学，而不是大学本身，相反我们要伸出手来予以保护，故不是大学的复兴，而是真正意义上的重新建设，这才是问题的关键。至今为止的支那大学生不过是汇集于大学建筑物里的蒋介石外围分子而已。"这段发言最露骨地暴露出所谓"文化提携"论的自相矛盾。中国方面的出席者,除了新民会的张燕卿比较积极外,其余都是在司会者催促下每人讲了一段不着边际的话,这样消息也就编辑出来了。照片与其说是座谈会不如说是纪念合影那样坐在沙发上照的。除了不懂日语的何其巩之外,好像都没用翻译而直接以日语发言的。当问到学生是怎样吸取日本文化的,作为研究者和教育者的经验如何时,周作人做了回答,全部如下:

> 我多年从事东洋文学、日本文学系的工作,若从当初的考虑讲起,是想让中国的学生通过日本文学来研究日本,为此,特意设置了日本文学讲座,……从至今 10 年的经验观之,很遗憾结果并不怎么好。如果不让他们到日本去学习学习是不行的,在这边儿先教一些日本政治等,然后让他们经常去日本那是最有效的。

接下来是包括钱稻孙的与周作人相仿的发言等,而这些发言的内容至少在梗概上不像是报纸的捏造。面对占领之下的"文化提携"问题他们所抱的态度,我们只好在后面根据各种不同的场合予以观察了,而座谈会上,不在于他们讲了什么,出席还是不出席才是更重大的问题。

在抗战地区一片哗然之中所传的由"敌人"或"敌寇"召集的座谈会,其实不过是某一个新闻社支局的企划而已。虽说如此,实际的情况还稍有些复杂麻烦,还在"临时政府"刚组建的时候,要请动对去留问题应当慎重的周作人这样的人物,新闻社支局是没有这样的面子和威力的。在此,实际上出面邀请的是日本方面的出席者之一军特务部人员武田熙(据笔者向本人直接问询)。该人原是北京大学文学院的留学生,毕业后曾任国士馆专科学校的教授，后来作为外务省文化事业部所派遣的北京研究员而再次来中国，任期完了后仍保留国士馆教授身份而成为日军委托的"特务机关情报处长"。从前面引用的《陆军机关日志》也可以窥见，卢沟桥事件时他曾作为当地交涉的翻译而前后忙活。他曾著有《支那革命与孙文主义》《通背拳法》，翻译过章炳麟的《支那学概论》。日军没有通晓北京文化界情况的人才，因此，特别是在占领初期，这方面的事情他是"什么都参与的"。还有这样让人笑不出来的笑话，为保护昔日恩师唐兰（甲骨文专业），他时常在唐宅附近转悠，结果反倒被认为是在监视，不久唐先生便悄悄逃离了北京。对待周作人也是如此，因了留学时代的恩义，在期待他与日本合作的同时，武田甚至感到有贴身警卫的责任，然而，最终又感到"周先生一直在权衡利害得失"而终于不能抹去疑虑。

受《大阪每日新闻》支局长委托，武田熙所"动员"的中国方面的出席者几乎都很不情愿，特别是周作人，称如果让日本人感到我和哥哥鲁迅的立场是一样的，这样好吗？因而表示难以出席。我听了武田的回忆后也觉得有道理。想来他的出席当与抗战地区引起的反响相反，毫无疑问，他在北京生活的最大威胁在于被怀疑为反日。如果利用虽不和睦但也未必成为怀疑之根据的他与鲁迅的关系，以消除反日的嫌疑，给人一种他在回避合作的印象，这将成为体察他的苦境之有效办法，却决不会伤害到他的名誉。而周作人上述表示回绝的言辞也太没有力量了，结果被武田熙的"仅就文化建设请您讲讲话决不会添任何麻烦的"客套话说服了。想来，自前一年秋天以来有各种各样的劝诱反复地向他压来，已使他有了一定的觉悟。在这样的过程中，如果说相对而言比较好对付又未必能回绝的此次机会，反而使他的拒绝态度松弛了也未可知。我说的觉悟也只是一种推测，比如，他是否从一开始就考虑将占领军和临时政府当局的来访者拒之门外，或者即使如此考虑其可能性又如何呢。总之，他未必是以拒绝的态度来应对这次邀请，这一事实乃是确切无疑的。此态度在他的内心并不与他所明言的不做李陵相矛盾，我们从他给周黎庵的复信的语调中也可以察觉到这一点。然而，本来这是他个人信念上的问题，即使"此事真伪自有事实可征"而向外界充分准确地传达了，在抗日地区的常识上能否得到理解也是不能不成为疑问的。

　　人们基于抗日的大义不断要求他南下，这大概是因为面对"现代的匈奴"人们要告诉他除此之外别无他途，但不走或者走不了的情况下该怎样呢，却没有任何大义标准。对于突然间增多了些许隐逸气象的此人之"有所不为"（孔子已认可）的"狷者"式隐退战术，人们多少还存着些期待吧。然而，在占领之下要固守什么东西，据此所划出的最后底线的位置是可能有变化的。比如，与历史学家陈垣公开表示战争未结束之前不见"外国人"等相比较，周作人的底线之划法就多有不同。当然，一方面，因为是非交战国之外国人所经营而日本人很难下手的德国天主教系统的辅仁大学校长（据武田熙讲，由于梵蒂冈的斡旋，考虑到万一有和平的机会，日本方面对辅仁很客气），另一方面，是泷川政次郎所谓"国民党外围"的高校代表北京大学之留平教授，又被认为与日本有不浅的因缘关系的周作人，两人所处的地位很是不同。结果，周作人在除了自己的信念别无依靠的情况下，其立身处世的方式，不要说与果敢的地下抵抗者，甚至与狷介的纯洁主义者乃至勇往直前的慷慨激昂者都有所不同，乃是一种更像宿命论者的顺其自然主义。

　　这样的处世法，让我们想起他那篇大有不再做政治批判的宣言味道的《闭户读书论》（1928）中"苟全性命于乱世"的警句。该文虽说有反讽式的政治批判的一面，但其后他的实践却往往显示了对所标举的口号之忠实。另外，在出席了那个受争议的座谈会10天之后，他写了一篇与《闭户读书论》互为表里的文章，即《读〈东山谈苑〉》。一篇短短的读书笔记，全文照录如下：

> 《东山谈苑》卷七云，"倪元镇为张士信所窘辱，绝口不言，或问之，元镇曰，一说便俗"。此语殊佳。余澹心记古人嘉言懿行，衮然成书八卷，以余观之，总无出此条之右者矣。尝怪《世说新语》后所记何以率多陈腐，或歪曲远于情理，欲求如桓大司马树犹如此之语，难得一见。云林居士此言，可谓甚有意思，特别如余君所云，乱离之后，闭户深思，当更有感兴，如下一刀圭，岂止胜于吹竹弹丝而已哉。民国二十七年二月二十日灯下，记于苦茶庵西厢。

这篇文章据说一直压在箱底，1944年编辑收有二百余篇读书笔记的《书房一角》时放在了其中的"看书余记"部分的开头。就是说此乃压卷之作。前面已经谈及，早在给《宇宙风》编辑的信中，周作人就表明对于留在北京一事的各种议论无从一一解释，这篇文章的大意很明显也是上述意思的延伸。后来到了1943年，他将此全文抄录于题为"辩解"的文章当中而向外公布了自己的辩解无用论。他援引乡俚的方言甚至《水浒传》，有趣地说明了"俗"字超出与"雅"相对的微妙含意，我在日译时则直接用了他在给武者小路实笃的书信（1941年6月21日《读卖新闻》）中对此事用日语所作的解释——"俗とは即ち野暮のことだらうと思ひます"（俗即粗野——译者）。

他所称赞不已的说此嘉言者云林居士倪元镇，乃是元末有名的画家倪瓒，知道的人大概不少吧。而羞辱云林居士的张士信则是乘元末动乱收拾了包括周作人家乡绍兴在内的浙江、江苏一带的张士诚之弟。根据《明史·隐逸传》，倪瓒察动乱于未然，将家产分给别人，自己则以"小舟斗笠"而逃难。张士诚以为他的名声可以利用，固执地要找他出世，而他则混入渔夫之间逃走了。然而，张士信带着银两要倪瓒画自己所望的画而遭到拒绝，结果怀恨在心，终于抓住倪瓒打个半死。而这时的倪瓒对张士信"遂一言莫开"，这在《明史》里有所记载。倪云林所受之辱的背景就是这样，显而易见与沦陷区北京周作人的境遇虽有一脉的类似性，但倪云林的逃跑主义与周作人的顺其自然主义还是大有不同的，在此，周只是盯住暴力性"污辱"这一背景而其关心则集中于沉默一事上而已。

周作人于占领之下的沉默，及其提到辩解无用说的文章《读〈东山谈苑〉》写于参加那个座谈会之后不久，绝非偶然。周作人老早就有过"生活之艺术"的理想。参照最初提倡此理想的那篇《生活之艺术》（1924）便是，"把生活当作一种艺术，微妙地美地生活"，其要谛在于"禁欲与纵欲的调和"，以克服儒教禁欲主义之反面的放纵的恶传统，用中国固有的字来表述，便是未被教条化以前的"礼"。这是艺术观上告别模仿西欧之近代主义的一种表达，也是最早抱有的文明论构想上的初衷之发展，即以"一种新的自由与新的节制，去建造中国的新文明，也就是复兴千年前的旧文明，也就是与西方文化的基础之希腊文明相合一了"。后来，这种思想在框架上没有什么改变，但"生活之艺术"的内涵，渐渐地更凸显了作为立身处世之艺术的一面，其中，生存困难的"乱世"意识有所加深，而且，这一"生活之艺术"是与《读〈东山谈苑〉》中他所推重的魏晋前后之名士言行录《世说新语》等直接通联的文学世界。同理，他绝赞《世说》前后时代里"知其有所不为"的陶渊明和鞠躬尽瘁的诸葛孔明，将两个对极的人物视为"周朝以后千年中唯一的两个"（《论语小记》《颜氏家训》等）。顺便一提，"苟全性命于乱世"一句就出自诸葛亮回应刘备

"三顾之礼"出山以前表达隐逸心境的《出师表》。早就打出儒教以前之"原始儒家"招牌的周作人,既然无法像倪云林那样离世,那么比起奋不顾身的反抗更倾向于沉默的美学,也就不是没有理由的事情了。总之,周作人到底是这样的人物,即认为人类或个人面对无可如何的墙壁时,与其反抗不如幽默为好。这个周作人从与占领当局或合作机构相接触而不反抗的耻辱中搭救出自己及其价值,其根据便是这个"生活之艺术"吧。我认为,这是夹杂着诙谐而自称"唯物论"的这位极端现世主义者相当伦理化的态度,它归根结底是一种审美性的技艺。

另外,前面何其芳那篇声讨文章,依据 5 月 11 日成都的新闻报道,还提到另一个罪责,即周作人与徐祖正一起参加了"敌人的另一御用组织",即所谓"学制研究会"。这个组织的情况不甚清楚,1939 年 3 月出版的上海自然科学研究所《中国文化情报》第 15 期人事消息栏中所见周作人的职务之一,也有"现临时政府教育部学制研究会委员"一项。就是说,"临时政府"在占领之下为了重新启动学校教育而召集的学制咨询机关,在这样的组织中也确实有周作人的名字。如果参照他后来的行动,有充分的理由可以做出推测,对于占领之下的教育之荒废和"奴隶化"的担忧,促成了他特有的积极态度。这与轰动一时的参与日本报社的座谈会等比较起来,更应当是经过了深思熟虑后的行动。然而,这个时候,在与上述行动相反的方向上,他仍没有放弃另外的努力。

5 月 20 日,燕京大学国文系主任郭绍虞带着"客座教授"的聘书,造访了周作人宅。据《知堂回想录》讲,这是因为前面提到的"编译委员会"撤退到香港,他又被生计问题所困扰,故主动通过郭绍虞向曾有十余年任课因缘的燕大提出请求。燕大是美国的教会学校,与德国天主教系统的辅仁大学和法国系统的中法大学一起,属于北京仅存的几所大学之一。学校创立以来的校长司徒雷登（Leighton Stuart）是出生于中国的传教士，战后曾任美国的驻华大使。据说，战争期间他亦利用自己特殊的身份，在日、美和中国的抗战与沦陷两地区之间，承担了各种外交上的使命。另外，战后燕大学生自治会所编《燕大三年》还记道，在大后方，董事长孔祥熙同时兼任校长而与北京的燕大"气脉遥相呼应"。该书还回顾了当时北京的燕大立场：

> 燕京得力于其国际性和教会大学的立场，得以独自留在北方维持残局，承担起政府委托的抗敌教育重任。当时，很多青年被政府弃于沦陷区，难以忍受敌人的奴化教育，却又没赶上往大后方的撤退，彷徨苦闷之中唯一的希望就是"进燕京"了。……学校当局也打破惯例，大量吸收了这些热情的爱国青年。为此，遭到敌人的妒嫉，在严密的监视之下燕京成了一个孤岛。

不仅是学生，连周作人亦考虑到"中国方面也认为在这里任职，是与国立的学校没有什么不同"，便到此来寻求活路而终于有了着落。［补注二］聘任的条件是名义为"客座教授"，授课自9月份新学期开始，担任4或6小时的课时，待遇与讲师相同，另加20元以示优待。后来决定每周到校一天，担任两个科目各两小时，月薪一百元。《知堂回想录》的另一处写道，这样的条件仍属在"专任"之上另又优待。如此，他仿佛暂且获得了生活上的一道防波堤。而这消息，最早由郭绍虞传给了身在上海的郑振铎。郑的《蛰居散记》讲到"文协"的公开信后，写道：

> 但在那时候，他实在还不曾"伪"。绍虞有过一封信给我，说，下学期燕京大学已正式的聘请他为教授，他也已经

答应了。绝对的没有什么问题。我根据这封信,曾经为他辩白过。我们是怎样的爱惜着他!生怕他动摇,会附逆,所以一听到他已就聘燕大,便会那样的高兴。[补注三]

[注]《文摘战时旬刊》第21期所转载的消息如下:

关于周作人的通敌行为

自本刊于十九期(四月二十八日)上译载了《所谓"更生中国文化建设座谈会"》一篇报道文后,五月五日即有"武汉文化界抗敌协会"声讨周作人的宣言发表,在五月十四日出版的《抗战文艺三日刊》上又有茅盾等的《给周作人的一封公开信》,一致对周作人加以声讨和警告。现在我们特将它在这里刊出。——编者

茅盾等《给周作人的一封公开信》:

作人先生:

去秋平津沦陷,文人相继南下,得知先生尚在故都。我们每听到暴敌摧残文化,仇害读书青年,更虑及先生的安全。更有些朋友,函电探问;接先生复书,知道决心在平死守。我们了解先生未能出走的困难,并希望先生作个文坛的苏武,境逆而节贞。可是,由最近敌国报章所载,惊悉先生竟参加敌寇在平召集的"更生中国文化(建设)座谈会":照片分明,言论具有,当非虚构。先生此举,实系背叛民族,屈膝事仇之恨事,凡我文艺界同人无一人不为先生惜,亦无一人不以此为耻。先生在中国文艺界曾有相当的建树,身为国立大学教授,复倍受国家社会之优待尊崇,而甘冒此天下之大不韪,贻文化界以叛

国媚敌之羞,我们虽欲格外爱护,其如大义之所在,终不能因爱护而即昧却天良。

我们觉得先生此种行动或非出于偶然,先生年来对于中华民族的轻视与悲观,实为弃此就彼、认敌为友的基本原因。埋首图书、与世隔绝之人,每易患此精神异状之病,先生或且自喜态度之超然,深得无动于衷之妙谛,但对素来爱读先生文学之青年,遗害正不知将至若何之程度。假如先生肯略查事实,就知道十个月来我民族的英勇抗战,已表现了可杀不可辱的伟大民族精神;同时,敌军到处奸杀抢劫,已表现出岛国文明是怎样的肤浅脆弱;文明野蛮之际于此判然,先生素日之所喜所恶,殊欠明允。民族生死关头个人荣辱分际,有不可不详查熟虑,为先生告者。

我们最后以此忠告先生,希望翻然悔悟,急速离平,间道南来,参加抗日建国工作,则国人因先生在文艺上过去之功绩,及今后之奋发自赎,不难重予以爱护。否则唯有一致声讨,公认先生为民族之大罪人,文化界之叛逆者,一念之差,忠邪千载,幸明辨之!

茅　盾	郁达夫	老　舍
冯乃超	王平陵	胡　风
胡秋原	张天翼	丁　玲
舒　群	奚　如	夏　衍
郑伯奇	邵冠华	孔罗荪
锡　金	以　群	适　夷

武汉文化界抗敌协会声讨周作人宣言

倭寇谋我,不仅侵占我土地,攫夺我经济,尤在永远奴役我中华民族。欲达此目的,必先毁灭我数千年传统之文化而代以奴才文化,此抗战以来,我全体文化界同人所深深痛感者。

故皆淬砺奋发誓歼蛮魔,乃阅最近大阪《每日新闻》内载所谓"更生中国文化建设座谈会",内容记倭寇对我民族施行"精神奴化"之一幕丑剧,参加此剧之其他汉奸,原不足责,所可异者,素以新文学权威著称之周作人及钱稻孙等,于北平陷落以后,不即避地远引,应如何深藏自珍,另图报国,或静候国军收复失地,乃竟恬不知耻,不惜葬送过去之清名,公然附和倭寇,出卖人格,照片赫然,言论俱在,当非枉诬,诚我文化界之耻辱,亦国民中之败类者。请援鸣鼓而攻之义,声明周作人、钱稻孙及其他参与所谓"更生中国文化建设座谈会"诸汉奸,应即驱逐出我文化界以外,借示精神制裁,至各汉奸通敌叛国之罪责,俟诸政府明证典刑可也。尚希我文化界及爱国同胞一致主张。是所至盼!

武汉文化界抗敌协会叩,微

[补注一] 关于公开信,楼适夷的回忆是这样的:

> 倡议者老舍,信是我起草的。署名的作家有的不在武汉,也由我们代署于事后通知的。信在《抗战文艺》发表,以后有人说周作人有信给人辟谣,但始终未见此信。(楼适夷《我所知道的周作人》,载 1987 年《鲁迅研究动态》第 1 期)
>
> 文中的"代署",与第一署名人茅盾当时虽然反对朱光潜的替周辩护但又持有如下感觉相照应的:"我在广州听说'全文协'有如何如何的通电时,也感得这太有点'动了感情';然而我明白'全文协'处理这件事时,完全是义愤的情绪,磊落的心胸,决不是孟实先生所猜疑的什么'投井下石'。"(《也谈谈"周作人事件"》,载《烽火》第 18 期)

[补注二] 也有人证实,周作人还试图向与美国系统的燕大一样在占领后依然保持独立性的德国系统辅仁大学求其活路。根据 1938 年

秋开始在辅仁执教的李霁野回忆，当时有一个从抗日中国的立场出发推动该校教员聘用和学生教育的地下组织"文教委员会"，周作人曾暗中再三到其负责人（大概是沈兼士，参见第六章补注三）那里寻求招聘。李曾经作为文学青年出入于周氏兄弟的门下，被占领初期也同样以"文化教育基金会"的援助从事翻译工作，因此知道周作人的难处，而积极建议招聘。但我推测，恐怕是因为有出任"北大"文学院长的谣传而没有成功。（李霁野《关于周作人的几件事》，载1992年7月4日《文艺报》）

[补注三] 钱理群《周作人传》（北京十月文艺出版社，1990）依据这一年周作人的日记，在列举接受燕京大学的聘请前后周纷纷拒绝了来自众多学校团体的合作邀请这一事实之后，记道："3月22日，辞伪满洲大学之邀。4月至8月，再三坚辞伪北京师范学院、女子师范大学之聘。并有劝友人勿加入文化协会之举。6月12日，辞不入留日同学会，退还捐册。8月15日，辞不入'东亚文化协议会'。9月18日，辞不受任所谓北京大学校长兼文学院长。此外，辞谢日伪各方宴会，约稿，邀访，尚有多次。周作人似乎是下定决心躲入书斋作乱世之隐居了。"

五 "流水斜阳太有情"

周作人一方面未必拒绝与占领者的接触或参与傀儡当局的事务，这在抗战同胞看来便是一种叛逆行为，一方面又到与大后方"气脉遥相呼应"的美国人经营的大学去求职，到了被占领的第二年，他的生活悄然加剧了复杂性和紧张感。无论是对于刚刚走上轨道而忙于调整占领下行政管理的日本人，还是必须同时应对虚传的和平和与其相反面的恐怖及生活之难而渐渐懂得什么是被占领的长期化的北京市民来说，无疑都将面对充满了忧虑疑惑而摸索前行的日常生活。在这样的时刻，像周作人那样地位的人物其言行举动显得扭曲而前后矛盾，也是正常的。何况在抗日地区那些焦虑不安的友人们每有传闻而一喜一忧的心情，更是再自然不过的了。在此，让我们再稍微详细地追溯一下他的生活和行动的踪迹吧。

首先，《知堂回想录》记录了这年春天发生的下列事件。

日本宪兵队想要北大第二院做它的本部，直接通知第二院，要他们三天之内搬家。留守那里的事务员弄得没有办法，便来找那"留平教授",马幼渔是不出来的,于是找到我和冯汉叔。但是我们又有什么办法呢?走到第二院去一看,碰见汉叔已在那里,我们略一商量,觉得要想挡驾只有去找汤尔和,说明理学院因为仪器的关系不能轻易动,至于能否有效,那只有临时再看了,便在那里,由我起草了一封公函,由汉叔送往汤尔和的家里。当天晚上得到汤尔和的电话,说挡驾总算成功了,可是只可牺牲第一院给予宪兵队,但那是文科只积存些讲义之类的东西,散佚了也不十分可惜。这是我最后一次见到冯汉叔,看他的样子已是很憔悴,已经到了他的暮年了。

如座谈会的消息所示,汤尔和的职位相当于"临时政府"的"国会议长兼教育部长",周作人等作为"留平教授"为完成其使命是不能不和这个与敌合作的"政权"渠道有所交涉的,这一点应当先记在脑子里。

3月,举行了留平四教授之一的孟森追悼会。周作人在战争末期题为"红楼内外"的回顾"北大文学院"内外友人的文章中说:

> 十一月中我曾去访问他一次,给我看日记中有好些感慨的诗,至次年一月十四日,乃归道山,年七十二。三月十三日开追悼会于城南法源寺,到者可二十人,大抵皆北大同人,别无仪式,只默默行礼而已。我曾撰了一副挽联,词曰:
> "野记偏多言外意,新诗应有井中函。"
> 因字数太少不好写,又找不到人代写,亦不果用。

这没有用上的挽联借下面的故事,表达了对老史学家《心史丛刊》等通过明清野史阐明许多遗事之批评眼光的敬重,并感怀于他在被占领之下的"感愤"。故人孟森的号源自宋人郑思肖感愤于祖国被蒙古族的元所灭而作诗集《心史》，到了明末，封入铁函沉于江南寺院井中的这一诗集终于被发现。在前面引用过的罗常培《七七事变后北大的残局》中，也有拿与周作人所见同样的"感愤之诗"为例，说明孟森固执的慷慨感愤的部分文字。说到老北大的朋友，四教授渐渐也只剩下他一个人了，这时，留学日本以来的老友钱玄同（师范大学教授）和身为弟子及文学革命以来盟友的俞平伯（清华大学教授），两人也留在北京分别过着隐居般的生活，成了周作人难得的慰藉。

4月，男女两师范学院分别开学，厨川白村的弟子即日本文学专家、留平后失去北大教职的徐祖正出任男子师范的院长，而女子师范则由"临时政府教育部"副部长黎世蘅担任（1938年5月《支那时报》）。徐祖正自20年代参与《骆驼》同人杂志到在北大日文系供职，与周作人有着不浅的关系，也曾一起参加前述的"学制研究会"。他的这种举动与周作人有多大程度的关联不得而知，而说服徐参加学制研究会的，也是那个日军特务部的武田熙（据武田本人直接对我所讲）。

5月20日前后，即抗战地区正就他的"叛逆"行为议论纷纷的时候，也即得到燕京大学聘书之际，周作人还悄悄列席了另一个与日本人的聚会。这就是佐藤春夫以《文艺春秋》特派员身份，在儿子和《新日本》特派员保田与重郎陪同下来到北京而召开的欢迎宴会。那时，作为日本外务省文化事业部派遣留学生而滞留北京的竹内好，陪同一行并参与了这次宴会的策划，他在四年之后这样记道：

　　一天晚上，我们为先生们举行了欢迎宴会。所谓"我们"即我和尤炳圻、方纪生（均为留日出身——引用者）等年轻一辈,宾客方面除了日本的先生们,还有周作人、钱稻孙、徐祖正等。记得地点在西四的同和居。……宴席上气氛始终很和睦。谈的都是些料理、鬼怪等无足轻重的话题。年轻一辈很少开口,都是宾客们在讲话。几乎没有触及文学或政治的话题。当然,没人说欢迎的致词等客套话。仿佛昨天还见过面的人似的,大家随便的聊天。总之,是一种老人趣味。说得好听些即北京趣味。保田对此似有不满,而我则反而觉得不错。(《佐藤春夫先生与北京》,收文集《日本与中国之间》)

不必多寒暄,是因为数年前周作人和徐祖正为北大日文系搜集图书访日的时候,竹内好等操办欢迎宴会,佐藤春夫也是发起人之一。然而,这次到底不如从前,似乎只有日本人方面因过度的小心而焦虑似的。佐藤春夫从北京发给《文艺春秋》的报告《北京杂报》(1938年《文艺春秋》时局增刊第9号)这样说道:

> 周作人、徐祖正等老一辈也在非正式会面的意义上参加了同和居的宴席。出于时局的考虑回避个人间的会面而利用了这个机会似的。如此这般小心谨慎地来参加此次宴会,的确特别的值得感谢,然而悲哀的是虽说并非不欢而散,但总有那么一些阴影挥之不去,实在没有办法的。

而对"北京趣味"的所有一切感到失望和憎恶的保田与重郎,则撇下宴会后患病的佐藤春夫,跑到热河去,旅行得来的狂喜感激与北京的感受构成了两极的对照。这狂喜感激成了保田梦幻般地赞美战争的《蒙疆》一书的重要主题,而下面一段话便是针对那一晚宴而发的:

北京所没有的果敢之剑藏于蒙疆。为了世纪的希望我期待着即将来临的日子。更浪漫的东西总是要征服世界的。是日本的浪漫主义在与蒋介石或俄国的浪漫主义角逐呢。我也见到了北京的一些知识人。那时，我在感到失望之外甚至体味到了丑恶。那些最高层的知识人保持着沉默，有时还参杂着讽喻和谎言。中等一层的则稍微讲些忠诚于蒋介石而指责日本的话，这并非知识文化人的思考，而是一种交易。

只有英雄和诗人才是这个世界所需要的，对于怀有如此浪漫使命的保田与重郎来说，来北京本身就必定是一个历史性的事件。而"日本主义诗人"佐藤春夫，却没能修得这位诗人主义者所期待的绝技高招。虽非出于因缘际会，正巧在刊载了"文协"给周作人公开信的同一期《抗战文艺》上，发表了郁达夫的题为"日本的娼妇与文士"一文。该文旨在抗议曾经使自己醉心其文学而多有亲密交往的佐藤春夫的近作《亚细亚之子》（1938年《日本评论》3号），这篇电影故事以郁达夫和郭沫若为原型，是名副其实的御用文学。卢沟桥事变发生前一年年末，以福建省政府参议身份访日的郁达夫，的确对促成亡命中的郭沫若与国民政府达成和解发挥了说和作用。而以此为据的佐藤春夫却编造了下面这样无聊的故事：由"郑某"的斡旋逃离日本的"汪某"，幻灭于"郑某"卑劣的举动和抗日运动的无意义，最终"逐渐领会了皇军开发北支那的真意"，而在"支那中的日本"之北京附近的通州开设了兼有"日本文化塾"意味的医院。这样的作品，用保田与重郎的话讲，正可谓"最终遵循国策之线而停止了文学之机能"的低级文学。如果说，对于并非亚洲"之子"而是成人其反应如此迟钝的作者而言，却依然作为日本主义诗人而抱有其纯真的话，那么，对于这般幼稚的日本主义来说，可真是除了醉心于如保田与重郎所见的浪漫式的蹂躏之梦，全身心追求超越国策之谋略的功利性而外，再没有诗可作了。

7月，改造社的山本实彦时隔一年又访问了周作人，并进行了访谈。一个月前，松枝茂夫所译《周作人随笔集》由改造社出版，因了这个缘分，访谈不止进行了一次。在致松枝茂夫信中，周作人说"山本社长来此见了两三面，只可惜这个时候，真是无话可谈，全然辜负了他的热情"。（1938年7月11日）而山本实彦的访谈报告《此刻的周作人》（1938年《文艺》10号）其内容亦通篇包含了对采访对象"为难""很忧郁"的样子之同情，同时，在为国家战略着想的框架下漫不经心地说了些诸如"于我国文坛让此人发挥作用，做些文化工作当很有意思"等等的话。不过，访谈也并非毫无内容。山本实彦原本是积极地致力于"大陆问题"的出版人，正如亡命中的郭沫若等眼中所映现的那样，乃是一位由于时局的缘故而"满脸忧郁的新闻出版界人"（《广陵散》），比较地倾向于自由主义的立场。值得注意的是，周作人对这个人物所讲的下面一句话："现在，不喜欢国民党讨厌蒋介石的人亦认可蒋介石，此乃民国以来的大势所趋。"这话是什么意思呢？据山本的观察，他似乎是虽然也属于不喜欢的人之列，但将追随"大势所趋"，然而又似乎是认为"大势所趋"也未必正确。如此，则他的确让听者难以捉摸其真意。但以"大势所趋"为敌的任何"文化工作"之类都是办不到的，讲话人的这一态度，则可以清楚地领会到。访谈还涉及了另一方的共产党，山本说，"那时，周作人还讲到河北省的共产党势力很活跃"。如后面将要涉及的那样，这关系到日本方面也终于意识到的一个事实。虽然周作人处于不该表露对此事实之想法的场合，但正如随后所言"而中国不可能由共产党来统治"那样，他大概对此坚信不疑。这种态度与其说是政治上的反共，不如说是来自他有关中国人民难以自拔的东方式性格这一观念的一种政治见解。而他正是以此种所谓负面的亚洲主义为盾牌，向日本帝国主义之"文化工作"的反共法西斯主义与高唱"东亚精神"之间的矛盾投以讽刺挖苦的言辞："法西斯是西洋货，共产主义不也是来自西洋的吗？总之，被西洋的某种东西牵着走，实在是很没有出息的。在思想上目前的东洋根本不行，尽管高歌猛进依然是一副臣服于西洋思想的样子。"山本实彦惊讶道，讲上述一番话的周作人"这时跟鲁迅的面孔一模一样"。这不正是与保田与重郎所唾弃的"北京知识人"的手法惊人吻合的言辞吗？《蒙疆》的作者还写道，向那些文人学者"甚至屈膝让步"而试图予以利用的"文化工作"，亦是酷爱名人的官僚政治的病症。就是说，保田与重郎不遗余力所要抨击的，是伤害事变之浪漫性的一切政治上的现实。

我认为，这个访谈清楚地反映出周作人已然只能和日本人进行政治性的交往了。这个时期的周作人，似乎很努力地与所谓国策无关的文学界等日本民间人士进行自然而然的接触，竹内好一面这样回忆着，一面又指出日本人方面不体谅他的好意而毫无政治感觉地公开其会见记录或访谈，至今觉得这给周作人带来了很多麻烦（竹内好直接告诉笔者）。这段回忆当然与竹内好认为欢迎宴会的气氛很好，而读了佐藤春夫的报告特意提出"我倒觉得宾主都有一种尽其所兴的意愿"的不同意见（《佐藤春夫先生与北京》）有关。这也从另一方面显示，即使是很自然的应酬，如果没有日本方面政治上的考虑和留意，自然而然是难以做到的。就这样，周作人与日本人之间的往来因战争的隔膜而被封闭了。

不过，山本实彦的访谈还是有一些具体实际的内容。第一，访谈中虽然没有详细说明，但提到周作人曾说"坦诚地讲到，这个时候好人是没有想积极出马的，以及不想抛头露面的种种状况"。第二，周作人评说"临时政府的人很推赏汤尔和先生"，"说他是放到任何位置上都能做事的人"。第三，当被问到有没有出来为"北京的文化事业"做些事情的想法时，周作人则"苦笑着答曰：我目前还没有这样的打算"。从以上三点来看，给人的印象是，若限于和自身进退直接相关的最为微妙的话题，他反而比较直率地谈了自己的意见。这大概暗示出，关于至少在道义上要为"临时政府"做些什么，以及由此而派生出来的有关自身荣辱名誉的问题，在他的心中已经有了主意。从这个意义上讲，山本实彦此次北京行的另一篇报告《北支那的文人们》（1938年9月27—29日《东京日日新闻》夕刊）中所传周作人说"现在出来又能做些什么呢"一句，可能更准确地反映了这方面的信息。汤尔和毕业于金泽医专，是一位具有日本博士学位的人物。辛亥革命以后曾作为浙江省代表参加各省代表会议，担任议长。1921年出任国立北京医专校长，同年，担任北洋军阀统治下的民国政府教育部次长后成为总长。从鲁迅日记得知，其时汤与做教育部职员的鲁迅亦有一些交往。之后，一直活跃于医学界和北方政界，卢沟桥事件时做过日中缓冲地带统治机构的"冀察政务委员会"委员。对于周作人这样的新文学家来说，汤尔和大致属于圈子外的人物。不过，从相互所处的立场来看，在旧政客群当中，因为近代实学的关系或者文墨趣味之故而产生一定的亲近感也并非不可思议之事。从经历和风貌上观之，可以察知汤老练的风格，而作为与敌合作者乃是相当顽固的对手，这样的证词的确不少（日本大使馆馆员志智嘉九郎给笔者的信等）。由于同乡和留日的关系，如果与周作人有什么私人的交往，那么也说不定对他的进退有所影响，不过，详细情况不得而知。

这里，借《北支那的文人们》一文，来看看当时北京知识人穷困境地的一端。

出身日本学校的，只要本人有心就容易找到工作，而并非日本学校出身者则深处穷于衣食的状况之下。前不久教育总长汤尔和曾明言要整顿大学，教授阶级真是艰难困苦的状态。而据汤氏讲，以前的大学乃是抗日的堡垒和共产党的据点，因此要加以整顿，再者，从临时政府的财政上讲，也必须坚决实行整顿的。

由于被占领而失去职位的官吏和教授们的求职运动，这一极其单纯的现实也是考察与敌合作者问题不能轻视的一个侧面。

此处所说"大学整顿"的主要计划之一，是"北京大学"的开学。"临时政府"综合了原国立北平、北京、清华、交通四大学（的剩余部分）而为"国立北京大学"，汤尔和暂时兼任"校长"，自5月至9月，医、农、理、工四学院相继开学。关于文学院，在8月末成立的"东亚文化协议会"第一次评议会人文科学部会上，做出了迅速设置的决议。"东亚文化协议会"是以"中日学界及文化团体相互合作图谋中日两国文化提携并振兴东亚文教"为目的的"华北最高学术团体"、"北支那学界的总统领"。同时，"具有北支那学界的根本方针由此协议会来策划、决议之观"（原一郎《北支那国人的文化活动状况》，《东亚研究》24卷1号），乃是学术文化方面的合作机关。日本方面由外务省文化事业部与文部省、陆海军及当地机构取得联系，"临时政府"方面则由"教育部总长"主宰，双方选出各领域的代表，在北京会合后推举汤尔和为会长，8月30日在中南海怀仁堂举行了成立大会。日本代表团以酒井忠正（伯爵、贵族院议员、帝国农会长）为团长，宇野哲人（东京大学）、羽田亨（京都大学）、杉森孝太郎（早稻田大学）等35人为团员来到北京。据说"临时政府方面以王克敏、汤尔和、王揖唐、董康等为首，北支那主要的文化人几乎全部参加，实乃近来一大盛事"（法本义弘《东亚文化协议会设立的意义》，收《支那文化杂考》）。代表之中，除了能见到周作人、钱稻孙外，还有公开宣布不合作的辅仁大学陈垣的名字。同一个日本观察者还写道，"情绪高昂的日本方面的议员中，有不自觉显示出"损伤中国人自尊心的态度者，"致使本来特地欲参与日支两国文化提携的有能量的支那方面协议人员不屑于参加这个协议会，或者即使参加也失去了其热情"（同上）。也许并非为此，总之，陈垣的名字从后来的人员名单中消失了。周作人出席此协议会的经过，以及担当理事、文学部部长的职衔是从何时开始的，不得其详。总而言之，通过这个协议会，他与"临时政府"的关系又深了一层则确实无疑。这之后，到了"北京大学"开设文学院的阶段，若绕开"北大文学院"这位著名的留平教授，汤尔和也是很难做事的吧。当然，这个"北大"正如在中国冠以"伪"字那样，从抗日中国的原则来讲，只是一所继承了北大的名字和设施的完全与北大不相干的另一个学校。

经历了如此这般的周折，终于迎来了9月份的新学期开学，周作人按照预定，成了美国人经营的燕京大学的教师。根据《知堂回想录》所引的他自己的日记，燕大殷勤周到地迎来了这位客座教授。

> 九月十四日，下午丰一带燕大名簿来，绍虞约十六日午餐。
> 十五日，上午九时雇车出城往燕大，上下午各上一班，午在绍虞处饭，吴雷川（原中国人校长——引用者）亦来；三时后出校，四时项回家，付车费一元。
> 十六日，上午十一时往朗润园，应绍虞之招，共二席，皆国文系教员，司徒雷登，吴雷川亦来，下午三时回家。

到燕大教书的效果,以下面这样的形式展现出来了。前面所引致香港徐讦的书简中,周作人还写道:"我便借此抵挡了别处的劝诱,第一是师范大学的中文主任,算是成功了。"而另一方面,这年秋天,燕大受到来自日本方面的猛烈冲击,一位日本视察者在发自当地的报告中,这样传达了当时的情形:

(辅仁大学、燕京大学、协和医学院等外国人经营的学校)如同互为敌国一般而割据分治,支那的政府当局者等根本没有干涉的余地。……而且具有讽刺意义的是,事变发生至今这种倾向变得越发显著。就是说,与国立(当然是临时政府之下的)大学不管如何贪婪地招收学生也只是勉强招够的实际情况相反,到上述外国人经营的大学来报考的学生却高出十多倍。……从这个意义上讲,《新民半月刊》(新民会机关刊物)第一卷第四号上论及收回教育权问题,实在是大有必要而令人期待。(佐藤太清《北京——转变中的故都》)

胡适寄来明信片也在这个时候。里边只有一首口语诗,是这样写的:

藏晖先生昨夜作一梦,
梦见苦雨斋中吃茶的老僧;
忽然放下茶钟出门去,
飘萧一杖天南行。
天南万里岂不太辛苦?
只为智者识得重与轻——
梦醒我自披衣开窗坐,
谁人知我此时一点相思情。

一九三八年八月四日,英伦

胡适自前年秋以来,到美国、加拿大等地做呼吁声援抗战的讲演之后,这年7月来到伦敦,在接受了本国出任驻美国大使的任命后发出这封明信片。周作人也听到了这消息,担心真名不便,就用别名胡安定将回信寄往华盛顿中国大使馆,并写了一首答诗:

> 老僧假装好吃苦茶,
> 实在的情形还是苦雨,
> 近来屋漏地上又浸水,
> 结果只改苦住。
> 夜间拼起蒲团想睡觉,
> 忽然接到一封远方的信,
> 海天万里八行诗,
> 多谢藏晖居士的问询。
> 我谢谢你很厚的情意,
> 只可惜我行脚不能做到,
> 并不是出了家特地忙,
> 因为庵里住的好些老小。
> 我还只能关门敲木鱼念经,
> 出门托钵募化些米面,
> 老僧始终是个老僧,
> 希望将来见得居士的面。

《知堂回想录》引了周作人自己的识语:"廿七年九月廿一日,知堂作苦住庵吟,略仿藏晖体,却寄居士美洲。十月八日旧中秋,阴雨如晦中录存。"当时,他还用同样的信纸抄了一些,分发给胡适以外的好友。从周作人那儿看到这首诗并介绍给香港的《星座》杂志的周黎庵,还记录了当日访问周宅的情形。

昨日至苦雨斋，未就坐，即得斋主递与信一件，内储诗两首，一为藏晖先生八月五日遥自英伦寄来者，内中别无一字，唯有八行诗一首，无题，且无上下款。另有斋主答诗一首，盖所以表明态度者；顺手即将诗抄下。当时斋中陆续到有许多客人，此赠答诗亦——传观，斋主并已分抄数纸寄与此间友人，据其意盖欲借此辩解前此一切传说。即席又有所表示云：前此之所以应允某事，盖以某人不干预为条件，其后"徐公"诸人（大概指徐祖正钱稻孙）既均碰有满面灰尘而告退，则自己当不再上当矣。（周黎庵《关于周作人先生的事》，收《华发集》）

　　"某事"指什么不清楚，不过，从他1939年1月的此刻继续领取"编审会"每月的报酬来看，可以推定参与了"临时政府"直辖的"编审会"。该会3月发起，主要是修改和新编中小学教科书（山田厚《关于新国民政府下的高等教育事业及学术机构现状的研究》，《支那研究》临时增刊，1942年5月）。另外，由文部省派到后来的"华北政务委员会"时代之"教育总署直辖编审会"的加藤将之曾回忆说"先生此前曾作为编审会的特约编审分担新中国的国文教科书编撰工作，有关教科书编写的事情样样精通"（加藤将之《作为督办的周先生》，收方纪生编《周作人先生的事》），据此，也可以大致了解到周作人所承担工作的性质。"某人"当然是指日本人了。徐祖正等人先前曾参与同一件事情而后告退，或者是另外的什么事情，不得而知。但总之他要引为前车之鉴的表态，可以解读为并不是自己也要告退，而是在抛弃尊重中国人自主性等空头支票的幻想基础上强调自主的责任。无庸置疑，周作人完全是欲站在"中国民族的思想感情"立场上来行动的。但是，同样无庸置疑的是，在占领之下参与教科书的编写，这本身在政治上也是成问题的行为［补注一］。

胡适的劝其南下，还有虽因系累无法南下但不会做见不得同胞颜面之事的周作人于不断恶化的状况中再次表明自己的承诺，都有意义的，虽然自留平当时的各种应酬之外并没有增加什么新的事情。周黎庵等人亦认为这一诗的应酬是"让人喜悦且保全了士人之洁净的佳音"，甚至为当时因那个座谈会事件替他辩护没有白费笔墨而感到喜悦。据周黎庵讲，胡适周作人的应答诗从新加坡的《星岛日报》转载而来并见于上海的报端，前面提到的孔罗荪《〈抗战文艺〉回忆片段》说也曾刊载于重庆的《扫荡报》副刊，一些人则将此视为周作人依然健在的证据。

作为后话，晚年写作《知堂回想录》的周作人手里，还有胡适亲笔的另一首四行诗。

> 两张照片诗三首，
> 今日开封一惘然。
> 无人认得胡安定，
> 扔在空箱过一年。

落款是次年 1939 年 12 月 13 日。周作人已经不记得这两张照片和两首诗的事情了，但总之，他的答诗经了一年的时间寄到了胡适的手中。接下来《知堂回想录》还记录了另一件后日谈，即 1948 年冬共产党即将解放北京之际，胡适慌慌张张飞往南京，进而又来到周作人出狱后暂时寄寓的上海，那时，周作人曾托人劝其留在大陆，但胡适没有听从。至于革命中国是否有胡适的立脚点则是别一问题，总之，在周作人是想回报沦陷中的友情。

10 月，武汉陷落。继南京之后，又从"事实上的抗战主都"撤退，这严重挫伤了中国方面的志气，国民党内部汪兆铭派的反共和平论也悄然卷土重来。而手伸得过长的日军则在这之后处于拼命确保占领地区的状态之下，战局出现了使入侵一方陷入艰苦的持久战的境地。用早在半年前就提出了几乎是艺术化的"持久战论"构想的毛泽东关于战争末期的说法便是，以武汉陷落为标志，日本方面开始从对国民党采取以军事打击为主、以政治诱降为辅的政策，转向了以政治诱降为主、以军事打击为辅，其军事主力也开始从国民党战线转向了共产党领导的抗日根据地（《学习和时局》）。针对这年秋天华北的"治安"情况，当时的日本方面军副参谋长武藤章在战败后也回忆说：

> 我国占领地区的部队警备主要配置在铁路和干线道路两旁的地区，即所谓点与线的支配。因而，一进入腹地便处于蒋（介石）军的游击队或共产党军的势力之下……治安混乱，每天都有铁道被爆破的消息传来，甚至北京也受到了威胁。特别是共产党军……（据《北支那的治安战》所引《武藤章回想录》）

针对这种形势而打出的"治安强化"政策，不用说，使被占领地区的中国人生活变得更加阴暗不安了。另一方面，日本政府在11月30日的御前会议上通过"日支新关系调整方针"——这个关系到武汉陷落以后的方针参考了陆军省军务科长影佐祯昭（大佐）、参谋本部今井武夫（大佐）与汪兆铭派高宗武、梅思平等秘密协商的结果，而在确认了与蒋介石分道扬镳的汪兆铭于12月18日安全逃往河内之后的22日，所谓"近卫第三次声明"发表了。同时，依据以"期待对抗日国民政府进行彻底的武力扫荡，同时与支那同患难的慧眼之士携手共同迈向东亚新秩序的建设"开篇，高唱"善邻友好、共同防共、经济提携"三原则的这个声明，开始了为树立"新中央政权"而长达一年多的运动和种种交涉。

在这样的情势下又一年即将过去了。周作人的处境也伴随着更加沉重的身世之感。《知堂回想录》带着特有的感慨，回顾了自己作诗的经历：

> 我本不会做诗，不知怎的忽然发起诗兴来，于十二月廿一日写了这三首，仍然照例的打油诗，却似乎正写得出那时的情绪。

三首之中作者最得意的一首七绝是这样的：

> 禹迹寺前春草生，
> 沈园遗迹欠分明。
> 偶然拄杖桥头望，
> 流水斜阳太有情。

禹迹寺和沈园都是绍兴故家附近的史迹，诗所咏叹的并非北京的实景。或者据实说来，乃是戏仿南宋时代故乡的大诗人陆游一系列有关沈园的诗而作的。元配夫人与婆婆不和，陆游只好与之泪眼离别，后来在"禹迹寺之南沈氏小园"中偶然与前妻相遇，其时的感慨终生难忘，直到晚年亦多次作诗咏叹此事。桥头、斜阳、流水皆为沈园诗中的景物。

实际上，周作人在前一年年底也作过戏仿陆游的诗。据汇集了沦陷时期旧体诗作的《苦茶庵打油诗》（1944）中所收录，也是七绝的这一首为：

> 家祭年年总是虚,
> 乃翁心愿竟如何。
> 故园未毁不归去,
> 怕出偏门过鲁墟。

终未见到北半部故国光复的忧国诗人临终写有《示儿诗》,命其子家祭之际一定向"乃翁"报告中原恢复的消息。周作人诗的前两句以陆游的悲愿为诗材,表达对被占领的前途之忧虑。后两句则将陆游以"昨暮送归客,短櫂过鲁墟"起始的"岁末感怀"第一首咏叹山阴鲁墟故家的荒废,与周作人自己两位曾祖母的娘家分别在过去县城偏门外和鲁墟这一事实相重叠而成。

回到咏禹迹寺的诗。这首一面将与和议派的秦桧有个人夙怨的慷慨诗人的缠绵和对前妻的思念之情诗引入诗中,一面点出与夏王朝创始者大禹之像曾安放于其中故而闻名的该废寺以及与情诗有缘的沈园,再加上"流水斜阳"之颓败感,表达了沦陷中对乡土故国的思念。春草亦作为忧愁的表征反复出现在古诗中。要点在结句的"太有情","有情"一语出自晋之风流才子卫玠避乱南方途中身心憔悴欲渡长江,见其"茫茫"之势百感交加而于胸中慨叹"苟未免有情,复谁能遣此"的故事(《世说新语·言语》),而"太"字于知性机制下更使咏叹转向内心。关于"有情",《知堂回想录》接着引用两天后的日记,做了如下详细说明:

> 十二月廿三日,下午得李炎华信,系守常次女也,感念存殁,终日不愉。前做诗云,流水斜阳太有情,不能如有财有令誉者之摆脱,正是自讨苦吃,但亦不能改耳。

李守常是 11 年前被军阀张作霖所杀的中国马克思主义与共产

党最优秀的创始人李大钊，对周作人来说乃《新青年》时代的同人伙伴。在李遭逮捕处刑的当时，周作人曾经将烈士遗孤安排在自己家中避难，后来亦给予很多帮助，通信也频繁不断，并且在1939年李星华进京后遇到就职问题时，给予了关照［补注二］。

另外，在写于1939年的随笔《禹迹寺》中，周作人也引用了这首诗，并写道：

> 今年一月中寄示南中友人匏瓜厂主人，承赐和诗，其末二联云，斜阳流水干卿事，未免人间太有情［补注三］。这未免是我们的缺点，但是这一点或者也正是禹的遗迹乎。

所谓"禹的遗迹"乃是指与儒家味十足的尧、舜有别的圣人禹，对其包括治水传说在内的具体而让人感到亲切的实践躬行事迹，周作人在文中表达了深深的景慕之情。北大的旧同事、曾经做过校长的沈尹默，那时正在南方的什么地方避难，后来甚至抛弃了国民政府的官位在上海卖画为生，正如《苦茶庵打油诗》和《知堂回想录》等再三提到的那样，这位达观之人以和诗传达的忠告，仿佛相当准确地触动了周作人的心事。因为，在诗的咏叹与由李大钊遗孤引起的感慨乃至沈尹默的忠告相互交叉之处，他所欲描画的与其说是"禹的遗迹"，不如说更在于孔子的"生活艺术"，这一点毋庸置疑。即世俗的辛辛苦苦的样子，虽为隐者所笑，不得不"怃然"，但依旧自语"鸟兽不可同群，吾非斯人之徒而谁与？"。而周作人正是将这样的《论语》解读法从儒教的教条主义之下搭救出来，在"五四"以来的反儒教的新文学中解救孔子的始作俑者。

正如有关禹迹寺的诗可以作为包含如此思想性的东西来阅读那样，既然作者本人这样要求，这首诗的慨叹乃发自欲参与临时政府的自觉，当无可置疑。这中间的消息，不免显示出他一面保全了自己的体面，一面不断后退的文弱之士的虚荣，然而，这恐怕是看错了他自己所承担之位置的一种观点吧。总而言之，我们大概还无法把周作人与一般的与敌合作者完全区别开来——一定会有所辩解，但一旦张口辩解则肯定免不了露出可疑之处。如果从这样的角度来看，"禹的遗迹"这一话语本身在实际的合作行为面前也只能显出"俗"的辩解味道。但是，如前面提到的《国语与汉字》所表示的那样，假若他这些话是在针对军事上败北和政治上分裂不断扩大而强调维持民族上之"文化乃至思想感情"，从而欲实践自己的课题这一意义上讲的，那么，称其为辩解或虚荣是否恰当呢？我们只要看他曾一度打破沉默后的发言，就可以找到答案的。在此，我们首先应当记住，他在沦陷时期始终坚持且用以支撑自身的，不是作为意识形态的国家民族，而是"中国民族"的文化同一性这样一种东西。例如，他共鸣于永井荷风那种反明治国家式的江户趣味，无疑也在于他心中有同样的倾向性，当然，他没有像荷风那样到过去的时代里去寻找耽美的对象，这是他们相互不同的地方。如果说有足以为其献身的民族性价值的话，那也是除了与他本身的江户文艺爱好有关的那个文化"再生"之梦想外，不会另有其他。因此，作为价值源泉的民族遗产，仍然也非得用了例如"生活艺术"的传统那样的观点，而不断地选取不可的。

[补注一]"编审会"成立后，作为中国方面的"副编纂"在其中工作的陈涛，曾回复来自鲁迅博物馆的问询，其中有这样一段：

初次见面是 1938 年春伪教育部直辖编审会成立时。当时经兼会长的汤尔和介绍,除周作人外还有二三"名誉编审"在场。他们都是汤以会长名义聘任的,没有具体工作,不上班,每月送车马费壹佰元。……中日双方人员见面时,日方总编纂即提出教科书应加入并宣传"新民主义"的问题。我当时立即以种种理由表示反对意见,坚持不要把"新民主义"编入教科书中,双方初次见面竟为此问题争得面红耳赤。最后由汤尔和表示教科书应以传授知识为主,最好不要把有倾向性的政治色彩的东西装进去,加入"新民主义"事可暂不考虑。我意想不到,他竟坚持了我的看法。……汤病故由周作人继任教育总署督办后,也没有旧事重提,直到 1942 年 6 月末地下党被破坏,编审会的党员完全离开该会为止,伪教育总署对教科书的编辑方针及态度毫无变化,基本上与汤尔和时代是一致的。(《陈涛同志致鲁迅研究室的信》,载《鲁迅研究动态》1987 年第 1 期)

如果是像陈涛说的那样,自 1938 年成立以来周作人便参与了"编审会",那么,与前一章所谈及同年 2 月出席的"更生中国文化建设座谈会"一起遭到非难的参与"学制研究会",和这个"编审会"在时间上便是平行的,或者是以先学制后教科书这样的顺序而构成前后关系的。总之,倘若徐祖正、钱稻孙因闷闷不乐而作罢的事情与上面所说的"论争"相关联,那么,陈涛所言当是"学制研究会"之事,这样考虑更合乎情理也说不定。不过,有关"学制研究会",除了前一章引用的之外,目前还没有新的史料出现。

地下共产党一事,即使 1942 年的大检举是事实,与文中脉络的关系,和与作者本人的关系,均不够清楚,权当一般的资料供参考。

[补注二] 关于周作人对李大钊亲属的援助,后来,其长女李星华之夫、著名民俗学家贾芝,曾带着感激之情详细回顾了自李被处刑到日本占领之后许多重要的事实(《关于周作人的一点史料——他与李大钊的一家》,载《新文学史料》1983 年第 4 期)。贾芝所言虽然属于与共产

主义运动创始史上传奇性的烈士有关的个别因缘之事,但从对周作人一贯的人格公然予以肯定这一点上来讲,实属建国以来少有而受到关注。文中谈到,1938年李星华在参加"冀东暴动"(1938年7月,共产党和八路军组织的河北省东部8县的抗日武装起义)负伤后在回乡的弟弟(次男光华)陪同下,为准备赴延安而来到北京,在周作人帮助下做了北大的临时教员。那时,她对周作人的身世姿态提出了直接的问询,而周的回答则是走不了,但"我绝不会做对不起中国人的事"。第二年前往延安之前,李星华问周作人在那边有什么事,周答曰:"延安我不认识什么人,只认识一个毛润之,请你给他带好。"(贾芝还说,由于种种原因李星华未能将这个口信带到,她后来一直深感遗憾。)毛泽东任北京大学图书馆馆员的时候,曾为请教日本"新村"运动而拜访过教授周作人宅。

[补注三] 沈尹默和诗曾以"和知堂五首"为题载于上海的《鲁迅风》(第14期,1939年5月)。第二首的前两句为:

　　　　一饭一茶过一生
　　　　尚于何处欠分明

另,五首诗的题词为:"知堂近有诗见寄,读罢怅然,若有所触,不得不答,辄倚韵和之,语意在可解不可解之间,惟览者自得之耳。"

六　狙击事件

伴随着元旦的突发事件迎来了 1939 年。《知堂回想录》记录了作者这一天在家受到刺客袭击的过程：

> 那天上午大约九点钟，燕大的旧学生沈启无来贺年，我刚在西屋客室中同他谈话，工役徐田来说有天津中日学院的李姓求见；我一向对于来访的无不接见，所以便叫请进来。只见一个人进来，没有看清他的面貌，只说一声，"你是周先生么？"便是一手枪。我觉得左腹有点疼痛，却并不跌倒。那时客人站了起来，说道"我是客"。这人却不理他，对他也是一枪，客人应声仆地。那人从容出门……

概略地讲，已有警觉的徐田正要抓住那凶手，躲在门外的另一个同伙却进来朝他开了数枪，并将偶尔来玩的一个（周家）车夫即刻打死，另一个负了轻伤，最后，两名刺客夺门逃走。包括上衣被打穿以为负了重伤的周作人等人立刻被送往医院。可是，由于子弹打到了周作人里面的毛衣纽扣上，结果除了肚子上留下一个青斑程度的擦伤外奇迹般地并无大碍。卷入事件之中的沈启无则径直入院治疗了一个半月左右。

刺客究竟是谁，至今不明。然而真相不明的事件却强使主人公的命运向着一定的方向转去。按照上引《知堂回想录》下一章的说法便是：

> 民国二十六年（一九三七）七月以后，华北沦陷于日寇，在那地方的人民处于俘虏的地位，既然非在北京苦住不可，只好隐忍的勉强过活。头两年如上两章所说的总算借了翻译与教书混过去了。但到了廿八年元旦来了刺客，虽然没有被损害着，警察局却派了三名侦缉队来住在家里，外出也总跟着一个人，所以连出门的自由也剥夺了，不能再去上课。这时汤尔和在临时政府当教育部长，便送来一个北京大学图书馆馆长的聘书，后来改为文学院院长，这是我在伪组织任职的起头。

然而如上所见，《知堂回想录》的作者讲到人们送来聘书，但根据自己怎样的思考而接受了聘书却绝口不谈。因此，我们虽明白这本著作的特色如作者反复强调的，于事实之外没有施加任何诗的成分，不想写出的绝对不写。这尽管潇洒漂亮却多少有些令人扫兴。这种倾向在人们多有期待的兄弟失和过程和沦陷时期的行动之真意的记述方面表现得尤其明显，正如有些事情略而不写也可能成为一种诗的加工一样，结果，因让人感到与自己标榜的相背，他反而堕入了某种辩解的境地。全书中旧文的重录过多，甚至有老叟式的散漫。当然，如果没有某种强烈的动机，只是讲述事情的委曲，则难免流于细枝末节和语词上的辩解味道。厌恶于此的作者的态度，若说是作为文章家一贯的洁癖也说得通，老人这种顽固倔强也未必就一定令人讨厌。不过，我觉得除了沦陷时期之外还有抗战胜利后的狱中生活以及解放后蛰居北京期间，因时而异，其沉默和不辩解主义的意义不能不发生变化，因此，仿佛还有按照各种状况再进一步深入理解的余地。不过，这暂且不论，周作人的以上自述远没有讲尽事情的全部经过，但仅就写到的事实而言大概是无误的。然而，仅凭这些记述要获得充分的了解，就是中国人恐怕也得有与他同样的那种"俘虏"经验，那我们外国人要真正理解就更难了。有关"在伪组织任职的起头"与狙击事件的因果关系十分微妙，即使是为了接受这里所说的事实，也有必要对事件前后的脉络再做整理。

好在有这一年周作人日记的复印件［注］［补注一］，我们先来回顾一下从丢掉燕大的教职到出任"北大"文学院院长的经过。

一月二日　上午稻孙……等来访。……下午稻孙又来传尔叟意。……平伯……来。托平伯下学期代理燕大课。警区署派便衣三人暂驻。

一月五日　……司徒校长来访。

一月七日　……乘汽车往访稻孙即返。

一月十二日　下午收北大聘书仍是关于图书馆事而事实上不能去，当函复之。……

一月十三日　下午稻孙来。……

一月十四日　发信，稻孙……尔叟。

一月十五日　……今日看燕大试卷丙共五十七本，至晚了。

一月十六日　……寄燕大考试分数单去。

一月十八日　……绍虞来。……功课因平伯不肯代，云拟暂停。

一月二十五日　下午绍虞来，交来代收燕大本月薪。

一月二十九日　……稻孙来交图书馆本月款，旋又来，同往尔叟处午饭。来者永井（东京帝国大学名誉教授——引用者注，以下同）、赤间（日华学会理事）、宇田（东洋女子齿科医专校长）、梁亚平（临时政府教育部参事）、吴鸣歧（"北大"本部教务长）、许修直（"临时政府行政委调查部"部长）共九人。

钱稻孙已于年底就任"北大"本部秘书长，"作为总监督（汤尔和）的代理负责所有经营事宜"（《中国绅士录》）。他在事件发生的第二天两次往访周作人（第一次大概是慰问和侦察吧），第二次到访时传达了汤尔和的旨意，虽然没有十分把握断定这就是围绕出任"北大"的最初交涉，但总之事态已经动了起来，结果12日就任图书馆馆长事得到了落实。薪俸方面，这个月同时收到了燕大和"北大"图书馆的薪水，即还是一种兼任的形式。然而，2月份以后，则日记中已不见燕大的薪俸。3月18日有"任文学院筹备委员"的记载，但薪俸的记载直到7月份一直只是"图书馆本月款"，到了8月份才出现"文学院薪五百元"的字样。"图书馆款"的金额并没有标明，而4月26日项下则有"子余又来，言薪六十元太少也"字样。顺便一提，这里所言六十元太少，从文句上看主语既可以是常来送薪的会计主任罗震，也可以是周作人。不过，我认为还是周作人从这个月开始以"文学院筹备委员"的名义已确实成为院长的预定人选，在这个阶段他才敢于直言太少的。实际上拥有一大家子人的他，这时经济上仿佛的确很拮据的。一年之中，有来自上述"编审会"（估计一百元）和中法大学附属孔德研究所（一百元，据说沦陷以后钱玄同只在此任教职。周作人于战前开始便在其中学任课，故得到了研究员的资格）的收入，而在孔德常常是预支工薪，6月份还在"北大"借款五百元（9月日记中有领取文学院院长的薪俸后还款四百元的记述）。另外，还有两三次寄自上海的三百余元的记录，大概是小弟周建人寄给前妻和孩子的，也有另外一说，认为是许广平接替鲁迅给母亲的生活费。如此说来，或者是两方面寄来的生活费用也说不定。

从日记中所见，以上任职"北大"的经过及经济状况，与《知堂回想录》的自述所主张的基本上吻合。就是说，沦陷之下的生活困难是问题的所在，狙击事件使生活上的主要依靠——去燕大讲课变为不可能，最终以至于接受了"伪职"，这大体上确实如此。我们在讨论沦陷时期的处世进退问题时，即使像周作人这样的人物也不能漠视其单纯的生活方面问题，这应当铭记在心［补注二］。但是，周作人本人在《知堂回想录》中却有一种专门选这种单纯之处而说明了事的倾向，为此，从图书馆长到文学院院长之间其就任的动机到底有怎样的连续性或者飞跃，却一向讲得不得要领，让人感到焦虑而有些不耐烦。如果将此仅仅解释为单纯的经济问题或只是钱数问题的话，燕大的薪俸本来不过一百元，出任"北大"文学院院长，则仿佛只是时间的问题，不必等狙击事件的发生了。而且，另一方面也有材料证明他在狙击事件之前，心中就有了出任文学院院长的主意。

自狙击事件发生前一年秋天便到辅仁大学任课的戴君仁，在《从陶诗引起的一段回忆》（《传记文学》6卷6号）中记道，从秋天开始就不断有周作人将出任文学院院长的传言，而且：

> 二十八年元旦下午，钱先生突来对我说：启明（周先生字）出事了，被刺客打了一枪，听说没受伤，可是把客人沈启无打伤了。我听了甚为惊讶，这几天我和钱先生常谈到周先生要出山，我对钱先生说，你应该劝他不要出来，钱先生

叹了一口气说:"启明是明白人,难道不知道不应当出来,但他竟要出来,别人是劝不住的。"自然我们谈话里,都对周先生不满。……

虽有不满和疑问,戴君仁还是在钱玄同的催促下,于8日带着陈君哲来周家探望(这在周作人日记中也有记载),可是"又过了几天,伪文学院竟开张了,周先生也真当了院长"。

这篇登在台湾杂志上的戴君仁的文章,经香港鲍耀明之手寄到北京,周作人在给鲍的回信中尽管说"戴君文很不错",但没有忘记加上下面一段:

> 只是有几点错误但都是小节,但是有一点,伪文学院成立是在民国廿八年的秋天,而我遇见刺客却在廿七年(应是廿八年——引用者)元旦,钱玄同君也就在正月中去世,这里时间差得很多。

戴君仁在其他方面也有记忆错误,如说"北大"的开学是以文学院为发端等,而文学院的正式成立也确实是在事件发生那一年的8月。因此,周作人的订正是正确的。然而,所订正的错误只不过是形式上的问题。因为实际上,当时的《东京朝日新闻》(1939年1月31日)等便以"北京特电三十日发"的消息,报道了1月末院长任职事情已有着落,甚至有消息说,经过多次交涉,周作人正式接受了文学院院长的任职,正积极准备2月份学院的开设(1939年3月《支那时报》)。另外,毕业相册《国立北京大学文学院民国三十二年毕业同学录》"沿革"项下,亦有"四月,聘任周作人为文学院院长,八月,文学院正式开学"的记录,就是说,周作人日记中所言"文学院准备委员"发令之时,正与院长就任的时间相合。周作人复函香港鲍氏，是在《知堂回想录》刚刚写完不久，鉴于此，是否可以认为，他通过指出其形式上的错误，实际上是在强调自己的自传和戴君仁的回忆，在狙击事件和决意出任文学院院长的前后顺序上是相反的。在订正戴君仁有误的那封信中，他本人也将事件的发生年份写错了，这是不是也出于同样的心理原因呢？

戴君仁说听到狙击事件的消息感到很惊讶，一定是因为他直觉地感到抗日派的恐吓，而对自己和钱玄同所"不满"的周作人决心出马"北大"与事件有直接关系一事，感到不理解。包括这样一些因素在内的戴的记忆，其可信性绝不能低估，但在周作人一方，对事件与决计出山的因果关系却有明确的意识。如果双方的想法都可以成立，那么，就只好这样考虑了，即在事件发生以前便有了出山的意向，但那也只是限于图书馆馆长，并是在燕大兼职的条件下。这难道不是意外地更近于情理的想法吗？本来，北大的"留平教授"是没有成为"北大"（伪北大——译者）中人的道理的吧。然而，限于被委托"保管"图书等北大资产一事，是否应当与"北大"保持某种关系，这在周作人那里仿佛并非不言自明。因此他的判断是暂且出任图书馆馆长，有充分理由认为，他正是站在这样的立场上向要求他出山的压力妥协的。"留平教授"的使命依然对他有约束力，这从下面的日记记载中可以推测到。

  一月三十一日　……遣丰二往金城（银行）取来三百元。盖是昆明沈肃文所寄也。
  六月二十八日　……至银行收……又三百元，盖是昆明来者也。

就是说，临时大学从长沙再转移到昆明，并于前一年五月四日成立西南联合大学，这西南联大从避难地通过银行照例半年一次寄来"留平教授"的津贴。顺便一提，在前年轰动一时的声讨和这年春天出任文学院院长的消息已经传开之后，依然有津贴寄来，对于周作人来说其意义相当重大吧。

可是，这样的推测似乎也有一个难点。即使他打定主意只出任图书馆馆长一职，那也不会不知道此时的"北大"当局从一开始就有要他出来担任文学院院长的意图。果真如此的话，就是决心只当图书馆馆长的时候，也只不过睁着眼睛自己安慰自己罢了。老实说，这种事情我们是很难弄明白的。其实，连他本人可能也未必明白，当然实际情况应该有多种可能性。未来无可预测，总之自己先打定主意，然后就顺其自然了，这或许正符合占领下的"俘虏"生活的实情也说不定呢。假定在做好了这样的精神准备之时遇上了狙击事件，以此为契机而下定最后的决心，这也是可以想象的。对于这样的经历，为免于堕入辩解而简化其原委，就有了前面引用过的周作人那种自述也是可能的。

不管以上推测是否得当，或者当时世间的议论如何，作为主人公的周作人在事件之后进一步下决心以某种方式出马"北大"，这应当是没有疑问的。事件影响生活的方面大略已如上所述，而及于他主观意志上的影响，则因对事件真正原因的内心所想而产生作用。实际上，他毫不含糊地坚持自己的内心所想，《知堂回想录》在记录了事件经过之后，有这样一段推理：

    日本军警方面固然是竭力推给国民党的特务，但是事实上还是他们自己搞的，这有好几方面的证据。第一，日本宪兵在这案件上对于被害者从头就取一种很有恶意的态度。一日下午我刚从医院里回家，就有两个宪兵来传我到宪兵队问话，这就是设在汉花园的北京大学第一院的。当时在地下室的一间屋里，仔细盘问了两个钟头，以为可能国民党认为党员动摇，因而下手亦未可知。以后一个月里总要来访问一两次，说是联络，后来有一天大言治安良好，种种暗杀案件悉已破获，我便笑问，那么我的这一件呢？他急应道，也快了。但自此以后，便不再来访问了。

第二，刺客有两个，坐汽车来到后面的胡同，显然大规模的。但奇怪的是，到家里来找我，却不在我到海甸去的路上，那是有一定的日子和时刻的，在那路上等我可以万无一失，也不必用两个人，一个就够了。……现在却是大举的找上门来，不用简单直捷的办法，岂不是为避免目标，免得人联想到燕大去的事情么？这安排得很巧，但事情第一触怒了谁，这是十分显而易见的事情。

第一点的日本宪兵队诱导审讯极具特征，乃是占领者对处于周作人立场上的人表示怀疑的所谓最右翼的代表了。这种怀疑当然无法具体地追究到可以与利用中国青年实行暗杀计谋联系起来的路径，然而只要是有反日乃至国民党的嫌疑，就必然难以彻底否定日本某方面的阴谋动机。另一方面，这种经验使周作人平日的不安一下子变得扩大开来，这一点也非常重要。那以后日本宪兵的定期来访，他在日记中没有一一记录，除了元旦那天有"晚日宪兵队招去问话至八时始返"的记载外，还有反映日军和"临时政府"两方面都表示出关注的记事：

> 三月八日　……又邵文凯（"临时政府"治安部中将——引用者注）部下宪兵二人来问对于所谓新秩序意见，拒不见。
> 九月十二日　……下午宪兵队浦本冠、刘捷来访。

第二点围绕去燕大讲课的推理，让人感觉不到有足以作出断言的充分说服力。然而，我认为这种推理却反而说明了他是以怎样的意识接受了燕大的聘请，关于事件，他有这样一种内心所想，其真实性不容怀疑。日本方面对燕大和辅仁大学持有敌意以及"新民会"的运动，已在前一章有所提及。正如1月2日日记中记载的那样，事件发生的第二天，侦缉队住进家中来，他便马上请俞平伯代理燕大下学期的课，这恐怕也是出于同样的判断吧。

然而，他本人对事件的解释却与当时各种各样的推测和传闻很不相同。尤其是日本人，仿佛不言自明地相信一般所谓抗日派的恐吓说。在此，有必要就几种解释的大致说法进行考察。周作人仿佛也感觉到解释上的乖离，在写作《知堂回想录》的10年以前，于致松枝茂夫信中曾唐突地提到此事，他写道：

> 鄙人于"沦陷"时出任"伪官"，其动机大概未易知道，但有一事可以奉告者，即一九三九年元旦之暗杀事件乃出自日本军部（？）方面也。当时鄙人在燕京大学任职，在重庆方面是认为正当的。（事件后在北京潜伏之重庆教育部专员及燕京大学校长司徒雷登均致慰问，且说这并非出自重庆）

接着他记述了如《知堂回想录》一般以日本宪兵队的态度和于燕大讲课的事实为根据的推理，然后这样作结：

> 此事已成过去，但日本友人方面想知者不多，故以奉告，聊备参考。（1955年4月21日致松枝茂夫信）

事件发生后，周作人与重庆方面接触而获得了如上保证，这在《知堂回想录》中没有提及，是值得关注的材料。由此，重庆方面有组织的恐吓这一推测就会失去一些根据的。司徒雷登的慰问在前引的1月5日日记中有记载,如前所述,这个人物的确处在可以将重庆的意思带到北京来的位置上。所谓潜伏于地下的重庆教育部专员,虽无法证实,但这样的关系如在辅仁大学文学院院长沈兼士身旁,就存在的。《知堂回想录》中另有记载说,这位旧北大同僚沈兼士与朱家骅(重庆国民政府教育部部长)是同乡关系,当时"为国民党做过教育上的特务工作"。[补注三]曾经是北大毕业生的卢品飞(Loo Pin-fei),在美国出版英文回忆录《黑暗的地下》(It is Dark Underground),其中一节坦白了狙击周作人乃自己所为,而成为话题。我未见到原书,无法确定真伪。不过,根据成仲恩《知堂老人的遗稿一篇》(《明报》3卷12期)涉及这个问题的部分,实际情况是依照地下组织的指令,暗杀接受傀儡政府教育部部长任职的"北大"文学院院长周作人(这相当于事件发生两年后的周作人),一组三人中一人在周宅开了一枪。除了客人与周作人一起倒下这一点外,其余都与《黑暗的地下》所讲合不上拍。这个材料也是通过成仲恩即鲍耀明之手转给周作人的,而北京的周作人则在两封回信中指出了各种矛盾之处,并嘲讽其作者是为了赚钱使用了拙劣的记述手法(1962年11月5日和12月8日致鲍耀明函)[补注四]。

直觉地感到事件乃出自抗日派的恐吓行为,这未必仅仅是有先入之见的日本人的想法。即使与重庆方面没有直接的联系,这样的恐吓行为之动机也是可能产生的。例如,当时与周作人较近的方纪生,在他于日本编辑出版的《周作人先生的事》(日本光风馆1944年出版)一书中有一篇用日文撰写的文章,其中说:

前年元旦先生受到袭击,所幸逃过大难,朋友们大多认为与我所编辑的《朔风》有关。(因为在杂志上,我屡次发表了先生的文章，这让血气方刚的青年感到不快）……如今想来真是万分愧疚。（方纪生《周先生的点点滴滴》，收《周作人先生的事》）

《朔风》是由方纪生、陆离主编，创刊于 1938 年 11 月的月刊（北京东方书店）。周作人仅在前三期上发表了于战争爆发前所写的旧作三篇。虽说这是非政治性的文艺杂志，但他向占领当局认可的杂志投稿，由此招来了"血气方刚"的青年之不满，此乃狙击事件的原因，这恐怕只是主编方纪生基于个人的内疚而做出的推测，不过，作为与周作人关系较近者的感受，依然有参考价值。

其次，毕业于狙击者声称的"中日学院"，又在"北大"文学院成立的同时成为其中国文学系学生的尾坂德司，在所著《中国新文学运动史·续集》中这样写道：

> 周作人以为似乎是被日本方面操控的青年所狙击，基于这种恐怖心理，使他接受了临时政府（伪政府）教育督办的任职，并就任这一年重新开学的北京大学文学院院长。谣传狙击者称自己为中日学院的毕业生而欲求见，结果狙击了周作人。

这本书是在周作人《知堂回想录》等自述出版以前，根据作者当时的记忆所写，虽其中有出任教育督办的时间等误记，但作为日本人的判断意外地与周作人的内心所想相合拍。我曾经向这位作者提出问询，他回答说考虑到中日学院里中国学生的抗日气氛，当听到是学院毕业生狙击的，便觉得有道理。至于狙击者是不是日本方面的打手实在不清楚。要之，"似乎日本方面操控"云云是他战后的解释，当时的确是处于普遍认为乃抗日学生所为的气氛当中。

还有，出身于台湾的中国人，当时任"北大"文学院日语讲师的洪炎秋，在战后出版的著作里记载了相当穿凿的抗日恐吓说：

> 丰三在辅仁大学的附属高中念书，成绩非常优异，子侄之中，最为周先生所宠爱。在沦陷初期两三年间，日本人老在那里迫着周先生，叫他出来任伪职，而周先生则在那里敷衍延宕，可是对方越迫越紧，形势日趋严重。丰三和知堂先生的公子丰一性质相似，虽然身体里面含着日本人的血统，却都是非常爱国反日的青年；他为了这件事，一天一天显出忧郁愁闷起来，后来同学问了他，他就把这个情形告诉大家了。其中有一个激烈的同学对丰三说："令伯既然走又不能，出又不甘，情势演变到了这步田地，为保全他一生清白的令名起见，我们倒不如干脆设法把他弄死，使他得以杀身成仁。"丰三对于这位同学的这个提议，初以为是说着玩的，所以一笑置之；没想到这位同学竟然认起真来，暗中准备，遂于二十八年的元旦，按照他的信念，实行出来了。最可惜的，是这一枪不但没有达到保全周先生的声誉的目的，反而发生相反的效果，激使周先生同流合污下去，所以丰三所受的精神上的打击，非常之大，烦闷到了无以自遣，只好出于自杀，[原文如此——译注]来了这一段公案。（《国内名士印象记》，收《废人废话》）

的确，侄子丰三是在事件发生的两三年后自杀的，这里所说丰三的成绩优异和伯父周作人对他的宠爱，以及因伯父出任伪职而忧郁愁闷等，与我直接从周作人夫人的弟弟羽太重久那里听到的很是吻合。洪炎秋称这些是从经常出入周家的人那里听来的，然而，作为狙击事件的真相之谈，这仿佛是从侄子的自杀来回溯而编织的叙述。同为台湾出身而与洪炎秋很亲近的张深切等，则甚至说记得是丰三狙击了周作人（《里程碑——又名：黑色的太阳》，台湾，1961）。这些究竟在多大程度上具有真实性，实在不清楚。顺便一提，丰三升入辅仁大学附属高中一事，正巧周作人日记中有记载，是在事件发生后半年多的7月［补注五］。

结果，哪种说法也未免靠不住。如果说那些推测对相信者有恰如其分的真实之感，那么，通过周作人的反证依然无法彻底打消的抗日派恐吓的动机，也是可以成立的吧。甚至因场合的不同，某种抗日性的恐吓为日本方面所利用也不奇怪，当时北京的内部极其复杂，不仅是事件的真相，就连其动机亦不容用单纯明快的思路来推测。到头来，可以确定的只是，事件当时的周作人正处在不管出自反日还是亲日的理由都有可能遭到袭击的位置上。在这种状况下，他的内心所想一直以为是出于日本方面的策划。

在此，我们再回到狙击事件与出任伪职的因果关系问题上来。即周作人这种对事件的解释，是怎样成为致松枝茂夫函中所谓出任伪官的动机的。实际上，在致松枝函之前的审判之际，针对起诉书第一项"迄北平沦陷，伪临时政府组织成立，遂受汤尔和之怂恿，于民国二十八年八月出任伪北京大学教授并该伪校文学院长"（据益井康一《审判汪伪政权》的概述）的指控，他也是用同样的辩解来回答的。一般而言，说是被日本方面所狙击要比说由抗日同胞所为，其对名誉的损伤低一些，可能确实如此。然而，作为自身的辩解，不管是说因日本方面的恐吓而害怕（尾坂德司），还是说甚至遭到了爱国青年的恐吓而自暴自弃（洪炎秋），这中间真有足以让他坚持到底的根本不同吗？我不这样认为。恐怕是在与名誉和辩解心理略有不同的层面上，他对事件的解释成了出任"伪职"的动机吧。例如，在松枝茂夫脱稿于事件发生那

一年7月的题为"周作人文艺随笔抄"的评传中,有这样一段话:

> 他一个人从容冷静地留在北京,这将招来上海孤岛等地爱国青年的怀疑和误解,恐怕不难察知的。然而他笑着说,连我们这些曾经对政治很少发言的人也会招来刺客,暗杀的行情真是够便宜的了。

前面引用过的周作人致松枝茂夫信,可以说是要求对这段文字的前半部分给予相反的解释,而不管哪种解释都有自己说得通的道理,但彼此之间足以发"笑"的性质不能不发生变化。就是说,他以此事件为契机,仿佛获得了某种如释重负的心境,而这种心境与对事件的解释只能是同时产生的。我们从事件发生后不久的一些材料出发,看看那些薄弱的根据。

首先,总体印象上,他在谈事件经过的时候,仿佛与往常相反总是显得比较饶舌。事件发生后来访的中国人和日本人,都说他一直想再现暗杀和奇迹般地拣回一条命的这个部分,甚至用肢体手势比划着,《知堂回想录》的相关部分也有一种让人感到反复讲反复书写而形成的流畅感。这里,潜藏着一种几近于稚气的亢奋状态,何以会这样呢?盖狙击如果是来自日本军部,那么,超越他参与"临时政府"的本人意图的、政治上与占领方合作的合作性,将是会被占领者所否认的吧。于是,意图已然成了唯一的问题,假如仍然能够自负于清晰明朗的意图,那么,不管是羞耻还是恐怖,其本身若能有效地予以处理或者忍耐便可以了。这样一种形式逻辑他曾否真的运用过,我们不得而知,但总之,加上跨过死亡之线后所造成的某种身心虚脱感,上面那种思考使他大胆地打定主意,恐怕是事实吧。

另外,据说在事件之后他还向新闻记者讲过话。《大阪朝日新

闻》所载"三日发北京特电"《周作人受狙击》的报道后面,他的谈话是这样的:

> 没有参与过政治运动只专心于文学方面著述的我,何以要受到狙击真是搞不明白。因我而成为牺牲的学生、车夫以及家人等很可怜的。但是,我想这或许能够成为我今后事业工作上的一个好的转机吧。(1939年1月4日《大阪朝日新闻》)

对事件的报道虽然简明却很准确。那么,感到燕大任课的路已经被堵死,同时随之而来的是强大的劝其出任伪职的利诱压力,这种情况下究竟还有什么"好的转机"可言呢。如果说有什么搞不明白的话,恐怕没有比这个更搞不明白的了。总之,在事件发生三天之后,他甚至可以向日本记者公开表明这个事实,应该足以反映他横下一条心的消息。日本人感到这个谈话反映了周先生遇到抗日派威吓而下了决心,这在当时也是一种自然而然的事情。而如今想来,在周作人一方要表达的或许是:由于你们同胞粗暴的举动使我走上了出任伪职的道路,但我倒也感到应捍卫的还可以捍卫到底。

这之后的8号,有关元旦事件他又作了诗两首,其中之一如下:

> 但思忍过事堪喜,
> 回首冤亲一惘然。
> 饱吃苦茶辨余味,
> 代言觅得杜樊川。

尽管可以解释为事件的关键在于反日的嫌疑而发生的恐吓,但对于直接实行狙击的中国青年,以及使亲友卷入其中而受伤等,还是让周作人感到特别的苦楚，这是毋庸置疑的。用他喜爱的杜牧警句"忍过事堪喜"来表达发生在苦茶庵中政治性杀伤事件的沉重余味，而成就一首"打油诗"，这一定也是相应地获得了宽慰心境的结果。

进而，在落款为13日的回复陶亢德的书信中，周作人回顾了事件的大概经过后，开始将这个警句作为新的信条引用起来：

> 原因不清楚，但觉得与这半年多（乃至近十年来）的事情不无关系。官宪正在搜查，然而又有什么关系呢。"忍过事堪喜"乃鄙人近来之信条也。虽说因其影响已无法去燕大讲课，经济上窘迫了。

所谓"这半年多"，不是指与临时政府的干系，而是特别针对燕大任课问题而言的，这已毋庸置疑。既然如此，括号中更将其延长到"乃至近十年来"，则可能出自他试图再次确认自己内心与现实的不如意之趋向相反的一贯性。

总而言之，以此事件为契机在周作人内心深处发生了某种新的动向，这恐怕是确定无疑的。不过，若说这成了他出任伪职的动机，那也只是一种抽象的观测，实际情况当是，事件也给他精神上带来了出马总能坚持的自信。关于出马的事实，毕竟使其政治上乃至生活上受到了冲击，这是不能无视的，故从出马的事实本身寻找充足的意义十分困难。因为，不管怎样，关系到占领下与"俘虏"生活相伴而来的恐怖、经济困难以及被迫的行动等，他常常也难免做出不透明的应对。关于这种处世方法，我们不能说，他是特别无能的人而和其他与致合作者有绝对的不同，包括那些使急躁而器量狭窄的占领者大为焦躁，反倒让他们特别佩服的不可捉摸者流在内。

作为这种不透明之例而引人注目的一个事实，是他在狙击事件后准备走访土肥原贤二。这在《知堂回想录》"中日学院"一章中作为《后日谈》有其记录。北伐国民革命时代的 1925 年 9 月，经北京所谓"坂西公馆"主人的大使馆附属武官坂西利八郎和辅佐官土肥原贤二的斡旋，北大沈尹默、张凤举、周作人等与日本"东亚同文会"合作组成"中日教育协会"，将天津同文学院改为只有经营上由日本人承担而教育方面完全是中国人管的学校，这便是"中日学院"。两年前，以坂西利八郎为首的参谋本部对华谋略方面对于国民革命未来的看法，与不少实际上包括跟国民党有关系的北大同人所抱"解决中日问题的幻想"相合拍，故而有了"中日学术协会"的产生（该协会因日本方面对于北伐的干涉，不久便名存实亡了）。而"中日学院"相当于这个"学术协会"的后续组织。于是，通过这两次的努力，周作人和坂西、土肥原这对儿搭档有了某种程度上的个人关系。这从 1927 年张作霖控制了北京而抓捕共产党人李大钊等时，他与友人刘半农一起躲藏到"某少佐"住着的土肥原贤二旧居里的事实（周作人《半农纪念》）等，可以想象得到。可后来，无论是作为院长的沈兼士还是作为会长的周作人，都因学院的实际状态和中日关系的变化，志向再次发生改变而自然地脱离了干系。而"满洲事变"前后成为奉天特务机关长的土肥原贤二，其恶名则突然之间传遍了整个中国（中国民众称他为"土匪原"），此前周作人与他的那场因缘也仿佛完全成了过去的一场梦。然而，元旦的刺客声称是"中日学院"的学生，而使周作人再次想起这一旧关系，故有了访问土肥原之举。《知堂回想录》这样写道：

这当然是假冒的，但是为什么要说是中日学院的呢？这时土肥原已经阔了起来，称为"土肥原将军"了，我于一月二十四日下午前去访问他一回，拟问此事，没有见到，从此以后就没有见到他了。

能够写出这样详细的情形，是因为手边有日记在，这一天的日记中有：

一月二十四日　下午二时半，佐佐木以汽车来，三时同往访土肥原，因有事未来。四时半返。

与周作人乘车同行的佐佐木这个人物，根据青江舜二郎的《大日本军宣抚官》一书，以及我直接向该书作者问询的结果，才知道乃是曾在坂西公馆过着书生生活且与土肥原贤二有亲交关系的当时同盟通讯社北京总支局长佐佐木健儿。我及早与之联系终于见到了这个佐佐木本人。他对当日的记忆已经不很分明了，但记起了下面的情况，即通过《实报》社长管翼贤和常住北京的印刷行业业者小柴诚司的介绍得以认识周作人，特别是小柴诚司这位讨厌军部的所谓喜欢中国人的人物，很期待自己能够成为保护周作人的"防波堤"，等等。的确，事件第二天的周作人日记来访慰问的客人中也有"晚，小柴、佐佐木来，管翼贤来"的三人名字并列的记载。小柴诚司在1975年去世前不久我访问他的时候，已经是95岁高龄的老人了。据悉他是有着复杂经历的人物，因被戊戌变法（1898）后亡命横滨的康有为所"使唤"过的因缘（据佐佐木健儿讲，小柴曾在康的弟子梁启超于横滨所办报纸《新民丛报》的印刷厂工作过），而于大正初期为协助康创办《北京日报》来到中国，之后一直侨居北京，并独立一人在市内经营小小的印刷厂。小柴的伯母住在东京的驹达（地名——译者），曾与周作人夫人羽太信子娘家有邻居交情，因了这样的缘故常常出入于周家（羽太信子之弟羽太重久也回顾说是"像亲戚一样的交情"）。与管翼贤的交情也十分亲密，小柴甚至自称那时以《实报》顾问的身份给报纸很大的帮助，如此说来，周作人在开战之前曾给这份大众报纸连续投过几篇稿子，说不定也是因为他的介绍呢。这里，顺便再追踪一下土肥原贤二的踪迹。事变以后，他作为日军第十四师团长曾在华北战线，1938年6月，为了回避陆、海军和外务省三省的势力范围之争，他成了为统一推进"中央政权工作"而组织的"对华特别委员会"——通称"三人委员会"（陆军中将土肥原、海军预备中将津田静枝、外务省顾问预备中将坂西利八郎）的负责人，回到了情报谋略领域。在北京，这时的土肥原被也曾出席那个"更生中国文化建设座谈会"的张燕卿所摆布，正热衷于做推举毫无期待价值的吴佩孚出来干事的工作。（森岛守人《阴谋、暗杀、军刀》、土肥原贤二传编委会《土肥原贤二》等）

　　参照以上的前后脉络来思考周作人访问土肥原的意图，他是要追问事件与"中日学院"的关系，即使因偶尔的旧缘得以会见以至直接陈述，但正因为是这样一个对手，其会见的目的难道不是很不得要领吗？在13日给陶亢德的信中已经表明事件侦察的前景如何与自己没有干系了，仅因此而想到要去访问土肥原，不是有些奇怪吗？在此，也可以自然地想象到，或者是期待借"土肥原将军"的威力，对显示出露骨敌意的宪兵队构成"防波堤"也未可知。甚至对方如今已不会关注此等琐事也没有关系。纵令这个谋略的总管在个人方面意外是个古朴的讲义气的主儿而可以对周作人拔刀相助，我们也很难知道，针对嘲讽其（土肥原）谋略感觉与"满洲事变"前后没有什么变化而自负善于更现代化之"治安战"的北京诸日方机关，土肥原贤二究竟能发挥多大的威力，也还是一个问题呢。

[注] 这里说明一下这份影印件的来历。周作人日记1898年至1927年部分，早在他生前就作为文物资料交给了鲁迅博物馆（见1964年1月6日致鲍耀明信），根据香港鲍耀明的请求，他将剩余部分中的1939年和1949年部分寄到香港。鲍氏亲笔抄写之后又将原件寄回周作人。从鲍氏馈赠给我的1939年部分的复印件观之，周作人手写之误和难解之处得到鲍氏订正，其手抄本曾寄到北京请周校阅过。另外，鲍氏目前将1949年部分分别作为《知堂老人乙丑春夏日记》（载1968年5月《笔端》第9期）、《知堂乙丑日记》（载1976年11月《七艺》创刊号）而公诸于众。

[补注一] 周作人日记鲁迅博物馆所藏部分，其后以《周作人日记》上中下三卷影印出版（1996）。其余的部分在一个时期里也曾供馆内外研究者阅览过，但由于是"文革"中从周家查抄而保管于博物馆的，因此，后来归还给遗属了。

[补注二] 作为当时的金钱价值感觉的大体基准，下面这个资料可供参考：前一年暑假由西南联合大学回北京接家属的叶公超，附带了一个访问周作人的"特殊任务"。针对叶所传达的北京大学同僚们促其南下的劝告，周作人的回答是南下办不到，不过，每月若有二百元左右生活就可维持的（参见常风《回忆叶公超先生》《记周作人》，收《逝水集》）。常风乃是清华大学叶的学生，当时在周作人身边，叶公超造访周作人时曾在场。顺便一提，后来伪职的薪俸如本书第七章引周自己的书信所示，乃这里的二百元最低额的十倍。

[补注三] 本书第四章补注二所引李霁野的回忆也指出，辅仁大学"文教委员会"四人委员中的三人均是地下国民党北平市委员会成员，但不知何故在言及其负责人时，李没有明确说出其名字。很显然这应该是沈兼士。关于"文教委员会"，当今中国的一般性解释是这样的：

国民党北平地下工作者还曾在辅仁大学建立群众性的秘密组织。

1938年，辅仁大学文学院院长沈兼士、教育学院院长张怀、秘书长英千里等，秘密组成"炎社"，借研究明末国学者顾炎武的学说为名，以人心不死、国家不亡相号召，鼓舞师生进行抗日斗争。1939年，在"炎社"的基础上成立了以辅仁大学师生为中心的地下抗日组织"华北文教协会"，沈兼士任主任委员，张怀为书记长，英千里等人为委员。华北文教协会总部设在辅仁大学，其组织发展到北平的各大学和故宫博物院、北平图书馆等文化机关，在这些单位设立了支部，在一些中学里也有联络人员。1942年后，华北文教协会在冀、鲁、豫、晋设立了分会。华北文教协会的主要工作对象是文教部门的工作人员。华北文教协会向学生宣传不畏强暴，不受利诱，刻苦读书，报效国家；出版《辅仁生活》周刊，联络感情，鼓舞斗志；搜集日伪情报，向有关方面报告。文教协会还向后方输送青年。在开封、商丘、亳州等地设了几条路线，沿途安排了联络站和接送人员。（荣国章、孔宪东、赵晋《北平人民八年抗战》）

[补注四] 后来购得原书 Loo Pin-fei, *It is Dark Underground*（1946，New York）阅读，得知内容如下：作为义勇军在苏州接受了国军训练的中学生，参战途中接到国军解散的命令，来到上海难民救济所工作。后来上海也陷落了，在朋友的引导下几个人进入北京、天津沦陷区，一边准备考大学一边组成以中学生为主体的自发性地下组织（"Special Youth Group"，或称"Fire God"）而逐渐展开以真正的恐怖行动为主的活动。在北京、天津的组织濒临破灭，策划经由香港去重庆而失败的主人公们进而试图在上海重建组织，但其活动被移居到租界来的父亲发现，最后主人公在组织和父亲的同意下，决定去美国。仿佛叙述者和主人公是同一个人，卷首有燕京大学校长司徒雷登的序言，称该书作者是自己所熟悉的学生，但又说因故未能阅读该书的内容。我读过的印象，仿佛是将某些地下组织成员或者出色的与抗日恐怖行动有关的经验和传闻全部归到了一个组织成员身上，就是说，变成书中主人公们的行为而故事化了。暗杀周作人这一件，则是在经过刺杀王

克敏（未遂）等过程中已经发展到有两千人左右规模的组织，在"重庆政府秘密机关"联手行动的呼吁下，考虑到不希望中央的干涉，但又可以提供武器调配之便，结果是根据重庆方面最初的指令，实行了刺杀行动。而且还有一个尾声：周作人受狙击后答应了他们的警告，表明愿回乡度过其学者生涯。

[补注五] 丰三自杀的准确时间是在 1941 年 3 月 24 日。张菊香、张铁荣编《周作人年谱》（2000 年修订版，以下简称《年谱》）当日项下记有侄子丰三以手枪自杀，并简短地引用了文洁若的说法。文洁若的原文如下：

> 我大姐后来易名馥若，她和周鞠子、周静子的友谊一直持续到一九四七年。那一年的十一月，她赴美留学了。一九四一年，馥若毕业于辅仁大学女校的西语系，还是托鞠子、静子向周作人说项，才在北大红楼弄到一份助教的工作。也就是那一年，周建人的小儿子丰三用手枪自杀（年仅二十岁），给全家人的震动不小。
>
> 当年一月一日，周作人出任伪教育总署督办，周鞠子私下里对馥若说，她弟弟的死是对伯父的一种抗议。刚跟着周作人从外面回来的保镖，将手枪摘下来放在桌上。周丰三抽冷子把手枪抄走，对准自己的太阳穴开了一枪。大家闻声赶去时，他已气绝身死。（文洁若《晚年的周作人·四》，载 1990 年 5 月 23 日香港《大公报》）

另外，关于丰三参加地下活动一事，我从周作人公子（丰一）那里得知，"周建人后来讲，丰三参加了国民党的特务工作，接到向周作人下手的命令后，苦恼犹豫之余自杀的"。周建人虽说是丰三的父亲，但他老早就留下妻子于北京而去上海就职，后来又有了新的家庭，因此，对占领下的北京尤其是儿子的地下工作情况，恐怕也只是依靠传闻了解到大概情形的吧。

七　出任伪职

在周作人任职"北大"前后，出现了占领当局机构的改组即建立"兴亚院"并设置联络部的动向。"事变"的扩大使包括以"资源开发"为目的的国策公司进出大陆等经济掠夺方面的占领事务，不得不向多个方面扩展。而作为日本国内设置的中央统一指导机关，"兴亚院"的设立是在1938年12月。中国当地的联络部分别设在华北、蒙疆、华中、厦门四地，掌管临时政府管辖区域的华北联络部于1939年3月成立。当初，"对支那中央机关"设立问题在日本政府内部没有得到有效的协调，将近一年多的时间里一直是个悬案。当地机关的权限问题也是一个争论的焦点，特别是行政机关行使占领地军司令部所属的权限乃是对统率权的干涉，这一当地占领军的主张没有得到中央的采纳（《武藤章回想录》），故最终协调的结果是"'对支院'（即后来的'兴亚院'——引用者）现地机关在设置同时掌管所有政治、经济和文化之事务，故军特务部及其他机关在上述现地机关设置的同时，其事务一并移转给对支院"（1939年10月1日《阁议谅解事项》）。然而，通过人事安排及其他措施，现地军部的权限实质上得到了保留。例如，让喜多诚一（中将，原方面军特务部长）担任华北联络部长官，由根本博（大佐，原方面军副参谋长）代理副长官等，在特务部被吸收到方面军中去的同时，方面军参谋部新设了第四课，由此，与从前一样的军部执政务机关牛耳的体制得以确立。正如包括第二届联络部长森冈皋（就任时为少将，原天津特务机关长）等回忆，对上了政治瘾的第四课参谋等常常越过"兴亚院"行事表示不满，其实际情况是"联络部用尽全力所做的工作就是根据东京本部的计划获得资金财源，再取得北京方面军对计划的认可，最后交给临时政府，并以政府的名义予以实行"（《防卫厅战史室所藏回忆录》）。

《知堂回想录》作者本人，对自称是"在伪组织任职的起头"的任职伪北大后的公务情况，做过非常简单的记述：

> 我还是终日住在家里，领着干薪，图书馆的事由北大秘书长代我办理，后来文学院则由秘书代理，我只是一星期偶然去看一下罢了。

接着便又抬出一贯的不辩解主义来，而对有关"伪职"的事情根本不想触及。诚然，那些事情后世的人感到兴趣就随便怎么考察好了，然而能调查得到的亦不过浮泛的事实而已。查周作人任职"北大"最初一年的日记，也正如《知堂回想录》所记，并没有专心致力于公务的影子。不过，到底是不能连文学院成立之际的学生招生选拔和教员人事安排也不管。围绕"文院人事"就与钱稻孙、罗子余谈过三次，这在日记中有记录。仅就教员而言，包括临时代课讲师和助手，五系（哲、史、国文、日文、西文）就有百人以上，而从留平人员当中选拔教职，围绕"伪职"的各种想法和严峻的生计问题，毫无疑问是非常麻烦的事情。仅就与周作人有关系的来讲，尤炳圻、方纪生、张我军、洪炎秋等等，以往与周作人较近的留学日本者或在台湾长大的年轻人几乎都被吸收进来了。我们听听其中之一的日文系临时教员洪炎秋于战后的说法吧，他在事变之前便在农学院教过日语。

> 国立各校撤出北平，我被任为农学院留平财产保管委员，于是奉命于沦陷；在沦陷期间，为要维持全家八口的生活，不得不在伪北大和伪师大教书，……他们（周作人、钱稻孙——引用者）当了伪要人，除曾拉我去教书以外，从不诱引我去当伪官，更不叫我去替日本人做任何事情……（《未读其书先知其人》，《传记文学》9卷3期）

这里所说的"留平财产保管委员"与周作人等"留平教授"是怎样一种关系不甚明了，总之，包括这种事例以及周作人自己的家属等，的确有着不少的系累。其中，值得注意的是被卷入狙击事件的沈启无得到了国文系主任的位置。从大学秘书钱稻孙和前北大外文系教授徐祖正分别担任日文系和西文系主任来看，周作人兼任国文系主任应该是正合适的，但他却只做了普通的教授而把主任的位置让给了沈启无。这样处理明显是周作人下面这样的考虑起了作用，即在偿还狙击事件的债，同时也试图减轻自己的负担。以上的诠释好像有些絮烦，不过，这与后来的纠纷有关，所以就点到为止吧。

如此这般，"北大"方面起草的人事方案，要送到"兴亚院"联络部获得认可。不过，据从军特务部直接转到联络部任调查官的武田熙和这一年春以"特别任用"形式来联络部文化局的志智嘉九郎的说法，日本方面对不怎么知名的人物根本不了解，因此，一般对人事方案只好原样批复。

有关教员的人事安排，还有一个任用日本人的问题。这与审判时的起诉书第一项"于民国二十八年八月出任伪北京大学教授兼该伪校文学院院长，秉承敌伪意旨，聘用日人为教授"有关，这一条仿佛是出任"北大"的指控中唯一具有实质性内容的罪状。而在被告申辩中，周作人则提出日本人教授的招聘皆为"北大"当局所为的反论（《被审判的汪政权》）。称他聘用日人为教授，也好像的确不够准确。6个学院各设一位名誉教授（文学院为宇野哲人）和一定数量的教员位置（文学院教授5人、副教授3人）给日本人，作为讴歌"日华合作"的"北大"制度上的前提，从一开始就是决定了的。而且，关于日人教员每个具体的招聘手续，也不过是先由名誉教授提案，交给"院长""商议"，之后"经教育部上报兴亚院华北联络部"（援引自原一郎报告书《关于国立北京大学名誉教授权限之备忘录》）而已。

另外，这些日人教员的作用，从占领当局的角度来讲，"完全交由中国人则弄不明白他们会搞怎样的教育，因此，实质上是要监视而表面上称为交流，以由文部省向临时政府推荐的形式派过去。日本人称此为派遣教官，但辅仁大学奥野信太郎那样的人则是通过个人关系进去的教员，被视为不合法的"（武田熙直接告知笔者），虽说如此，大学里的实际情况则仿佛并非日本人可以横冲直撞的。当初在文学院史学系任副教授的日本史专业的冈本坚次，曾这样介绍其概要情况："我是由东京帝大的恩师把我推荐给宇野名誉教授，经过文部省的选拔，又以临时政府聘任的形式到北京大学任职的。中小学方面的日人教师的确是日本政府直接派遣的，而且其权限也仿佛真正得到了发挥。但我们这些大学教师则与中国教员没有什么特别的权限区分。因此，到了战后也没有成为政府工薪支付的对象，我们与当局进行了各种交涉，最后总算改为按政府派遣来对待了，因此，也解决了任职履历上的空白。北大的教授会形式上由日中双方的教员构成，但我们这些人完全不懂中国话，所以没有人出席教授会的。故会议完全由中国人操作，我们于大学的经营方面没有任何干系。"而持有特殊权限的名誉教授如宇野哲人等，也只是在文学院筹备开设的阶段直接担当责任，完了之后便回到日本，其事务工作由其他人代理。至于事务工作的内容我们不得而知，但总之"北大"实质上的经营运作几乎都是由中国人来做的，这样观之当不会有错。

《北支那的文教现状》（1939年，兴亚院联络部编）的编者志智嘉九郎也曾对笔者回忆说："中国的伪政府虽然是傀儡的，但大学并非傀儡。"对于大学保持某种程度上的不干涉，似乎保留着"支那通"喜多诚一所谓"参照清朝康熙、乾隆的智慧，让汉族知识人去弄文化最为安全"这一观点的余韵。另外，关于喜多的"喜欢中国人"的态度，志智嘉九郎说，他对于联络部的下属根本不予搭理，但见到中国人，即使是当警卫的差役也殷勤招待，从日常的态度上亦明显地反映出来。前面提到原北京大学文学院的房子被"特设北平宪兵队本部"所占据，这大概也是要通过对教授和学生们进行彻底监视的宪兵之恐怖，来弥补"兴亚院"方面对大学不怎么干涉的漏洞吧。无法忍受这种状况的青年人悄悄逃走的事情接连不断，这在周作人日记中的某某"南行"的数条记载，也可以反映其一端的。据说宪兵无从知道的逃往抗日地区的渠道有很多，也确有一些逃离成功的，但一旦被发觉了当然也不是小事。例如，周作人日记里就记载了这样的事实：有人告密"北大"某图书馆馆员的弟弟正计划"投南"，结果这位馆员被逮捕，为此，通过钱稻孙去运动汤尔和，最后得以释放。战后受审判时，周作人的申辩中就曾举出如何"救出"辅仁大学文学院院长沈兼士和教育学院院长张怀的事例，无疑便是此种运动［补注一］。

从学生的角度来看，周作人院长怎样呢？当时就读于国文系的尾坂德司回忆道:"周作人平常是根本不上课的,偶尔做做讲演。我记得有两次,题目分别是《日本的祭礼》和《文学以外》,听讲者大概二三百人吧。学生们对他非常敬重,毕竟是相仿佛的境遇,恐怕有一种同病相怜之感。另外,在文学上对于他那老人趣味渐渐厌腻,故而有被鲁迅所吸引过去的趋向。"

《日本的祭礼》的内容是周作人在"事变"之前的《日本管窥之四》(1943)中所提出,又通过《关于祭礼》等从比较民俗学方面予以丰富和细化而得出的"日本研究"的结论,即援引抬神舆的壮丁之狂热以强调中日两国民族的不同。据尾坂德司的回忆,讲演以"众人抬着神舆吭呦吭呦喊着号子却能按着一定方向前进,那是因为在另一方有人推动着"作结。《文学以外》是否与回顾自己的文学历程而强调其道德上启蒙性的《文坛之外》(1944)的旨意有直接关系,我们不得而知。总之,大概是呼吁在文学之前要先讲中国人的伦理之自觉这样的内容吧。

而在另一方面,决心建立"和平政府"的汪兆铭等人与影佐祯昭牵头的"梅机关"之间有关"新中央政权"的交涉逐渐有了眉目,1940年3月30日"新国民政府""还都"南京,北京的"临时政府"作为"华北政务委员会"(委员长为王克敏)被改编而置于"新国民政府"之下(南京的"维新政府"自动消解)。然而,日本方面对于这个与自己的"新中央政权"工作相呼应而产生的"和平政府"也是背信弃义的。到了最后关头还要"还都"典礼延期数日,以对通过燕京大学校长司徒雷登等的渠道打探对重庆和平工作做最后的期待,便是典型的骑墙派两边倒的一例。再加上器量的狭窄和贪欲,日本的失信于人越发严重了。日军内部的及早实现和平派对这一工作投入了超出谋略任务范围的热情,但却被各方面的利益关系捆住手脚,而于交涉席上常常丢面子的影佐祯昭便在后来于拉巴鲁岛(日本海军基地)所写的回忆录

《曾走路我记》(自传,1943。此书名有双关语义,音读起来乃日语的"漫笔"之意)中,对以"北支那的特殊性"为由刻意维持华北实质上的分离状态的做法吐露了不满。这对了解"华北政务委员会"的原则和实情,很有参考价值。

> 北支那设有政务委员会,其任务在于由南京政府委任授权,于南京政府许可范围内,就某事项与日本直接交涉与处理。而且,中央政府保留对政务委员会所处理事项的修正乃至取消的权利。但观南京政府成立后的实情,如北支那禁止挂国旗(国民政府青天白日旗之上附有写着"和平反共建国"字样的黄色三角布)而用新民会旗帜,或排斥(南京)国民政府在北支那的活动,或对中央政府之许可矿山开采权限显出难色等,在北支那欲限制中央政府政令的倾向相当浓厚。而且,这并非仅仅为北支那日本军、官民全般普遍之思想,支那方面旧军阀、旧官僚等亦保有此种观念。……汪氏对上述北支那的观念亦深感忧郁,多次表达其不满,屡屡向我等要求协助纠正此倾向。不仅军总司令部、大使馆及我等军事顾问尽其全力予以解决,更有一部分北支那军阀官吏坚信欲坚持北支那特殊性的倾向,乃是对支那健全的民族主义之挑战,而志在打破之。然因袭已久,欲打破笼罩北支那全般的此种观念,决非易事。

虽说汪派是为了"对日和平工作"而动起来,且以孙文的大亚洲主义和三民主义为旗号,甚至强调继承了国民政府的"法统",然而在"临时政府"旧政客群看来,这依然是国民党中之一翼。在汪派,则正如当时负责对重庆工作的参谋今井武夫所言:"他(汪)亲信中那些脱离重庆而来的人,对临时、维新两政府有一种视其为汉奸而不屑为伍的倾向。"(《支那事变的回想》)恐怕与这种失信和轻蔑有关,汪派在和临时政府做事先交涉时,特别注意到周作人,并有通过周作人探听北京局势的痕迹。

一个是 1939 年春,在香港与河内的汪兆铭取得联系并正在观望形势的陶希圣,有这样的回忆:

> 我从河内到香港时,即派武仙卿往北平,考察北平沦陷之后的情况,特别访问周作人(岂明)。武仙卿由北平回香港,到九龙山道林报告他到北平考察和访问的经过。他到九道湾(八道湾之误)访问那个苦茶斋(庵)主人时,岂明对他说:"日本少壮派军人跋扈而狭隘善变。一个宇垣一成大将,被他们抬高到九天之上,又被他们推到九地之下。他们对本国的军事首长尚且如此,对于外国的政客如何,可想而知。"周作人托武仙卿带给我的口信,是"干不得"。(《乱流》上,《传记文学》2 卷 4 期)

陶希圣与高宗武中途改变了立场,一眼识破了日本方面与汪派之间"日华条约交涉"的屈辱性内容,而给"中央政权运动"以重大打击,这是发生在 1940 年 1 月的事情。

另一个是周作人致鲍耀明信(1963 年 5 月 30 日)中所记,1939 年 8 月末在上海召开的汪派"纯正国民党六中全会"上当选为"组织部"副部长的周化人,在参加全会之前访问了周作人,周向他陈述了同样的意见:

> 当时周化人氏曾来访问,我告以日军人素不讲信用,恐难合作,便嘱为转告于汪君,请其慎重,但不久而"国府还都",于事实毫无补益也。

经过沦陷以来具体的经验，日本人不讲信用仿佛成了周作人坚信不移的看法，在与日本人的一次谈话中，他亦特别强调了这一点。（浅原六郎《谈周作人》，连载于1938年7月8、9、13日《读卖新闻》晚报）

可是，一面对于汪派"和平政权"工作表示反对，一面在"华北政务委员会"教育总署第一任督办汤尔和于1940年11月死去之后，周作人又出马成了其后任。虽说是南京伪政府翼下的地方政权，但各总署督办乃部长级官员，这是他出任伪职而广为人知的决定性的一项。"华北政务委员会"的最高人事权形式上属于南京的汪伪政府，1940年12月19日经"中央政治委员会"正式发布任命，并于1941年1月4日在北京外交大楼举行了就职仪式（1941年1—2月《支那时报》），但实际上乃是在北京与日本方面干涉之下决定的。根据当时"兴亚院"文化局职员西田匠的来信和志智嘉九郎直接向笔者所讲的证言，可以确定地说，劝诱周作人出马的"内部交涉"主要是由"兴亚院"华北联络部文化局副局长松井真二担当的。文化局长则是来自外务省的坂本龙起。两年左右的任期当中，在来自各省的人员眼里，特别是作为被军部视为敌人的外务省官员，一般来说若不听从驻当地日军的意向是什么也干不了的，尤其是劝诱周作人这种工作就更没有出场的资格了。松井真二的简历则如下：1938年7月由陆军省军务局转到北支那方面军特务部，同年10月入方面军参谋部，1939年2月在职于"兴亚院"调查官华北联络部，当时的军衔为中佐。随便一提，松井真二后来代替出任意大利大使的坂本龙起而当上文化局长，主要负责"东亚文化协议会"等文教方面的领导工作，战败的时候其职位为独立步兵第八旅团长（少将、于广州）。笔者偶尔认识的某原军官［补注二］幼年学校（即日本陆军幼年学校——译者）时代曾与其关系很好，于是我向那位军官打探这个人物的情况，结果是松井真二成绩优秀，但体质很弱，所以应该不会去考陆军大学的，相貌和气质都属于非军人型的举止文雅一类人。他主要在与作战方面没有什么关系的情报、政务领域做事，这种经历恐怕与其性格风貌有关吧，不用说，在正统的参谋（原则上都是陆军大学出身者）们趾高气扬的方面军里，他任职期间一定不会是一个显眼的人物。当时任"新民学院"图书馆馆长，与北京的知识人仍有不少交往的桥川时雄也很有信赖感地回顾说，松井是个"温厚而文人气"的军人。根据桥川时雄亲口对笔者所说，先是经由野崎诚近这个人提议，由松井真二直接访问周作人，劝说的结果，周虽然不情愿但还是接受了。这与志智嘉九郎下面的说法大体一致：松井真二"作为军人意外地有信用可以见中国人"，具体的交涉仿佛是在野崎在场的情况下进行的。根据以上几人的说法并综合其他材料，我们可以知道野崎诚近是具有"河北房产董事长"等好多头衔、在天津日侨中势力很大的人，从北洋军阀时代开始就钻进了中国的政界，与段祺瑞下面的"安福系"政客因缘很深，而作为当时流行的"私设顾问"与同派的王揖唐关系尤为亲密。占领时期受到特务机关的信赖，在联络部中也是没有职位的顾问，与喜多诚一、根本博搭档而被特务机关充分地利用过。据说战后，亦作为中国问题的顾问与曾经做过驻天津总领事的吉田茂关系亲密，总之，作为日本人的一种类型，仿佛是周作人最怕见到的活跃人物了。据他儿子给笔者的信说，他本人对周作人也没有什么好感。因此，我们无法估量这样的人物介入劝诱周作人出任督办的工作是出于什么动机，如果除了作为当地通以外的理由，那么，大概是当时的"华北政务委员会"正处在首任委员长王克敏之后的王揖唐主宰之下这个缘故吧。[注]

我不惜笔墨涉及松井真二的经历和人品，未必是因为下面这样的想象：该军人少有军人气的一面，如同博得了日本人的信赖一样也得到了被占领者的信赖,因此在促进周作人答应出任督办一职方面发挥了什么作用。这虽然在道理上也不是不可能的,但总之,有关这一部长级人事安排其"内部交涉"的责任就是这么安排的,这一事实应该记在脑子里,如此而已。[补注三]在此,可以认为这是出于涉及教育部门,特别是要利用周作人文名的人之考虑吧。或者,想起喜多诚一那个自称取自康熙、乾隆的观点,将此视为军事上的强者意识与文化上事大感觉的奇怪共存,加之政治上的利用主义之一种占领艺术,也未尝不可。而此种考虑,有时于一般的刊物上也有议论,周作人本人若看到了或者要大为担心吧。就任督办之后,有日本汉字报纸的中国女性记者采访周作人,甚至记道:

> 虽然我也听过这样的话:"日本当局方面说让周先生好好的过日子吧,不要跑去打扰他老人家才好。"意思是说不要把老人家闹急了,一赌气离开北平。(秀华《周作人先生访问记》,1941年3月15日《华文大阪每日》)

归根结底,有关劝诱周作人出马的工作,"兴亚院"联络部文化局是小心翼翼、思前想后的,但似乎并没有用不得已的强硬手段气势汹汹地逼迫这样的事实。交涉的结果也多少使周围的日本人感到有些意外。桥川时雄在事前被松井真二问及周作人果真会出马否,则答道"或者有百分之一的可能吧,若是我的话不会出马的"。志智嘉九郎也说"若是他坚决不接受也不能勉强为之的,因此我觉得劝诱工作做得很顺利"。还有一个人,就是从文部省派来做教育总署"学务专员"(即顾问,因考虑到此前以顾问名义实行"内部指导"而声名狼藉,故改为此称),在教育部与汤、周两督办接触最频繁的臼井亨一,也这样写道:

当时北支那文教界的元老汤尔和先生逝世后,谁就任教育总署督办一职就成了众人瞩目的焦点,果然,不负文教界的众望,当然也让一部分世人的预测落空,周先生登上了这个舞台。盖一些日本人也曾预测,周作人恐不会放弃高蹈的文人生活而进庸俗絮烦的官场的。……另外,还有一个推测其不会出马的理由,这里就不说了。(《雅俗两道》,收方纪生编《周作人先生的事》)

这个没有讲的推测,大概是周作人与重庆方面的关系或与鲁迅相通的思想观念等一类的推测吧,而臼井亨一在1944年回到日本的时候,考虑到周作人的身世处境有意略而不讲的。

不过,上面各种证言并非从被占领的角度做出的观察。中国人方面的证词很难找到,这里,仅从《中国文艺》杂志编者且与周作人很亲近的张深切,和前面提到的洪炎秋两人于战后所写的回忆文字中引述两段。

日方为了这件事,越发看重周,极尽诱惑之能事,但他要担任伪教育督办之前,却异常慎重,曾经征求过许多方面的意见,然后始行决定。他也问过我的看法如何,我认为既然要问,便是有意向,既然有意向,反对没用,所以我答道:

"也可以做,也可以不做。"

"怎么说呢?"

"做,须吃苦,不做,也苦。"

"做,恐怕会受人批评,尤其督办这个位置……"

"如果吾人有爱国家民族之志,有何位置不可就?就是参加敌人的第五纵队也没有问题,所谓出卖国家民族不在于地位而在于居心立意如何而定耳。"

……

不久,他的教育督办任职公布了,我又去见他,在他们的门口,看见那古色苍然的大门,已经改造,又上了油漆;进入了客厅,再看见沙发椅也都换新的了。"为配合文部大臣地位的改造!"我心里这样想,对他同情的观念顿时改变了,我故意问他:

"周先生,以前的大门很好,为什么改了?"

他似乎不好意思地答道:

"以前的太老了,开关都很不方便,所以改了。"

听说他出任伪职的动机,是受了周围的环境和他的日本太太所影响的。无论谁去影响他,他本质固不是劲草,风来草偃是自然的下场。(张深切《里程碑——又名:黑色的太阳》)

在伪文学院中,他侄子丰二担任庶务,一个竹马老友担任会计,两人狼狈为奸,亏空了一大堆公款,教育总署无法报销,周作人又没有法子代赔,如再拖延下去,被拖入水,就要吃起刑事官司,所以不得不明知故犯,跳入火坑,出来担任伪教育督办,去替他们擦屁股;从这一例,可以使我们知道,同是汉奸,动机却是各人各样的。(洪炎秋《未读其书先知其人》,《传记文学》9卷3期)

似乎已经看透了周作人的优柔寡断和妥协性的张深切,其说法乃是以他这个政治性人物不同寻常的行动经历,以及沦陷时期与周作人从协调到对立的经验为前提的。洪炎秋这回带有浓厚同情味的所言,则仿佛蕴含着他学生时代爱读周作人等人的《语丝》而获得幽默家的世故感觉,并反映了与周作人之间某种程度的恩义关系[补注四]。

最后，我们再听听周作人本人的说法。如前所述，《知堂回想录》中只字未提出任伪督办的动机，不过，在给鲍耀明的私信（1964年7月18日）中，有一次于回答对方的询问时，做了如下说明：

> 关于督办事，既非胁迫，亦非自动（后来确有费力气去自己运动的人），当然是由日方发动，经过考虑就答应了，因为自己相信比较可靠，对于教育可以比别人出来，少一点反动的行为也。该职特任官俸初任一千二，进一级加四百元，到两千元为止。任期无定，遇变动便下台，有的很短只几个月而已。我则满两年，因政务委员会改组总辞职，就换了人（阎锡山的狗腿，只两三个月，便转任了实业督办了）。去职后大抵就不管了。我却有文学院长的底缺，那时因为敷衍我，给我咨询委员的头衔（略有津贴），南京也给国府委员（虽然我并不是什么国民党），此外，又任华北综合调查研究所副理事长。当时友人也有劝我不要干的，但由于上述的理由，遂决心接受了。

与审判时的申辩"为了抵抗敌人的奴化教育"（益井康一《崩溃的汪政权》）这种反驳式主张相比，信中虽然仍很自负，但所伴随着的是更为心平气和的认识。比起他的后任如自注所谓"阎锡山的狗腿"之苏体仁，那种在临时政府之下做了山西省长，又积极在日军收拢阎锡山的工作中斡旋的人物，我们不得不承认周作人的自负自有其相当的根据。对于出马理由的说明尽管未免乏味，而出马与否只要不是涉及精神上的死活问题，则某种决定性的理由终归不会存在吧。因此，或许还可能有另外一些说法，但总之一种政治上的考量使他行动起来，大概是事实吧。所谓"政治上的",并非斗争性的意思,而是意味着即使可能存在屈辱的妥协,但面对已不可能与之善意合作的眼前"敌人"才做出的判断。我认为,这个时期周作人的决断中无论何种意义上的"亲日"的幻想都是不存在的。毋宁说,正因为不再有这样的幻想,才使得他安于"风来草偃"。不管日本人怎样的小心翼翼,他那被风吹动的事实终究是事实,向他说做与不做都是同样"苦"的张深切,在这个意义上也没有对最终结局感到意外。然而,对于比起当"北大"的教员来更须深刻决断的出任伪督办,我们很难想象他与此重大行为相衬的剧烈的内心斗争,也还是因为他那决断之政治性的缘故吧。可是,将自己暴露于此等无聊的场景之下,对于这位反政治主义的文人来说,未必不是一种新鲜的决断之结果。如此一来,当时所宣传的"文人督办"的称号则变成了一个奇怪的东西,虽然这充其量不过是无所用的隐身草也未可知[补注五]。

那么,周作人是如何完成这个"教育督办"工作的呢?由他签署的"教育总署"的不少公文都一一刊载在《华北政务委员会公报》上,但在这些官报上当然是难以找到有关这位傀儡大臣的个人资料的。而前面引用过的《华文大阪每日》记者的采访记中,则可以见到略带周作人风格的言词。

"许多人都愿意知道先生做官后的感想呢!"

"起初我也想到做官的事我哪儿办得了,原来中国做官是很容易的。说忙,衙门里的事,几分钟就可以办完;说不忙,又不断的要开会、会客的忙着应酬。总之,衙门本身的事是很少的,这一个多月来,所谓华北重要的政务,实在可以说还未接触到。"先生笑笑,又接着说:

"说到中国整个的教育问题,现在国内情形如此,国际情

形又如此,也实在不是谈它的时候。"(秀华《周作人先生访问记》)

另一方面,面对日本记者他又发表了让人感到对占领当局所要求的"扑灭共产主义"之教育方针有政治上消极怠工味道的就职讲话:

> 我认为支那虽有南与北风俗习惯上的不同,但文章是一样的,因此根本的思想决不会有改变的,从这一点讲,所谓剿共问题决非仅限于北支那的事情。本来,支那的所谓共产主义并非思想问题而是生活问题,因此,在教育上无论怎样讲思想改革也不会期待有什么效果的。这样说,虽然有回避教育者之责任的嫌疑,但结果问题还是归结为厚生二字的,民众的生活提高乃是先决条件。所以,我觉得思想问题比较简单,在支那民众之间即使不读《论语》,孔子的思想流溢依然健在,共产主义不过是民众不得其食时的反叛旗帜而已。……
> 科学教育若不以常识为基础则专业研究无法发展,同时,另一方面则在于至今的社会发展妨碍着支那的科学发达。在支那农村干旱时有拜龙王的习惯,胡适说如果科学普及森林学发达而能够大面积植树,即使干旱农民也不会拜龙王了。我的意见则相反,坚信民众的生活提高才是一切教育的基础。总之,教育的振兴只有在安定的政治基础之上实施,才会有可以期待的结果,从这个意义上讲,我殷切希望事变尽早得到解决。(《文人督办周作人谈教育即厚生》,1941年1月29日《朝日新闻》)

其次，再抄录两段收入方纪生所编《周作人先生的事》之中，由文部省派出的两位官吏所记的周督办印象。

  我受聘任职教育总署直辖的编审会，是在周先生由北京大学教授转而成了教育督办不到几个月的时候，在任一年间一直是周督办的时代，因此，我除了周督办以外没有和其他督办接触，这真是很遗憾的事情。不过，事务上的一些繁难之事——这当然也有让督办感到为难的要求等，都由坂井（唤三）总编辑从中协调，故我并没有特别感触到督办的政治手腕。……有的时候，也不是没有听到说周先生渐渐政治家化了的传言。然而，周先生如此的文学上之威力清晰而内在地呈现出来，这又使我越发喜欢这文人督办的存在，甚至为此感到喜悦。

  这之前周先生曾作为我们编审会的特约编辑，分担新中国国文教科书的编辑执笔工作，有关教科书的编辑事情他什么都懂得，而工作上的事情则完全交由我们来做，他并没有任何的发号施令。……来编审会大抵每日只是半天，而且大都在上午。总是有不少客人来访，……而且有各种各样的日本人来此。……（加藤将之《作为督办的周先生》）

  总之，周先生曾经兼任从前的北京大学文学院院长，后又就任了督办。先生每见人都说"行行不同，没有办法才接受了现在的工作，若有不称职的地方我准备随时辞职的"。这未必没有反映出周先生某一方面的心境，但完全接受他的说法也不对的，在三年（两年之误）任职期间，先生那现实的政治性的素质不仅得到了明显的发挥，而且到后来越发显示出那经世家的浓厚色彩。具体的事实就不一一赘述了，有一次关于某个问题颇有事务性才干的助理张心沛署长（副官）也有为难，结果周先生便提示了巧妙的解决办法，让近旁的我等颇为惊叹。……

周督办并没有像汤督办那样投入全力于政务，而时常是脸带温和的微笑，以深厚的人间理解和玲珑剔透的人格发出温暖的包容力，以此来统率教育界的。周先生当时关于教育、思想的信条是"增一利不如除一害，如对还未恢复过来的病人，要假以时日和充分修养的余地"。（臼井亨一《雅俗两道》）

以上两人的文章都考虑到身在北京的前"督办"而多有辞令上的限制，作为反映周作人"督办"形象的记录远远不够，不过，作者个人的关心却很坦诚地表露出来，还是有一定意义的。加藤将之与其说是以官僚的身份不如说似乎更愿意以现役的诗人身份来讲话的。关于这一点，我不认为这位诗人会有什么战争批判的自觉思想，高见顺《昭和文学盛衰史》中只记载了加藤将之赴北京之前曾对中野重治等普罗派出身文学家写作的短歌论表示出相应的关注，并举出有"人民战线派"之嫌的告密中伤的事例。若如此，我们甚至可以想象，占领一方的知识人在"非常时期"于本国遭受重压，反而试图以沦陷地区的文人之沉郁的风格来予以慰藉。这样一种倾向，也可以从后面将要涉及的日本剧作家真船丰与沈启无的交往中见到。另外，为给傀儡督办撑腰的专员主席级别的臼井亨一，赴任之时还是三十出头的认真而书生气的官员，似乎真心迷上了周作人（臼井亨一遗属所编《回忆臼井亨一》）。而另一位与同僚臼井亨一性格正相反的重松龙觉专员回忆说，以上两人的确"醉心"周作人，"但自己并没有这样"。据他直接向笔者讲述的，其中有一些具体事例可以补充上面两人叙述的不足。

一、汤尔和是行与不行十分清楚的人，作为日本一方虽说是难对付的对手，但感觉是不错的。而周作人不仅行政方面很少参与，且态度暧昧不清。

二、在制度上，以督办名义发布的训令等，一般是由中国方面起草，经专员或者"兴亚院"联络部的认可。

三、"督办"每周有一次与联络部文教负责人的会合，专员有一人要出席。这位文教负责人主要是松井真二。

四、编审会的教科书编辑是日中双方矛盾最多的工作。坂井唤三总编完全是文部省的官僚，在中国方面看来，他是相当粗暴专横的。但即使是这个坂井总编也有不得不妥协的时候。

五、宪兵的活动非常频繁。就连"教育总署"每周也要来两三次，喝茶聊天什么的之后才离去。周作人的事情也遭到了相当的侦察，这是事实。如果查出来他与抗日方面有什么关联的话，不管"兴亚院"说什么也一定会抓起来的。

与前任的汤尔和相比似乎更敬重周作人的志智嘉九郎也回忆说，作为政治家两人的"威严决然不同"。若说汤尔和的某些方面不如周作人的话，也不尽然。比如"汤先生是一个颇有骨气的人，曾经发生过这样的事情：日本方面给教育总署拨款四十万日元补助金（当时这是不小的数目），让他们出个收据，汤则说一国之政府因此而给别国出具收据，此等事情是办不到的，而回绝了"（志智嘉九郎致笔者信），于此，日本人似乎有一种被对方威严所压倒的感觉。面子也有水平和器量规模的不同，总之，说到这方面两人威严的有别，实在是极其的不同。更何况涉及对于日军视为敌人的共产党和国民党的感受性方面，两者就更不相同了。日本宪兵在这方面对周作人的怀疑当更深。有关完全独立于"兴亚院"等机构的宪兵权力之大，就连联络部第二届长官森冈皋亦在其回忆中说，如果宪兵队的上等兵向各署的督办亮出名片来，那么，不管你觉得如何讨厌，也无法拒绝会面的。这位特务机构将官的战后回忆，还讲到宪兵队队员的低级与众所周知的横暴，虽说其中有明显的顾左右而言他的倾向。而在周作人看来，这个森冈皋直到最后依然怀疑他与重庆方面有关系，这让人有一种如一想到宪兵就胆战心寒的那样感觉。《知堂回想录》讲到，在占领之下自己的言行不能不极度地顾忌宪兵队：

> 实在他们是这样想的，当日本投降的时候，原特务机关的头子森冈皋中将做华北综合调查研究所的理事长，我当着副理事长，一天会议遣散所员的事，他看见我笑嘻嘻的问道："周先生，没有接到新的任命么？"我也笑答道："还没有哩。"可是他们不会动手扫荡，这在我不能不说是万分的侥幸了［补注六］。

以下，根据前面提到的周作人书信，并补充审判记录的概要等材料，简要地整理一下周出任"伪职"的整个过程。

汤尔和死后周作人所接任的"伪职"中，还有一项是"东亚文化协议会"会长的职位。这个任职是在1941年12月召开的第五次评议会（北京）上决定的，而为出席同年4月的第四次评议会，他曾经率领钱稻孙等6名评议员访日，一面"兼有督办就职寒暄"的意思，一面以分会主持人的身份在京都大学主持召开了文学部会。当时的报纸曾报道他顺便走访东京，下榻帝国饭店"而参观宫中并记账，又参拜明治神宫及靖国神社"等行程。前后大约两个星期的访日期间，不仅到了京都和东京，而且视察、参观以及参加学界、文坛的招待宴会，日程十分紧凑。《朝日新闻》等称其为"中国文坛的巨星""中国文学的志士"而表示欢迎，他本人则留下一些不痛不痒的讲话和有关日本文学的一般性议论，结束了这一生中最后一次访日的行程。前面已经谈到"东亚文化协议会"发起时的情况，这次文学部会也如会上通过的"编撰中国大辞典、设立华北故迹保存委员会、翻译有价值书籍"三项决议所反映的那样，尽量淡化政治色彩，也因为同样的理由，命中注定始终不过是一个空疏的"文化协议"。据志智嘉九郎讲，协议会成了北京"合作"派知识人沙龙一样的东西，除了筹备后来的"大东亚文学者大会"和组织"日华书道展"外，想不起来还做了些什么工作。有关这个职位，起诉书上的罪名是"促进两国文化交流"。

周作人任职伪督办的两年间，正好爆发了"大东亚战争"，有关这场战争的情况我将放在后面叙述。根据《华北政务委员会公报》，成为"督办"离职契机的"政务委员会改组总辞职"是在1943年2月8日，随着这一年1月9日汪伪政权宣布与英美宣战而形成"决战体制"，以委员长王揖唐为首的全部委员集体辞职。顺便一提，根据《公报》的辞令，辞职后的职位均以汪兆铭名义的"国民政府命令"的形式，"特派王揖唐、周作人为新国民运动促进委员会委员"（1月20日），"特派周作人为华北政务委员会委员"（3月31日）。羽太重久也说，"督办"辞职以后给予了"元勋一般的待遇"，不过，这个并非给所有前委员的名誉（？）职位究竟意味着什么呢？或者是南京的汪兆铭所表示的特别奖赏也说不定。而为接受这个职位，周作人于4月赴南京谒见了汪兆铭。（周作人《先母事略》）

其次，所谓"华北综合调查研究所"，乃是在"大东亚战争"爆发的同时，设在日本接受过来的原美国系统之燕京大学内的作为"华北建设之基础的自然、文化综合调查研究之中枢机关"（《北支那的治安战》）。调查研究所的门脸好像做过相当华丽的扩建，但正如起诉书"协助敌人调查研究华北资源"的指控那样，谁都清楚这是日本方面迫切关注华北资源的产物。该研究所成立于1942年6月,到了第二年1月,也就是周作人卸任伪督办一职的时候,开始了积极的活动。另外,周作人任副理事长的同时,还兼任下设部门的"习俗委员会"委员长,据说"在他手下聚集了常惠、江绍原,以及长期留学于京都东方文化研究所的傅芸子等,但并没有展示出什么成就便告结束了"。(直江广治《中国民俗学的历史》,收《中国的民俗学》)

再次,起诉书中有"三十三年五月,任伪《华北新报》理事及报道协会理事,发行有利于敌伪宣传的报纸。同年十二月,又兼任伪中日文化协会华北分会理事长,实施沟通中日文化"的指控,关于这些"北大"和教育总署以外的任职,恐怕正如周作人所辩诉的那样"唯兼职者仅有名义,无所参与,更无所执行"。

最后,稍微涉及一下他这期间的私人生活。首先是夫人信子。不仅张深切,好多中国人也认为周作人出任伪督办与这位日本妻子有关,这种说法的出现,似乎源自周作人与鲁迅失和以后她的声誉不佳,以及中国人反日的民族心理。即使这个家庭里严重的老婆当家是事实,而要讲她左右了丈夫在外面的处世进退,就得有相当明显的事实作为证明。不过,正如她的弟弟羽太重久所言:"姐姐对作人当督办的事情只是单纯的高兴吧",继八道湾一起生活时鲁迅所愤然的挥金如土,"督办时代与作人一起来日本的时候,姐姐亦大把地付小费。而作人则即使连旅费也都按数返还给政府的",对于因自己与祖国的关系而痛苦的丈夫来说,当时春风得意的日本妻子并非那种具有可以抚慰胸中块垒的感性的人。这恐怕是确实无疑的。顺便一提,那时除了信子的父母外,1942年弟弟重久,之后包括重久的子女也一起住在周家。重久虽然在与周作人有关的"新民印书馆"工作,但这给周作人这位大官的确又增加了不少家累。而坚持要求伯父辞职的爱侄丰三少年的自杀,使周作人受到了怎样沉重的打击,则是超出我们想象极限的。他在《知堂回想录》中除了提到这位侄子的墓地外,没有任何与此事有关的记述。自杀是丰三在摆弄伯父就任伪督办后配给周家的卫兵的枪支时发生的,羽太重久说是在周作人访日之前,也就是说出任伪督办后不久。

那么,周作人是不是整天在家中闷闷不乐地发愁呢?也未必然。这也正是曾让鲁迅惊叹的地方——家里无论发生了什么事情,他总是能面对书桌坦然自处的。而且,方纪生还记述道:

> 说到榻榻米和格子门的房间,去年(1941)将北京八道湾住房的一间改为日本间,除了可以招待客人和吃饭外,他读书、作文、休息也基本上是在这间屋子里的。(《周先生的点点滴滴》,收《周作人先生的事》)

这个相当正规的日本间,其照片作为卷首插图印在方纪生编辑的《周作人先生的事》一书的扉页上,据说是羽太重久找京都的木匠定做的。看到改装过的大门和客厅,张深切曾经失去了对周作人的同情。我们即便不如此,对于这样的改装也决难予以赞赏的,尽管想到他在《日本管窥》中对于简素的榻榻米房间的礼赞,或者可能感慨道,老夫子真是这样地喜欢榻榻米呀!

[注] 我从小柴诚司那里还听到一段涉及周作人与王揖唐、野崎诚近三方的事情,其内容大致如下:"周作人的女婿是通过王揖唐帮忙从天津的中日学院到日本去留学的,据说姓林。脑子很聪明,后当了大学的副教授,被占领后则跑到毛泽东那里去了。兴亚院的野崎诚近因是王

的顾问,所以让王把林叫回来,我受王的托付去找周作人。这样,就带着临时回来的林到北京饭店去见野崎。他们两人都没有告诉我会谈的内容,而林不久又跑了。"小柴已是96岁高龄的老人,故上面一番话中,所谓女婿应该是周的女儿周静子的丈夫杨永芳而不会是别的什么"林"的。另外还有一些不得要领的地方,我也没能问清楚。总之,这和周作人受审判时所举"抗战的功劳"之一例,即"对北平青年团员杨永芳以书信证明援助其地下工作"的主张仿佛有关系,故注录于此。桥川时雄编《中国文化界人物总鉴》所记杨永芳为"1908— ,河北安国人。留学日本毕业于东京帝国大学数理科,归国后于北京私立辅仁大学担任讲师,民国二十五年任国立北平女子大学数理系副教授"。而"事变"后的1939年,他已离开北京到抗日地区的西北大学任教,这在周作人的日记等中也有明确记载。关于"北平青年团"的性质不得而知,羽太重久也回忆说,"我在北京的时候他已经去了西安,有一次回北京来曾见过面。或者是因为加入了共产党,假期回北京来也仿佛很不容易的"。

[补注一]以辅仁大学为中心的"华北文教协会"干部同时遭到检举,是在1942年底至1943年春之间。但那时沈兼士已逃往重庆,故将他归入"救出"对象是不确的。

[补注二]即原陆军第一登陆团团长、中将伊藤忍。

[补注三]《周作人年谱》在记录1940年底王揖唐曾邀其出马的同时,还有以下等记载。12月2日:"日本兴亚院文化局调查官松井大佐"访问"北大"文学院;同月20日:在北京各大报纸报导南京汪兆铭政权决定"特派周作人为华北政务委员会委员并任常务委员兼教育总署督办"的消息之际,再次访问周宅;21日:对《庸报》"平时不喜欢政治生活的当代文学界权威周作人氏"出马的报道,松井发表以下意思的谈话——我自己和日本方面的学界、言论界以及各机关团体均感

到光荣而值得庆幸。

[补注四] 有关洪炎秋的这一说法，我曾问询过周作人遗属（周丰一），其答复如下："丰二的好朋友在文学院做庶务工作是事实，而他本人是银行职员，不曾在北京大学工作。担任会计的是周作人南京水师学堂以来的老朋友罗子余，这个人物滥用公款的事听说过。"罗子余的贪污事件与周作人的出任伪督办有关系，这种说法除洪炎秋外未见有别人提及。

[补注五] 实际上，在任期间并非没有"动手扫荡"的危险，例如可以举有关"新民会"为祝贺"皇军"占领宜昌，欲动员市内各大、中、小学学生前往天安门前时的轶事。按照以往的惯例，由"教育总署"向各校传达文件，学生是否参加则随其自便，但这次该怎样传达务必参加的旨意，有人去问询周，周的答复是学生应当与政治保持距离，参加与否并不是本质所在，于是按照惯例只采取了停课的措施。结果，副会长安藤（纪三郎）少将接到当日没有一人参加的报告后大怒，要马上逮捕周作人。而在场的大使馆一等书记官士田（丰）拼命安抚安藤，同时新民会到就近的学校临时召集一些学生，让他们手持太阳旗游行而勉强收场。之后，此种动员变得严厉起来，周作人也变得态度极度慎重起来了。（参见于力《人鬼杂居的北平市》，1984）

于力本名董鲁安，曾担任燕京大学教授，太平洋战争爆发燕大被封锁后，于1942年逃往共产党统治地区的晋察冀边区。上面这篇文章最初连载于《晋察冀日报》。

[补注六] 周作人历任"伪职"的主要部分与傀儡政权内部的事情多有关联，如有这样一种说法：

> 是时，伪华北政务委员会委员长王克敏已下台，由王揖唐继任，王揖唐上台以后，由于其人品能力，均皆不佳，各总署督办，多不买他的账，不听他的。汤死后，王乃欲援引与自己有关

系的人,继充教育总署督办,以资臂助。周作人有个儿媳为王揖唐外孙女,所以王愿周升任教育总署督办。

北京大学文学院国文系代主任沈启无等也为周运动策划,进行拉拢。当时汉奸殷同(建设总署督办)、王荫泰(实业总署督办)、汪时璟(财务总署督办)均为中美国际问题研究所中人,与美蒋特务有关系,三个汉奸督办勾连一起,在伪华北政委会中颇有势力,殷同这时又兼充了伪新民会副会长,势焰更是冲天。有人向殷荐介周作人,殷正想垄断华北政务,对周升任教署督办,自然一力赞成,以便培植个人势力。

伪国府立法院长陈公博,北京大学哲学系毕业。与周作人有师生之雅,向汪精卫亦荐介周。汪对周素知其人,对周出任教署,也表同意。

……

其实,周作人并不会做官,王揖唐觉得从周这方面并未得指臂之助。殷同、汪时璟、王荫泰者流觉得周和他们并不密切,不是同调。更重要的是周不得敌人欢心。因为敌人期望的参战体制,肃正思想,学生集团训练,勤劳奉仕生产,伪教育总署只是拖拖沓沓,没有实力奉行。日本文教方面的人,由于周的作家声望,多给之留面子,不肯勒逼过甚。但敌军方却对之甚为不满。所以伪国府宣战之后,华北敌方借一新人心为名,踢开了王揖唐,也踹下了周作人。朱深当了委员长,苏体仁继任教署督办。苏刚由伪山西省长调任伪北京市长,才五日京兆,适政委会改组,乃以苏又调充政委会常委兼教署督办。其他督办则除殷同已死,早以余晋和调充外,别无更动。所以这次政委会改组,就是下了一个周作人。……

王克敏撤职后的下文是被选任为伪国民政府委员。周作人下台当时,并无下文。周觉得很尴尬。后经江绍原、沈启无向陈公博运动,陈向汪精卫说项,在伪国防会议通过,周作人亦被选任为伪国府委员。(张崎翔《周作人投敌的前前后后》,载中国人民政治协

商会议全国委员会、文史资料研究委员会编《文史资料》第3辑）

这段回忆的作者在文章中声称在"北大""曾听过周的课，周任国文系主任时，作者是系代表。之后20年间时相往来，对周的情况较有了解"，其中，确实有很多深入了解当时学界和官界情况的记述。而当时的学生名簿中也确实有这位作者的名字（见《国立北京大学文学院民国三十二年毕业同学录》"在校学生、国文学系二年级"项。另，周汝昌《红楼梦新证》下册中也有如下记述，当时张崎翔曾发表关于日籍教授哲学系儿玉达童所藏《红楼梦》孤本的论文）。而且，周作人日记（1951年11月4日）中，作为周建人长子丰二夫人刘庆琼"弟媳的哥哥"也曾出现过（珊婕《周作人与王揖唐无戚谊》，载1988年《鲁迅研究动态》第1期）。另一方面，当事人张茨芳则拿出家谱否定了自己是王揖唐外孙女说（参见珊婕文）。总之，官场的内幕有一定比率的传言成分吧，但这种传言自有其作为传言的参考价值。

周作人本人的日记，也有对辞职后"复杂心境"的反映。例如，后任的政务委员长朱深表示有意让周当"北大"校长故接受了其辞职，周则"笑谢之"后，记道"手段亦仍如冉公（即王揖唐），思之不快良久"（1943年2月6日）。进而，朱深对汪兆铭说，周不惯政治，坚辞；对王克敏又说，日方反对周放任学生。由此，将周作人排除掉。对此，周愤慨地记道"小人反复，常用手段如是也"（1943年2月10日）。不久，接到朱深的讣告，周作人不仅在当日的日记上特记一笔，而且，倒回去在被朱深免职的2月6日日记中补上一笔："小人做坏事，想不到不得百五十日活，此段事日后思之，亦甚可笑也"（以上据《周作人年谱》）。对于这种近于荒谬的自言自语，在以公平的眼光看待周作人的研究者之间，有人称其为"官僚化"（钱理群《周作人传》），有人则视其为"堕落"（舒芜）。而如本书第八章补注所言，我认为周作人一面参与北京的"华北政务委员会"，一面又不得不向南京的汪伪政权倾斜，这里或者有周作人这种特殊立场的扭曲反映也说不定。

八 "中国人的思想"

发生狙击事件的1939年1月的17日,文字学家钱玄同病故。正如《知堂回想录》所言,这位亲友的死去,使"他的精神受了刺激,这是与那刺客事件不无关系的",而对于周作人来说,正是那事件的重大余波之一部分。钱玄同作为劝鲁迅写作《狂人日记》,并以"金心异"的别名出现在鲁迅第一部小说集(《呐喊》)序言中的人物,乃是周氏兄弟留学东京以来的旧友。"文学革命"之时,曾以提倡废除汉字的过激言论而著名,但因鲁迅后来渐渐讨厌了其另一面的胆小谨慎之俗气,故不久便关系疏远了。然而,与周作人的关系却始终深厚,特别是北京沦陷之后,几乎是唯一的友人一般成了周作人的精神支柱。周在故友去世百日的时候,终于动笔写就题为"最后的十七日"(后改题为"玄同纪念")的追悼文章,明确指出这精神支撑是别人无法代替的直接"忠告",之后,这样表白了失去老友所受的打击:

> 我最觉得可感,虽或未能悉用而重违其意,恒自警惕,总期勿太使他失望也。今玄同往矣,恐遂无复有能规戒我者。

文中介绍了包括元旦事件的慰问信共三封故人的来信，其中一封里有两处省略，周作人在引用时分别加了按语"此处略去五句三十五字"，"此处略去七句六十九字"，并颇有暗示意味地说明道："信中略去两节，觉得很是可惜，因为这里讲到我和他自己的关于生计的私事，虽然极有价值有意思，却亦就不能发表。"进而，还记述了10日钱玄同来访时"未几又有客至，玄同遂避入邻室，旋从旁门走出自去"。参照同日的日记，可以知道来客为叫"福冈（和?）久野"的日本人。而持有如此态度（对日本人）的钱玄同，其给予周作人"关于生计"的、当时"不能发表"的忠告，若参照前面提到的戴君仁回忆（《从陶诗引起的一段回忆》），其大致的内容应该明了的。这样，元旦的事件是让他感觉连这种精神支柱也夺走了。

一面承认自己有违其忠告，一面仍期待着这一精神支撑，这恐怕是他那民族感情郁结的曲折表现吧。与此同时，如有关任职"北大"，就让人感到他本有的踌躇未必比无视亲友之忠告而感到的苦楚更强烈。关于他每一具体的处世态度和方法，我曾经用过随波逐流、不透明等言词，在此我依然感到了他的孤独，即那种即便是面对钱玄同坚持己见的劝告亦准备不再理会的孤独。但这篇追悼文，却也表露出以文笔为生命的周作人任何卑屈都要排除掉的透明的态度。他是从钱玄同死后百日终于得以执笔写作的踌躇呻吟起笔的。理由之一是对于二三十年的交情如何有选择地来写，很是迷茫；另一个理由则是：

第二，因为我自己暂时不想说话。《东山谈苑》记倪元镇为张士信所窘辱，绝口不言，或问之，元镇曰，一说便俗。这件事我向来是很佩服，在现今无论关于公私的事有所声说，都不免于俗，虽是讲玄同也总要说到我自己，不是我所愿意的事。所以有好几回拿起笔来，结果还是放下。但是，现在又决心来写……

而结尾处又进一步写道：

> 这里我只是少讲私人的关系，深愧不能对于故人的品格学问有所表扬，但是我于此破了二年来不说话的戒，写下这一篇小文章，在我未始不是一个大的决意，姑以是为故友纪念可也。

就是说，他经过长时间的思虑，伴随着相当程度的决心才动笔写作这篇文章，需要如此程度的下决心，是因为此事与他占领时期一意坚守的文笔上的戒律有关。日记中亦有这样的记录：

> 二月二十六日　上午，孔德学校有玄同追悼会，仍不宜往，信子、丰二到会。
> 四月二十二日　久欲草纪念玄同一文，今决意起稿，思之良久，仍觉不宜。
> 四月二十七日　始写纪念玄同小文，仍未了。
> 四月二十八日　续写小文了。

就这样，他以打破沉默的决意，作为对多次反对他出任伪职并不惜直接予以忠告的旧友之纪念。追悼文既然如此作结，那么很明显，其决意的内涵就不会在于从文学方面为出任伪职的事实再涂抹上最后一笔。而且，据《知堂回想录》讲，这篇文章刊登在他不得不退职的燕京大学学生所办《燕大周刊》上。

这里，先交代一下"二年来不说话的戒"之实际情况。"事变"爆发那一年（1937）直到9月份，他写有相当数量而内容充实的散文。秋天以后，已如前面所述，开始专心于阿波罗多洛斯《希腊神话》的翻译，同时仍试图继续躲过邮递的中断和禁止而向抗战地区的杂志投稿，这有1938年2月13日所作《关于范爱农》刊于《宇宙风》的事实和给陶亢德的信等为证。同时，就在这2月份发生了座谈会事件，他以落款为20日的《读〈东山谈苑〉》开始悄悄地决计沉默。另一方面，在抗战地区刊登《关于范爱农》一文前后，他出席座谈会的举动成为众矢之的，事实上，于抗战地区发表作品的路径也被封死了。虽然继《读〈东山谈苑〉》之后还积攒了一些短文，但并无发表的目标，从社会意义上讲已完全处于搁笔的状态。不用说，在文章写作上与敌合作的引诱当然不少吧，而他那拒绝的姿态不也是毅然决然的吗？可以想象，前面引用过的《蒙疆》之作者保田与重郎在批判占领当局的"文化工作"时所说的"甚至不惜屈膝让步，而试图利用那些声言直到战争结束仍保持沉默的学者文人"，其中的"学者文人"，在保田的脑子里当主要由关于周作人的传闻做根据的。《读〈东山谈苑〉》后来又全文抄录于《辩解》（1940）一文中，作为不辩解主义的出典，直到晚年一直左右着他的态度，而在当初，还证实了他作为对被占领之耻辱的拒绝式沉默的姿态。文中倪云林的故事，本来也正是在这样的语境下才传达出那狷介的姿态的。

然而，随着沦陷之下自然而然的对于文化需求的发生，不久，他身边的同胞中也有了劝其执笔写作的动向。如前所述，1938年秋《朔风》月刊创刊，时常出入于周宅的方纪生成为主编之一，前来约稿了。周作人则将《谈劝酒》这篇散文投寄于创刊号，并在文后附言："此文前曾交予文学杂志，而杂志停刊，遂又退回。今纪生来索稿，以此付之，已在一年后矣。"

据方纪生的创刊号后记讲，《朔风》乃于"北方文坛之沉寂"

时，以"可向中上产阶级供给一些精神的食粮"为目的而创刊，周作人、钱稻孙、徐祖正、沈启无、毕树棠、杨炳辰、尤炳圻、陈棉、谢兴尧等已答应寄稿。钱、徐二人乃是日本文学翻译家，其余几乎都是无名的面孔，这里没有列出的俞平伯另当别论，足见"北方文坛"寂寞的现实状况。因此，若言被占领之下的文坛，无论是象征意义上还是实际作品上，有赖周作人一人的存在，乃是理所当然的。方纪生写道：

> 周先生文题闻已定为"用心随笔"，此后每期拟登一二篇，年来正苦无从读到先生的文章者，从此再得捧读的机会，想来必定和编者一样，感到无限喜悦的罢。

"用心"一词与日语的"用心"（youjin，有小心、提防等意思——译者）有些不同，汉语里一般使用的是字面所示的本意，周作人借此机会，或者是真想将手头未发表的作品冠以与日语词意重叠的"用心"为总题陆续发表，或者只是说说打趣罢了。实际上，《朔风》继《谈劝酒》之后又连续刊载了他的两篇旧稿《谈搔痒》和《女人骂街》，而且各篇后面都有写于"事变"之前的明确时间落款。到了狙击事件发生的那个月10日发行第3期，方纪生的编后记以下面这样的言词显出了破绽：

> 知堂先生之文，本期暂缺，盖所存未发表之旧作，已无有适用者。不过先生一向爱护本刊，稍缓仍当为文见寄……（《朔风》4期"朔风室札记"）

如前所述，方纪生一面觉得周作人由于给该刊寄稿，招致"血气"青年的不满才有了元旦狙击事件，因而感到忧惧，一面迎来了稿源中断的这种事态。但是，以与此相反的理由来解释事件动机的周作人，或者另有别的用心，总之，若一览后来不是以"用心杂笔"而是"秉烛后谈"为书名收入了自己"事变"前后所著作品，就会明白"旧作已手头见底"并非事实。实际情况应当是用每篇作品的落款来证明自己的"沉默"这种不彻底性，由于狙击事件的发生转眼间便崩溃了。我以为，这对于他来说决非仅仅是不幸。如果没有狙击事件的打击，而被方纪生那样年轻吹捧者的期待所累，很难说他的沉默戒就不会被一点点地破解掉的。在政治上已遭阉割的事态下只玩弄文章，对于前面提到的"北京趣味"，不正是得心应手的招数吗？我们实在不愿意去想象随波逐流地漂至这种状态的周作人。因此，他被迫又回到了保持沉默的初衷，毋宁说是一件幸事。也正因为如此，他终于有了既然要打破沉默也必须以明确的决断来打破之这样一种觉悟，并足以积聚起反弹的力量。

《知堂回想录》简单地概述了于公开发表悼念钱玄同文章的同时，自己下定决心的过程及其结果，这样写道：

> ……我自此决意来说话，虽是对于文字的力量仍旧抱着疑问，但是放手写去，自民国廿八年至三十四年这七年里，收集起来的共有一百三十篇，其散佚者在外，可以说是不算少了吧。

虽说如此，但这些作品并非在下定"破戒"决心的同时充满活力地写就的，例如，5月30日日记便记道"上午作随笔二篇，聊以遣日"。而《朔风》的气势也在狙击事件以后迅速衰微，到了第7期方纪生离开主编位置，第9期开始每期参杂一些"反共是每个人的责任、东亚人起来共同建设新东亚"等等的标语口号，至第 11 期撰稿人突然都变成了陌生的面孔，而成了"新中央政权的前途"一类政论得势的"新型综合杂志"。

另一方面，9 月以后《中国文艺》月刊创刊，周作人则将自己包括新作在内的文章寄给该刊，几乎每期都有作品发表。而观这年秋天的日记，还会发现他向《覆瓿》《学文》《华光》等杂志投稿的记录，1940 年以后其写作量渐渐恢复到以前的状态。

《中国文艺》的编辑兼发行人张深切，是一位台湾抗日运动史上的人物。少年时代因反抗日本统治台湾被逐出学校，之后去东京留学，又来到国民革命的策源地广州，在此，策划参与了"台湾革命青年团"的成立。另外，作为中山大学的学生，曾与学生运动的支持者之一的鲁迅有所交涉。因蒋介石政变而国共分裂之际，张深切回台筹集资金而遭检举，监禁 3 年出狱后，继续通过演剧活动参与政治运动并有一段时间亡命上海，包括组织"台湾文化联盟"等，可以说他是日夜奔忙于抗日运动的。七七事变后，他在台湾失去了活动的自由，不过，却反手利用强加给自己的日本国籍而潜入沦陷区北京。当初，他曾经憧憬于抛妻别雏而驰骋于抗日战争中的郭沫若之"日本脱出记"，可是自己带着妻小无法奔赴抗日地区，只好在"国立"艺术专科学校任训育主任。他有不可争辩的政治手腕，故被推举为"台湾同乡会"的负责人，不多久便成了在北京相当引人瞩目的人物。

以上经历主要依据张深切战后所著自传《里程碑——又名：黑色的太阳》。据该书讲，《中国文艺》创刊的时候，仿佛周作人也有所参与似的。要了解当时一些日本参谋好事插手占领政治的文化方面，甚至一时冲动出面干扰的出版界内情，张深切下面的回忆值得参考。

不久，我由日本著名美术评论家一氏义良的介绍，认识了堂胁中校,堂胁是华北最高指挥部的高级参谋,不但有很好的背景,也有相当的势力,他计划出版一种文艺杂志要我帮忙。他和一氏都不知道我是台湾人,以为我是个难得的"日本通",热心怂恿我主办,……我提出四个条件,询问堂胁的意见,第一编辑方针与内容不受任何干涉。第二杂志里绝对不刊登任何宣传标语。第三保持纯文艺杂志的形态,不作主义思想的宣传。第四不加入其他新闻杂志社所结成的团体做政治活动。他把我提出的四个条件反复看了后,笑说:"好的,就这样办吧。"……这时统辖华北出版界事务的主管是山家少校,他自恃文武全才,大有不可一世的霸气,文化界的所谓文人墨客趋之若鹜,合其意者兴,逆其意者亡,他比土肥原(少校时代)研究中国问题还要积极而厉害。

山家的脑筋很灵敏,不但中国话讲得漂亮,而且也会抽鸦片捧戏子,可以算是个最厉害的"支那通"。当时在他手下的新闻杂志有三六九报、民众时报、武德报、实报、时言报、时事快报、晨报、新民报、电影报、戏剧报、中国公论月刊、中和月刊、立言画报、北京反共战线、民众画报、改造月刊、佛学月刊、青年呼声周刊、长城周期画刊、红卍字月刊、朔风月刊、妇女家庭月刊、农学月刊、侨声月刊等。《侨声》的社长是王克敏,这一杂志和《中国公论》《改造》一样带有浓厚的政治色彩,谄日媚日最为肉麻,《中和》是以瞿兑之为主编,属于学术研究的出版物。

我们要出版《中国文艺》,经过了几番慎重的检讨,研究如何避免日方的介入干涉,如何利用这刊物有所作为。关于这些问题的检讨,周作人也是参与人之一。

在《中国文艺》创刊号的编辑后记中,配合对发刊旨意的说

明,还特别向周作人致以赞颂之辞:

> 国可破,党可灭,恶可除,文化不可灭亡也。我们可以一日无国家,不可一日无文化,因为文化是国家的命脉,是人类的精神的食粮。
>
> ……这次我们的周作人竟打破了数年来的沉默,毅然给我们一篇《俞理初的诙谐》有趣文字,不但使我们很感激,想读者们也一定很满意吧。周作人是我们的北斗星,他虽然不像那彗星的活泼,或火星那样的闪烁,但是他在于无言无为之间也仍镇在南面的位置。

在"南面"的北斗星这一积极的词句中,恐怕暗含着对南方抗日中国的忠诚之意吧,总之,不能不说此乃苦楚万端的大文章。张深切个人并不见得与周作人有怎样的深交,大概是通过周身边的张我军和洪炎秋才与其发生关系的。另外,文艺对于张深切来说始终不过是政治活动的外衣而已,因此,上述编后记的调子,无疑反映了他试图捧周作人作政治旗帜的企图。这在第2卷第3期的编后记中亦有表现:

> 知堂先生屡次要求我们不可把他的稿子排在前面,并不允许制作锌版;但是这些问题却系编者的权限,我们还有所不受的地方。

杂志顺利地出炉了,每期销售五六千份,可是这反而招来了妒恨,后面的靠山堂胁主要是在东京的本部工作,故《中国文艺》成了出版界内部中伤的对象以及占领军当局怀疑的目标,被贴上了"御用"乃至"反日"等等标签。结果,有一天张深切被叫到山家少佐那里，并被告知杂志已经由山家做后台的《中国公论》社接收，请其办理继续出刊的手续，张深切便洗手不干了（《里程碑——又名：黑色的太阳》）。我所见到的《中国文艺》不全，难以说准时期，但大体上出了15期左右，周作人的投稿也大致到第15期为止。之后，便与《朔风》的命运差不多，刊物中掺入了"八路军浑蛋，……是谁让苏联来杀戮中国，是谁把中国卖给英美，他们才是汉奸"等等调子的"治安运动强化标语"，反苏反共反英美的政治色调渐趋露骨。

在这种环境下重操文笔的周作人，其写作活动暂且还没有改变"事变"前筑就的风格。其中，假托悼念钱玄同而宣布的"决意"以及前面提到的《禹迹寺》（1939，10）所示"禹的遗迹"这一特别的称谓，都明确显示了他于沦陷之下思想上的态度，可以说，此乃每遇到艰难局势不怠于表明思想立场之选择的一贯做法的延续。可是，1940年3月发表的《汉文学的传统》（《中国文艺》2卷3期）一文，则突然表露出不同寻常的调子。标题中的"汉文学"无疑给人一种奇异的感觉。文章从一般指汉代的文学或者针对清代满人而言的汉人文学这一语词用法的说明开篇：

> 这里所谓汉文学，平常说起来就是中国文学，但是我觉得用在这里中国文学未免意思太广阔，所以改用这个名称。中国文学应当包含中国人所有各样文学活动，而汉文学则限于用汉文所写的，这是我所想定的区别，虽然外国人的著作不算在内。中国人固以汉族为大宗，但其中也不少南蛮北狄的分子，此外又有满蒙回各族，而加在中国人这团体里，用汉文写作，便自然融合在一个大潮流之中，此即是汉文学之传统，至今没有什么变动。……

读了这个开篇就会知道，这是将"事变"之前所写的《国语与汉字》开头对"中国民族"一语的定义做了重新阐释。那时所谓通过"国语文"以实现"民族意识的强化"与这里的以"汉文"来保全"传统"的说法，只是表达上略有差异而已。不过，在这微小的差异里，我们还是能够看到身处更为严峻的时刻，为了准确论述重大问题所显示出的苦思熟虑的痕迹。他一方面直接看到沦陷区和抗日地区之间的"分离"影响及于政治上甚至"文化以至思想感情上"的实际状况，一方面谋求民族价值的更为不言自明的形式，而思考及于"汉字""汉文""汉文学"这一连串的系列。《知堂回想录》中列出包括这篇《汉文学的传统》在内的《中国的思想问题》（1942，11）、《中国文学上的两种思想》（1943，4）、《汉文学的前途》（1943，7），明言"我所写的关于中国文学和思想的文章，较为重要的有这四篇"，并说明"汉文学"一语的特别："因为我在那时很看重汉文的政治作用"。从周作人口中讲出"政治"这个词来，本身便不能不回荡着新鲜异样的韵味。更何况是"汉文的政治作用"这一晦涩的词语。不过，这里没有任何事后强言自己沦陷中的政治贡献的意味，因此，为了稀释其晦涩性，我们可以再引用一两段当时的类似文章。

　　　　汉字汉语，其来已远，近更有语体文，以汉字写国语，……现今青年以汉字写文章者，无论地理上距离间隔如何，其感情思想却均相通，这一件小事实有很大的意义。旧派的人，叹息语体文流行，古文渐衰微了，新派又觉得还不够白话化方言化，也表示不满意，但据我看来，这在文章上正可适用，更重要的乃是政治上的成功，助成国民思想感情的连络与一致，我们固不必要褒扬新文学运动之发起人，唯其成绩在民国政治上实较文学上为尤大，不可不加以承认。

（《药堂杂文·汉文学的前途 附记》）

  现今想说的只是为中国前途着想，这汉字倒很是有用，我们有应当加以重视之必要。这如说是政治的看法，也非始不可，但在今天中国有好些事情，我觉得第一先应用政治的看法去看，他于中国本身于中国广义的政治上有何利益，决定其价值，从其他标准看出来的评价，即使更为客观更为科学的，也须得放在其次。（《立春以前·十堂笔谈》）

  他最终总算表明了自己欲将民族性的主张之基础，筑就于汉字这一具体而根本层面上的意图。我甚至想到，他是在仿照清末民族革命时代向他们教授国学的先生章炳麟的故技：在反复批判传统儒学的"致用"观念即学问政治化、手段化的同时，却不惜把"小学"这一最基本的文字训诂之学，作为激进的国粹民族主义的最高保障。然而，如今他的境遇仿佛奉职于清王朝的汉人，其政治第一的论调之语境，亦没有留下与旧日恩师的种族民族主义相似的要素。然而，称其为政治主义使人有迂远之感，就在于因为作为政治性行动的志向，是完全无内容的。这种封闭的积极性之奇妙旨趣，贯穿了具有代表性的四篇论述"汉文学"文章的整个思想内容。

  四篇文章包含了针对各个时期的"政治"性意图，而思想上却始终一贯，其关键在于从固有传统中选择一脉思想，并将中国民族的精神之同一性根据置于其上。所选择的是重视人事而建立在人之生物性自然基础上的"合理"、实际的"儒家人文主义"，且将此追溯到政治道德上为后世君权主义所压抑、仅勉强保留于少数异端和民间的"一切为了天下人民"的"禹稷精神"这一源头，并将其理想化。从文学上讲，便是把屈原的《离骚》视为"为君思想的文学"

典范，与此相对，则肯定从《诗经》到阮籍、陶潜、杜甫乃至民国以后新文学之"忧生悯乱的文学"为中国文学的基调。周作人不愧是民国以来思想解放的前驱，在"禹稷精神"之上，又配合了近代世界"对于人本身的认识"或者"人的发现"特别是"儿童研究与妇女问题"的附论，俱论述的方式则十分的古腔古调。对于这种回归传统的盛大旨趣，是应该解释为因状况而被迫做出的政治性拟态，还是视为他思想历程的自然归结呢？

拟态是确实无疑的。因为，当把特别容易激起中国人违和感的天皇制君权论和异想天开似的非理性主义、日本主义之排击欧美思想的运动置于另一方观之的话，我们就可以容易地想象到，在民众性和合理性的主张之外加上"禹稷精神""儒家人文主义"等东洋古典的外衣，作为拟态乃是最低限度的必要事项。比如，下面这样的言论：

> 中国人民生活的要求是很简单的，但也就很切迫，他希求生存，他的生存的道德不愿损人以利己，却也不能如圣人的损己以利人。别的宗教的国民会得梦想天国近了，为求永生而蹈汤火，中国人没有这样的信心，他不肯为了神或为了道而牺牲，但是他有时也会蹈汤火而不辞，假如他感觉生存无望的时候，所谓铤而走险，急将安择也。……中国人民平常爱好和平，有时似乎过于忍受，但是到了横决的时候，却又变了模样，将原来的思想态度完全抛在九霄云外，反对的发挥出野性来，可是这又怪谁呢？俗语云，相骂无好言，相打无好拳。以不仁招不仁，不亦宜乎。……重要的只是在防乱，而防乱则首在防造乱，此其责在政治而不在教化。……不去造成乱的机会与条件，这虽然是消极的工作，但其功验要比肃正思想大得多……（《中国的思想问题》）

这样的主张，如果不伴随着某种伪装掩饰的话，很难想象可以被默许公然发表。即便如此，后来这篇文章还是招来了日本某作家的猛烈攻击。而作为在沦陷区公开署名发表的言论，尽管有表达和思想上的特异性，依然属于最为大胆的了。

这里，参照《中国的思想问题》，我们看一看周作人上述主张的政治动机。根据《知堂回想录》，这篇"照例的鼓吹原始儒家思想"的文章，当时是为"阻止那时伪新民会的树立中心思想，配合大东亚新秩序的叫喊"而写作的。"新民会"自1940年3月将日军的宣抚班纳入进来，至该年年底已成为仅在北京特别市便拥有54个分会29000余名会员的强大而名副其实的反共政治团体。另一方面，在汪伪政权的南京，1941年2月结成以汪精卫为会长的"东亚联盟中国总会"，提出"政治独立""经济提携""军事同盟""文化沟通"的四项纲领，开始了翼赞（协助、合作——译者）活动。这是一种站在与石原莞尔等的"东亚联盟"运动有关联的大亚洲主义和王道主义立场上的运动，受到了支那派遣军总司令部总参谋板垣征四郎和参谋辻政信的热心支持。然而，东京的中央本部以陆军大臣东条英机为代表的一些人却对此多有警戒，认为这"与肇国之精神相反而有晦冥皇国国家主权之虞"（1940年1月14日日本内阁决议《兴亚诸团体之指导理念统一要领》）。特别是"北支那方面军"，因"虽最终应当如此（指东亚联盟的纲领——译者），然当下处于战争之中，言'政治之独立'则大有被华人方面高声呐喊以作为驱逐日本势力之好名目而利用之虞"（以上据《北支那治安战》及堀场一雄《支那事变战争指导史》等），而不允许将该组织带进自己的势力范围。板垣征四郎和辻政信的"东亚联盟"思想，其"大亚洲"和"王道"受到来自帝国主义和皇道主义的制约，是不是果真像石原莞尔那样严重地自相矛盾，我们暂且不论，汪兆铭试图取这个运动的"大亚洲主义"和"王道主义"原则为政治上的盾牌,则是事实。而对于这种横跨南京、东京、北京的政治上的讨价还价,周作人在多大程度上是自觉的,我们不得而知。不过,他对"新民会"中心思想的抵抗,好像与南京方面有着一定的连带意识似的[补注一]。

《中国的思想问题》写于1942年11月,发表在北京的《中和月刊》上。纪果庵《知堂南来印象记》说,这一年5月13日周作人在南京的"中央大学"发表了同题讲演,内容亦几乎相同。而5月13日正是汪兆铭及其随员访问伪满洲国回到南京的第三天,作为随员之一的周作人与一行同来南京而有了这场讲演。"华北政务委员会"的要人之中为什么只选他为随行人员,理由不甚清楚,总之,南京的汪伪政府对北京的周作人依然高看一格则仿佛是事实。进而,显示他与汪的个人关系之最新材料,恐怕就是离开北京之前的4月26日所写《汪精卫先生庚戌蒙难实录序》这一短文了。该文发表于曾刊载上面提到的纪果庵《印象记》的上海《古今》杂志第4期。历史学家张次溪所编《实录》记录了同盟会会员汪兆铭1910年企图暗杀清朝摄政王未遂的著名事件。周作人在"序"中说,"数年前"编者就曾索求序文,而他只是为其题了字,当年春天编者从南京来信再次期望能为新版作序。序中将曾使留学东京时代的自己感奋的汪之行为,称为"志士仁人"的"菩萨行",又这样谈到汪精卫:

> 抑汪先生蒙难不止庚戌,民国以后,乙亥之在南京,己卯之在河内,两遭狙击,幸而得免,此皆投身饲饿虎,所舍不只生命,且及声名,持此以观庚戌之役,亦可知其伟大,称之为菩萨行正无不可也。丁未后予从太炎先生问学,常以星期日出入于东京民报社,顾未得一见汪先生,以至于今,唯三十余年来读其文章,观其行迹,自信稍有认识……

这当然是政治性的应酬话，但也并没有理由说这完全是言不由衷的。
　　回到周作人如此盛大的回归传统之议论的思想和表现问题。我曾写道，这里的确有政治性的拟态存在。然而，用这种中国固有的语言来重新解释以"民主"与"科学"为象征的"五四新文化运动"以来的近代理想，他的这种努力如前面已经提到的那样，乃是从提出"生活的艺术"的1920年代前期即"五四退潮期"开始的。再参照"事变"以前他自称"原始儒家"等思想历程，我们不能说如今的回归传统与此前有什么以竹接木而显得不协调的断裂。不同寻常的地方在于拥护传统的力度和如此认真发议论的调子非常显著，而非这些文章的论旨。后来，在日本战败前后，他还有更接近于原有调门的思想议论的结论性命题，即"伦理之自然化"（《梦想之一》，1944年2月作）和"道义之事功化"（《道义之事功化》，1945年11月作）。这两个命题都是早期以来他所怀抱的伦理问题之总结性结论，其论旨与这四篇传统思想论紧密地联系在一起。当时，基于针对日本的民族抵抗甚至依靠"精神胜利法"来模糊其现实动机而高唱辉煌文化传统的沦陷区中国人实在不少，周作人的行为虽说也是在这样的潮流之中，但终归有自己的特征。
　　在被占领状态之下苦心思虑所发"政治"性的宏大议论中，令人惊叹的是他那不曾影响本来的思考理路之强韧的自重之心。本来，他这种坚韧性与儒家一流的令人恐惧的隐忍之才不相上下，然而，这位往年儒教批判的先锋之回归"儒家"，当然并非仅仅停留在性格的层面上。就是说，寄托于由复古而获得再生之构想的中国自身的现代化理想，引导他达到了如今的境地，这大概是事实吧。这种构想，与作为"文学革命"的当事人，认为政治制度只讲语言和文学则无法达成革命的目的这样一种判断具有互为表里的关系，而这种判断本身乃是相当坚固的东西。但是，他那聪明的常识性判断与自称"异端"的自傲相合，只能渐渐加重政治性的韬晦色调，其原因在于触及一文明之基础的变革正在进展，他那坚守语言和文学之固有领域的自觉的"不革命"立场，逐渐难以维持下去了。具有讽刺意味的是，这种革命路线命中注定地要经过抗日战争才能够获得前进，而他在抗战的前夜所建构的救亡策略乃是基于军备和民生这两个根本之上的，这在各种意义上都具有象征性。首先，他强调如果将因被侵略而生活受到直接蹂躏的大众之抵抗置之不理，则救亡策略便没有现实性。其次，在其救亡策略与所应依托的民族国家的成熟程度不相称这个意义上，也是没有现实性的。这种道理当然自不待言，也正因为知道是空洞之论，所以他才渐渐倾向于"必败论"与和议论了。第三，然而代替语言和文字的抗日而讲究通过军舰和民生的抗日，这种反空论式的空论是在严格区别了语言文字与实际效应的不同基础上，从无力的前者出发谋求对立一端之具有现实性的后者，因此，只能说他的意见本身是一种表现性的东西。换言之，周作人这位反政治的文化主义者以这样的方式，艰难曲折地肯定了最终无法超脱政治的清末民族主义所培育的那个自己。在此，正如他早就承认的，自己与盟友俞平伯那样在民国成长起来的非政治性一代构成了对照，这是无可奈何的（《苦茶随笔·后记》，1935）。我顺便还想到，俞平伯和周作人同处沦陷之下，却最终没有成为与敌合作者，是不是与此有什么关系呢［补注二］。

如此这般，对于周作人曲折复杂的政治意识和与"儒"之外衣相关联的要素，是可以做出各种解释的。例如，彻底的反浪漫主义。还有，主张"教化"或"德治"的儒家统治观念所有的文学与政治、伦理的一元论。进而，以"原始儒家"的形式，拔除儒教意识形态所余留下来的生活上之文化主义和现世的人本主义，或者鲁迅评之为"聪明的韬晦法"那样的处世之术等。这样观之，在实际行动的余地已然被剥夺，自己亦放弃有实效之行动后形成的文化抵抗，将这种文化抵抗与对民生的考量合为一体的他那政治性"动机"，化成已不再有韬晦影子的"儒"之话语，不也是很符合道理吗。此前，我曾推测，在《国语与汉字》中那明显的对于"文字之力"的怀疑和对"宣传"的讽刺，乃是因军事上的"必败论"之故而不得已倚靠的民族文化观念与现实上受到危及的生活实体之间那无法一致起来的苦衷之反映。可现在语言和文字乃是"政治"，"汉文"具有了"政治作用"。要之，占领和傀儡政权之下的沦陷生活本身的虚构性，使他的韬晦法变成了梦想般的正论。

　　国民革命分裂之后，又经过国共内战而出现第二次国共合作直至抗日民族解放战争，我觉得，在这样的历史过程中周作人独自的思想抉择，确实具有一种必然性并贯穿到沦陷下的生活。如果可以将问题限定在狭义的文学范围之内，仅就他沦陷时期的作品而言，的确保持了其固有的文学水准，这足以成为为他辩护的必要而充分的依据。可是，如果从他所最终达到的文学观念来看，即前面所论述到的包含着"政治性"而承受着浓厚的"汉文学的传统"，事情便远非那么简单了。在此，无法简单处理掉的跨出文学范围的最大一部分，便是那沦陷时期突然变得显著起来的文学上之士大夫性格，不管这种性格是好是坏。特别是对民生负责而以正确的政治方式防"乱"于未然这种论述，如果不加分析，或许也可以将其作为"伪官"的意识形态而予以批判了事。然而，正如他将这种对沦陷区民生的忧虑与被称为新诗草创期杰作的《小河》[注]以来一以贯之的"忧惧"基调联系起来（《苦茶庵打油诗》），甚至与前述"忧生悯乱"的文学传统相合流那样，周作人很细心地把自己沦陷时期的思想文学与传统文化之间的同一性捏合在一起，而且，确实是非常诚实地试图守住这个同一性的。说到诚实，这亦是他从沦陷前后到临终之前所爱用的儒家之语。这种爱用，与他试图以儒家的"诚"之观念来克服伦理上利己与利他的对立观即个人主义之文学上的即兴（言志）和道统上之世界观（载道）的二元论矛盾有关。这样，作为五四以来的新知识分子而使他烦恼的各种问题，在沦陷之下士大夫式责任意识上，认真而且仿佛梦想成真似地得到了解决。大概他下了决心，为这种道义上的诚实认真，即使有时牺牲审美上的喜好（因为他绝没有放弃可以理解为相对于自由之绝对享受的"闲适"理想）也要服务的吧，1940年，正好55岁之际，他篆刻了准备在此后的文章上使用的印章，上面有"知堂五十五以后所作"九个字（《苦茶庵打油诗》）。

以上谈的是作为文笔家的周作人，可算证明了他在作品层面上的不肯屈服。虽然显得不得已而勉为其难，但作为结论还是可以这样说的。另外，无法回绝日本人的邀请而写的那一类"应景"文章，他则以均不收入沦陷时期出版的文集这一方法划清界线。但是，作品之外的一些发言记录，我们不能不做一些考察。前一章中提到《华北政务委员会公报》，其中便有1942年3月20、21日在北京召开的"华北教育会议"的记录（《华北政务委员会公报》151期至154期），并刊载了担任会议主席的"周督办"的"训词"和"讲话"。那么，他在公开场合不得不讲了些什么，又是怎样讲的呢？我们看看下面一段，这虽然是被整理成官报用的索然无味的书面语文章，但也足以成为推测的依据。

长期以来东亚大部分地区为欧美各国之次殖民地，无时不在遭受压榨侵略。近年此种趋势愈发剧烈，若不谋求迅速之崛起则东亚唯有永远甘于屈从，各民族亦难有摆脱桎梏之日。幸得友邦奋起向英美宣战，基于道义精神而着手东亚民族之解放。开战仅三月已使南洋各地光复，英美势力得以肃清。军旗所向攻无不破。此原本在于友军之忠勇，更由于战争之正大而所向披靡也。如今大东亚共荣圈已树立起不动之基础，此后必将迎来全新之建设阶段，此正为吾人深可庆贺之处。

　　大东亚战争开战之时，本署曾通达各省要求关闭英美人经营之学校等教育机构，并公布其处理办法。……英美之侵略诚为绵密，尤以文化侵略为最甚。特别是英美系学校之教育过于偏重物质文明，致使青年学生唯模仿西洋之表面而不顾固有文化，惯于享乐而不耐劳苦之状态者，全在其有违东方之道义精神。故此，今日不可容许其存在。如今，以大东亚战争为契机，对所有教会学校加以适当整理，并实现其教育权之收回，得以挽救青年误入歧途，乃战争之重大收获也。……

以"大东亚战争"初战告捷为背景，开头"指示事项"中高唱"扫除英美文化流弊"和"积极增进中日文化交流"的这个会议的开幕"训词"，不管是谁起草的，总之，若不是这样一种腔调的话，那反倒会不可思议。在此，所反映的只是谁来演这个角色都一样的傀儡政权督办的身影。可是，会议上的发言中却出现了很有他个人表现特征的"主席"角色的工作态度。题为"主席周督办讲话　关于青年的思想问题"的记录是这样的：

　　中国人之思想本具备东方固有之文化，所以至今没有完全丧失，只是一时出了毛病。如果完全丧失殆尽则恢复起来当极其困难。中国人之思想原本为儒家思想即孔孟思想。这仿佛一棵巨大之古松,而各个人之思想乃古松之枝叶,故若不加以灌溉栽培,不久便将衰落。……现今之共产问题乃政治问题而非思想问题。民国十五年广东国民政府实行联俄容共亦政治手段之错误,今共军难以扫荡也是由于人民无以果腹,即此乃生活问题而非思想问题,更非主义也。例如李自成张献忠之乱,当时不可能有什么思想问题。民不聊生而酿成大乱,今日之共军亦然。倘若达成全面和平,人民生活得以稳定,则共军自然消灭耳。至于联合英美以对抗同文同种之日本,理论上根本无以成立,此亦正是感情问题而与思想问题不同。……(译者按:此两段引文未查到原文,现据日文译出)

我们已经观察到,在周作人那里,确实有试图与自己所视为"浪漫的"思想信仰或"感情的"抗日论之共产主义者属性以及国民党主流派保持批判的距离这样一种内心愿望,而在没有完全离开这种内心愿望的范围内,表面上的批判姿态另当别论,他照例一味强调沦陷区的"思想肃清"之无用。这是继"训词"中他本身在"指示事项"中不得不就"思想肃清"做出指示之后的讲话,故而的确是非常有意图的发言。可是,尽管如此,对自己曾去求职的燕京大学等被接收表示称赞,把本应该激烈批判的"同文同种"论挂在嘴上,甚至在此场合下还不得不拿抗日同胞来做反面例子而讲话,这是怎样一种苦涩的状况啊。顺便一提,纪果庵在《知堂先生南来印象记》中也记道,他曾经于北京发行的《新民报》上看到这位"文人督办"身着日本军服检阅青年团的照片[补注三]。

不过,这些讲话中,在涉及对英美宣战的地方也并非只是不情愿的唱和附会,让人感到似乎还有一些自己固有的意图隐藏其中。例如，与"华北教育会议"的召开同年同月发表的、大概是针对日本记者的下面一段谈话，其真意到底如何呢：

> 关于日华文化的提携，我坚信东亚文化在根柢上是一个整体，东亚民族的命运终归是一致的。……使日华民族之间相互对立，这是非常错误的。我认为现在重庆高喊抗日的人们之中，亦确实有觉悟到东亚民族之共同命运的人存在。……然而，具有讽刺意味的是日华之间发生战争，这对东亚各民族来说乃是不幸的事件。从这个意义上讲，我认为日本对英美的开战，在树立东亚的百年大计上是非常好的机会。打倒共同的敌人英美，乃是真的有利于中国和东亚，如果拿事实来证明并获得普遍的理解，那么，事态自然会发生变化的。（方纪生编《周作人先生的事》所附《日华文化的提携与中国文学的动向》）

在这个谈话的席上，与会议现场相比谈话者的自由恐怕也没有多大吧，而在整体上很不得要领的谈话中，尤其是反复强调"东亚民族的共同命运"之处，可以看到他对"大东亚战争"某种政治上的态度立场的。说到英美，虽有手段上的拙巧之别，但均是对亚洲施以"不仁"的帝国主义，在这一点上日本也没有什么根本的不同。周作人虽然懂得这一点，但从他内心来说也没有一定要如此地强调反英美的理由。他在"事变"之前尝试提出的"东洋人的悲哀"这一泛亚洲式的纽带论，也不得不在因"事变"的正巧发生而未能发表的《日本管窥之四》中承认其失败，进而，在沦陷时期的1940年底应日本国际文化振兴会之邀而作的《日本之再认识》中，他进一步强调这样一种新的观点：比起注意日本与中国之亚洲性上的共通性，共通性中的异质性才是更值得关注的。而自认已经失败的旧观点，在从"事变"到"大东亚战争"的发展中又获得了表面上的复活，这是事实。所谓表面上，是指现在这个"东亚民族的共同命运"论已经没有余地像以前那样直接承载深刻的思想和情感。例如，张深切在《里程碑》等作品中，回忆与方面军的某参谋论争日美开战问题时自己吐露了彻头彻尾的煽动开战的话语，然后加以解释说，"其实我们假托民意欲促使日本和英美作战，令其放松扼在中国喉咙的魔掌，推他们陷入大战的泥淖为目的"。周作人谈论日本与英美的开战问题，并没有张深切那样的挑拨性，其意图也不能表现得如张那样露骨。但他上面那段谈话，仍然表露了"大东亚战争"虽未改变日中战争的性质，但至少希望它成为沦陷区主权恢复的契机这一"政治"愿望，这是确实无疑的。而且，也应该与南京汪兆铭等下面这样一种"大亚洲主义"的本意相通——虽然心里知道日本方面会觉得反倒添麻烦，而且既没有交战的意志也没有实力，却热衷于对英美宣战的布告。

[注] 这首诗曾由作者自己翻译成日语，登载于日本的《新村》（1920年5月）杂志上。为了思考周作人所谓"忧惧"的性质，全诗附录于此，以备参考。

小　河

　　一条小河，稳稳的向前流动。
　　经过的地方，两面全是乌黑的土，
　　生满了红的花，碧绿的叶，黄的果实。

一个农夫背了锄来,在小河中间筑起一道堰。
下流干了,上流的水被堰拦着,下来不得,
不得前进,又不能退回,水只在堰前乱转。
水要保他的生命,总须流动,便只在堰前乱转。
堰下的土,逐渐淘去,成了深潭。水也不怨这堰,——便只是想流动,
想同从前一般,稳稳的向前流动。

一日农夫又来,土堰外筑起一道石堰。
土堰坍了,水冲着坚固的石堰,还只是乱转。

堰外田里的稻,听着水声,皱眉说道,
"我是一株稻,是一株可怜的小草,
我喜欢水来润泽我,
却怕他在我身上流过。
小河的水是我的好朋友,
他曾经稳稳的流过我面前,
我对他点头,他向我微笑。
我愿他能够放出了石堰,
仍然稳稳的流着,
向我们微笑,
曲曲折折的尽量向前流着,
经过的两面地方,都变成一片锦绣。
他本是我的好朋友,
只怕他如今不认识我了,
他在地底里呻吟,
听去虽然微细,却又如何可怕!
这不像我朋友平日的声音,
被轻风揽着走上沙滩来时,

快活的声音。
我只怕他这回出来的时候,
不认识从前的朋友了,
便在我身上大踏步过去。
我所以正在这里忧虑。"

田边的桑树,也摇头说,
"我生的高,能望见那小河,
他是我的好朋友,
他送清水给我喝,
使我能生肥绿的叶,紫红的桑葚。
他从前清澈的颜色,
现在变了青黑,
又是终年挣扎,脸上添出许多痉挛的皱纹。
他只向下钻,早没有工夫对了我点头微笑。
堰下的潭,深过了我的根了。
我生在小河旁边,
夏天晒不枯我的枝条,
冬天冻不坏我的根。
如今只怕我的好朋友,
将我带倒在沙滩上,
拌着他卷来的水草。
我可怜我的好朋友,
但实在也为我自己着急。"

田里的草和虾蟆,听了两个的话,
也都叹气,各有他们自己的心事。

水只在堰前乱转,

坚固的石堰，还是一毫不摇动。

筑偃的人，不知到哪里去了。

（一九二〇，三，二八，于北京）

[补注一] 如前一章［补注六］所示，与在北京的相互倾轧之加剧成正比，周作人与南京汪伪政权的关系有不断加深的倾向。特别是1942年5月，汪兆铭一行访问伪满洲国时在"华北政务委员会"中只选周作人一人随行，1943年6月，南京"中央大学"校长樊仲云辞职后，汪兆铭对于已经免职的周作人发了两封电报郑重地请其出任，一封是通过"华北政务委员会"委员长朱深，一封直接给周作人本人（周作人则依然以家累为由予以谢绝，见倪墨炎《中国的叛徒与隐士周作人》）。这可以说是明显的事实。作为在北京的日本方面之看法的一例，可以举出志智嘉九郎后来自费出版的回忆录中，惊讶于周作人有意接近汪的意图而说的下面一段话：

> 到此为止的任职，即北京大学教授兼文学院院长也好，教育总署督办或东亚文化协议会会长也好，既然滞留北京便无法拒绝，如果这也能够成为辩解的理由，那么，辩解也就不是不可能的了。可是，向南京的汪兆铭靠拢，这种事情连辩解的余地也没有的。换句话说，由重庆方面看来，这意味着周作人从以前的消极与敌合作，开始转向了积极地与敌合作了。（《两个汉奸》）

曾经对陶希圣等人的"和平运动"投以否定性信号（见本书第七章）的周作人，其接近汪伪政权而产生的自相矛盾，虽说因为自愿任职于南京"国民政府"下属的"华北政务委员会"而得以消除掉，但逐渐陷入所谓"积极地与敌合作"的深渊，为了把以"必败论"为前提的苦涩方策与本来的自己连贯起来，即使超出用"既然滞留北京"来做自我辩解的可能范围也要予以连贯，就是说，政治犯式地还是"生活艺术"式地保持一贯性，其用心思考的结果，却使他逐渐靠近了政治上之和议论产物的汪伪政权，难道不是这样吗？对于坚持"不辩解"说的文人来说，在这种一贯性之外应该是没有别的辩解方法的。造成这种结果的，并非命运而是政治的讽刺。

[补注二] 俞平伯当时的情况是这样的。全面战争爆发之际，他刚刚从清华大学得到一年的休假，另外由于有父母老人，所以选择了留在北京。1938年夏休假结束，昆明西南联合大学又寄来了聘书。但以父母年事已高和自己的健康为由，他没有接受聘书，几乎与此同时，应聘成为于被占领之下依然维持独立经营的私立中国大学国文系的教授。曾有这样的逸闻：俞平伯后来亦没有出任伪职，但参加了"华北作家协会"，还在占领之下公开发行的杂志上发表文章，因而受到了清华同僚和文学上之亲密友人朱自清的严厉批评。俞平伯则声辩说，那只是出于（与周作人等的）情面难却，偶尔发表些完全不含政治色彩的文章而已，并表示以后要自己注意。（参见孙玉蓉《俞平伯资料三题》，载《中国现代文学研究丛刊》1986年第1期，及孙玉蓉编《俞平伯年谱》）

[补注三] 这大概是指《周作人年谱》中所记下面这个事实吧：

> 上午身着日本军服往东单练兵场，参加伪中华民国新民会青少年团中央统监部成立大会。王揖唐任总监，周作人任副总监。周作人致开会词，题为《齐一意志，发挥力量》，……会后又在天安门检阅了青少年团分列式。（见《周作人年谱》1942年12月8日项）

九　大东亚文学者大会

"大东亚文学者大会"分别于1942、1943、1944年召开过三次。关于大会的情况，尾崎秀树的《关于大东亚文学者大会》（《旧殖民地文学研究》）及附录材料，是唯一一篇力作，囊括了大会的基本情况，因此，我在这里只做最小限度的介绍。大会主办方的日本文学报国会，作为受情报局第五部三科指导监督之下的政府外围团体，成立于1942年6月18日，如严谷大四所言，要召开这样的大会，原是事务局长久米正雄"早在心里有所酝酿的一大计划"（严谷大四《非常时期日本文坛史》），那么，在文学报国会成立的同时，大概也就开始了大会的准备吧。事务局职员福田清人的《文学报国会出勤日记》（1942年《文艺》9月号）7月14日项下，则有"企划委员会。……关于今秋报国会最大的计划，宣扬'皇道'的大东亚文学者会议的运营方法，出现了很多意见建议，很是热闹。然而，虽然满洲、中华民国的文学家已经有了眉目，但南方各地区却均没有着落"的记载。另外，《文艺年鉴》2603年（根据天皇纪元推算，西历则为1943年——译者）版中的大会报告记道"这个计划传开以后，不仅得到了会员们，还包括相关团体、官厅有关部门的绝大赞同和支持,而文学报国会则委托精通'共荣圈'各地情况的人员为筹备委员,着手具体方策的制定和实施"。

筹备委员中,"精通"中国当地情况的是中国文学专业的奥野信太郎、一户务,以及隶属于"南京政府"宣传部的诗人草野心平等。大概是因这些人的推举,文学报国会9月1日发表的"邀请候补"名单中,"中华民国"的预定代表是"(北支那)周作人、钱稻孙、沈启无、尤炳圻、俞平伯、(上海)傅东华、高明、(南京)张资平、陶晶孙"。然而,这个阶段所"找到"的候补本来就不着边际,不久,从南亚各地区邀请人来参会的念头只得放弃,"中华民国"的代表,后来实际参加大会的也只有华北的钱、沈、尤三人和另一个来自华北的张我军,以及南京、上海的周化人、许锡庆、丁雨林、潘序祖、柳雨生、周毓英、龚持平、草野心平等共12人。

这期间,对北京的周作人、俞平伯的"邀请"工作是怎样以失败告终的,我们不得而知。总之,这第一次大会具有强烈的官方活动的色彩,文学报国会本身走向海外还是下一步的事情,因此,作为"相关官方机构"的"兴亚院"方面承担了"邀请"工作,这大概是事实吧。当时,"北大"法学院教授兼文学院讲师陈东达偶尔在周作人家中,碰见了"兴亚院"的官员"松村"前来劝说周参加大会(据陈东达直接告知笔者)。周作人则巧妙地让这位东京商科大学毕业的横滨华商子弟帮忙岔开话题,避开了"松村"的纠缠。这个"松村"当是"兴亚院"成立以来任东京本部文化局长的那个松村。陈东达记忆中,时间仿佛在"大东亚战争"爆发之初,而不敢断定就是在这个大会的准备阶段,不过,这也无妨作为"兴亚院"曾参与邀请周作人的交涉活动这一基本事实的旁证。

总而言之,周作人没有参加第一届大东亚文学者大会。不仅是第一届，前后总共三届大会他最终都没有出席。然而，被认为是当然的"中华民国"的代表，而且是理应作为团长到会的他，却很难想象会与这个大会没有任何关系。比如田中英光的小说《醉汉船》，以周作人团长率领大会代表一行归国途中路经朝鲜为线索，描写一些具真名或半真名的人物那样，实际上虽然没有参加，但"周作人团长"这一幻影始终在"中华民国"代表团背后时隐时现。事实上，有关大会的问题，在第一届北京代表与周作人之间，至少是达成了某种协议和谅解的。大会日程结束之后，《东京日日新闻》以北京特电六日发"来自北京的回应/共同构筑/困难及其克服"的标题，刊载了周作人的谈话。该谈话在客套寒暄之后，这样讲道：

> 我的意见由钱稻孙等各位代表带到大会上去，目前没有什么具体的想法。若谈感想的话，我觉得以这次大会为契机，大东亚文学建设即将开始，有一种紧迫感。……

这已经是和作为"教育督办"的公开发言没有什么两样的、在当时司空见惯而漫无边际的对于大会的赞美了，和大会上代表们的一般发言如出一辙，因此，这里就不多引用了。我只是一般地提到周作人的发言与大会与会者的关联，然而，因第二届大会之后的纠葛，他本人写了《文坛之分化》一文，其中关于大会代表沈启无，便明确说"就是前一次出席文学者大会，算是一名代表，也是我派他出去的"。关于另一位代表张我军，洪炎秋也认为，他所以出席会议的原因一半是"周作人、钱稻孙前辈的邀请"（《怀才不遇的张我军兄》，《传记文学》28卷4期）。自己不肯出席大会而让年轻人去参加，这其中的具体事情和原由，我们无从知道。但看来自北京的第一届大会代表均为与周作人有缘的"北大"

帮，而且他本人既然表面上对大会没有表示否定的态度，那么应该是，为了应付这次大会，以包括他在内的具有某种程度的关联性规划为前提，而决定谁出席谁不出席的。虽说这年6月的中途岛海战僵持不下，整个战争的攻守关系正在发生逆转，但南方战线上日军刚显示出有利的势头。考虑到这样的局势，即使是出于对青年人的庇护，周作人曾经下决心去参加第一届大会也未可知。相反，在这个阶段中，沈启无、张我军率先出席大会，总有些难以理解。

自11月3日开始的连续三天的第一届大会，顺利"成功"地结束了。"成功"的实质内涵怎样呢？我们从山田清三郎所著《转向记》中的记述可以想象得到。这位山田是显示了超出预想之上的积极性而让主办方大为欢喜的伪满洲国代表团团长（"满洲文艺家协会"委员长）。比如书中写到团员们"虽然并非受到事先的指导"却"超出预想地、巧妙地于大会上游刃有余地展示了才华"，还有对相继让他们参拜宫城（皇宫）、靖国神社、明治神宫等表露出嘲讽式的不满，甚至记录了当头儿的日本人心里对这些终归被视为"汉奸"的团员们表现出"侮辱和憎恶"等等。

1943年的第二届大会，原定在中国的"双十节"即10月10日召开，但"为配合日本国内的决战态势而特别提前了日期"（1943年7月1日《日本学艺新闻》），于8月25日举办于东京，会期共三天。不用说，这次大会被冠以"决战会议"的名称，反映了日军从瓜达尔卡纳尔岛（Guadalcanal，南太平洋所罗门群岛东南部的火山岛，"二战"中美日海军曾在此激战——译者）撤退，热田岛（"二战"中被日军占领的美国岛屿——译者）守备军全军覆灭等大会召开期间出现的战况。另外，这年1月随着汪伪政权宣布参加对英美战争，迎来了讨还上海租界、撤销治外法权等所谓"对支那政策之大转换"局面，大东亚的理想仿佛有了进一步的现实化证据似的受到了大肆宣传。而从实际情况来讲,这些不过是只顾眼下的措施而已,正如最靠近影佐祯昭的堀场一雄在《支那事变战争指导史》中,从他自身那种日中战争观出发所言,只是"得势高唱权益,失势大讲道义"而已。

而在北京的挑选大会代表的手续方面,又出现了不能不维护南京"和平政府"面子的新事态,代表文学报国会事务局来到中国的河上彻太郎,这样谈到他们的计划:

> 代表的人选,大体上维持去年的人选比较妥当,可能第二次与会的人多一些。不过,今年,作为驻当地机关的日本大使馆文化部已经确立,因此,大会人选也要通过这个部门再经(南京)国民政府之手来办理,大概也会反映这些机关的意向吧。(《第二次文艺复兴——关于中国代表》,载1943年8月20日《文学报国》)

以前,北京的日本"大使馆"处于外交机能瘫痪的有名无实状态之中,自大东亚省于1942年11月成立以来,"兴亚院"被吸收进来,结果其中的华北联络部便直接变成了大使馆,而在形式上与当地"政府"转换为"国家与国家"之间的"外交"关系。根据"大使馆"文化局的志智嘉九郎的说法,大会代表的人选,"大使馆"的确是个窗口,但实际上日本方面是交给文学报国会,中国方面则由东亚文化协议会来具体操办,因此,有关大会人选的交涉,仿佛是文学报国会的那些文士们经办的。

实际上,第一届大会以后,文学报国会成员在各地的工作很是活跃。首先,曾经积极主张第一届大会的出席者应分别从南京、北京、新京(长春)派出的林房雄,便于这一年的1月开始,自称华北特派员又名"文化使节",住进了北京饭店。根据现地的报道，以此为开端的北京与日本作家的交流，直到第二届大会召开为止，情况如下：

> 今年（1943）日本来华的作家很多，作家协会在地主的立场上，都有招待，而且关于文学上意见的交换也极多。一月二十七日欢宴日本文学报国会代表林房雄，首次做了关于中日文学界出版及交换作品等事情的商讨，继之有四月十二日武者小路实笃之招待，武者先生曾讲述"文学与人生"这题目。五月十三日招宴河上彻太郎及林房雄，六月二十四日欢宴小林秀雄，这时候华北文坛已进展至一个新的阶段，和日本文学报国会相互合作，在翻译出版的事业上共同努力。（黎建青《一年间的华北文坛》，载1944年2月1日《华文大阪每日》）

这其中，武者小路实笃为出席南京的"国府还都"3周年纪念会和中日文化协会第二届大会，由大东亚省的关照加进了一个访问团（团长为盐谷温）中，最终得以与谷川彻三一起踏上旅程而来到北京。因此，武者访问中国算是一个特殊的事例，他因了与周作人之间自"新村"以来众所周知的特殊友情，而得以访问途中抽闲相见。有关这一次邂逅，两人分别有文章记述（武者小路实笃《与周作人先生的友情》；周作人《武者先生和我》）。从两人的文章来看，上面所说4月12日的会议之际，周作人不在北京。因为，如上所述，"教育督办"卸任的同时，他为了获得名誉职位，赶赴南京谒见汪兆铭，又顺访苏州拜谒了旧师章炳麟墓（周作人《先母事略》《苏州的回忆》）。这样，武者小路实笃在南京与同盟通讯社约好的对谈计划也泡了汤，而他离开北京的前一天，周作人才回京。于是，又是座谈会、民艺关系的展览会，访问周宅，又是之后的宴会，相互虽多次碰面，却不得两人私下从容谈话的机会，最后无可奈何地结束了行程。

> 实际上，第二天的中午我受到邀请，那时以我的名义，文学报国会招待了各种各样的人，我没能逃脱得了。心里是想去见周先生的，但却毫无办法。我真觉得对不住，不过确有实际情况，我想他会原谅的。（《与周作人先生的友情》）

可是，周作人好像原本考虑到与武者的友情，在此刻反觉得不如回避为好似的。

> 我近来未曾与武者先生长谈深谈过，似乎有点可惜，但是我感觉满足，盖谈到最相契合时恐怕亦只是一叹喟，现在即使不谈而我也一样的相信，与武者先生当无不可谈，且可谈得契合，这是一种愉快也是幸福的事。最初听说武者先生要到中国来漫游，我以为是个人旅行，便写信给东京的友人，托其转带口信，请他暂时不必出来，因为在此乱世，人心不安，中国文化正在停顿，殊无可观，旅途辛苦，恐所得不偿所失。嗣后知其来盖属于团体，自是别一回事了……（《武者先生和我》）

即使是与个人关系上可以信赖的武者小路实笃，也很难找到可以交心而无所不谈的场合，在做出如此判断的周作人心里，对于有文学报国会派遣的文人介乎其间的情况下，与武者的交谈更是无从说起了。据说他表示谢绝与一般日本客人的会面，但河上彻太郎和小林秀雄还是访问了周宅。然而，河上彻太郎已经忘记了当时和周作人具体谈了些什么，只记得没有涉及文学报国会和文学者大会的话题，而是谈了一些不着边际的文学话题便告辞了（据河上彻太郎给笔者的来信）。带小林秀雄去见周作人的"教育总署"专员臼井亨一也在上面引用的文章里回忆道，周作人并没有和这位重要的客人谈什么文艺问题，而是冲着他就刚刚卸任的"教育总署"的问题问了许多话。

　　说到林房雄、河上彻太郎和小林秀雄之间的深厚关系，恐怕是大家都知道的，然而，若说真心着迷于什么"大东亚文学"等梦幻，这三人中间只有林房雄一人吧。另外两位中的河上隶属于文学报国会，也只是做一些分内的工作，小林虽然在第二届大会上有过讲演，但那也不过是不痛不痒程度的应酬，或者碍于友情对于好事的林房雄给予鼓励鞭策罢了。河上彻太郎在这次访华归国后投给《文学界》（1943年7月号）的一篇文章中说：

　　　　结束两个月来对中部支那和北支那的访问，我于5月底回到东京。在各地受到了中国作家发自心底的招待。已没什么问题，新中国的文学运动一定会在和平地区掀起的！在离开北京的时候，我也得到了和林房雄同样的安心感。
　　　　想来林房雄至今的奋斗实在令人感动不已。他排除一切宗派主义、追随叫嚣和宣传谋略式的机会主义，以十年前在日本创刊《文学界》时同样的热情，在中国各地构筑起真正的文学家得以活动的基础。为此，他受到了不少误解和排斥。在为我召开的欢送会上沈启无醉酒后于林的房间白壁上写了一首诗，其一节：
　　　　林先生将独立不惧的归去了
　　　　我也独立不惧的留在边（这）里
　　　　文学是没有奴隶生的
　　　　东洋的朋友携手一直走去

当初的乐观仿佛也是一片空幻。不过,他和林房雄一起捕捉到了某种动向,并试图将运动的发展推向这个方向去,大概是事实吧。甚至也有这样的意思:与周作人那样摇摆不定的老作家不痛不痒的交涉形成鲜明对照,请看沈、林之间气味相投的往来。然而,说到沈启无,他难道不是周作人心腹中的心腹吗?

的确,北京的文学界渐渐开始掀起了波澜。前面引用过的河上彻太郎关于第二届大会准备情况的谈话中,透露了北京两个文学群体并立的状况。

> 北京方面,北京大学文学院教授钱稻孙、沈启无、张我军、尤炳圻去年曾来参加大会,今年,包括他们在内由周作人牵头组成了艺文社,有许多优秀的沉默作家开始活动起来。另一方面,还有以在北京最有影响力的《武德报》报业为背景的华北作家协会这一拥有百余名少壮作家的团体。两者事实上作为一个交流的整体,依然是以北京为中心的全中国文化首都的重镇。……

我们需要从新民印书馆这一出版社方面来思考艺文社的性质。这是日本平凡社的下中弥三郎一手接受了占领地的教科书印刷、发配的责任,并得到联合印刷的协助,于北京创立的日中合资公司。在王揖唐任"临时政府"主席的时代,借助野崎诚近的手腕,劝诱一直不肯出马的曹汝霖出任社长,而实现了与"临时政府"官民合办的形态。之后,下中弥三郎担心公司的当地干部不理解他从文化方面致力于"日华结合"的"大目的",便于1942年冬,命中国美术史专业的公司职员安藤更新计划、组建外围团体。安藤更新则以一直景仰的"周作人为中心,在其领导下"组建了"中国文化振兴会"。会长是曹汝霖,委员有周作人、钱稻孙等

"北大"帮,另外还有在当时很有抗日色彩的私立中国大学讲授《论语》的俞平伯。下中弥三郎的想法在于,对被占领之下苦于通货膨胀的知识分子的生活予以援助而出版委员们的著作,同时接受"并非迎合时局"的优良图书的出版计划,也不另外要求补偿。的确,周作人当时大约一半左右的著作如《药味集》(1942)等,就是由这个出版社出版的。"振兴会"还有一个五年计划,即着手编撰《中国百科大事汇》的大工程,但因战败而中途夭折了(主要参考下中弥三郎传刊行会编《下中弥三郎事典》)。如后所述,以"中国文化振兴会"为母体的艺文社其组织成立的过程错综复杂,但可以认为这个群体的性质基本上与"振兴会"本身相同。

那么,所谓另一方的"华北作家协会"之靠山的"《武德报》报业",又是怎么回事呢?首先,引用一段同盟通讯社北京总支局局长佐佐木健儿给笔者的来信。

> 武德报是由鄙人提议,并获得北支那(日)军报道部同意而创设的报社。其性质是所谓的谋略报纸,向敌人阵营散发以削弱将士斗志为目的的。创刊之际需要召集有相当才能的支那人,我觉得这非管(翼贤)莫属,于是就让他继续担任(华北政务委员会)情报局长,同时兼任武德报社长。实际上这是军部的报道机关,因此,部里的山家亨少佐担任其负责人的。……

山家亨乃是执掌北京出版界牛耳的人物,这在直接经他之手搞起来的《中国文艺》主编张深切的回忆中已略见一斑,而出版有各种报纸杂志的《武德报》社正是为此而特设的机构。以此为背景,或者用沈启无的话讲是"从正面来说,最早由《武德报》开始起步"(在第二届大东亚文学者大会上的发言《中国文学在北方的发展及今后的方向》),"华北作家协会"的成立是在1942年9月,正当准备第一届大会的时候,总之,是根据继日本国内之后在占领地区也要着手组织、统制文学者这一军部的意向而产生的。或者是因龟谷利一曾为"满洲"之黑幕、甘粕正彦乃"满映"之一翼,就如"新民会"效仿"共和会"那样,"华北作家协会"乃是"满洲文艺家协会"(1941年成立)的华北版也未可知。总而言之,从结集了包括有名无名的"作家"百人以上这一事情本身来看,可以看到以权力为背景的一网打尽的意图。成立之初,还是"督办"的周作人亦为"当然的兼职"(周作人辩诉状),被列入评议员的名单之中。

以上,与其说是"文坛"群体之间的关系,毋宁说是"中国文化振兴会"和《武德报》这两个机构背后关系的对照问题。服务于战争这一使命虽是一样,但一方受到拥有巨大包容力且带壮士风格的书店老板之庇护,另一方则直接与军方的功利性谋略任务相关。然而,在聚集而来的中国人一方看来,与"振兴会"的选择精英之保护型和作家协会的一网打尽型相呼应,结果上自然有不同,但至少在名单上后者亦将前者的相当一部分网罗其中了,而本来并非出于自愿而聚集到一起的,则无论哪一方都是一样的。也因此,在这两个组织之间并没有出现可以称得上风波的风波。仿佛是随着林房雄的进驻北京,风波才骤然掀起。

大谈林房雄的"奋斗"事迹的河上彻太郎,其所言缺乏具体的内容。林房雄自己的《文学之回想》也写得很简略,在谈到战后参加美国占领军某少将举办的晚会时,前后只有一两行讲到"我在北京和马尼拉的时候,扮演过文化指导者的角色,在北京饭店和马尼拉宾馆也招待过当地的作家与文化人。只是所处的地位与现在正好相反"。讲话的语调很是从容,暗示出胜者的骄傲。不过,他在第二届大会召开之前所写《中国文化运动偶感》(1943年

《日本评论》第9号）一文，却比较充分地从侧面讲出了他所参与的当地文学运动的性质。林房雄分析说，以往的"文化工作"其过失在于"官僚式的文化运动"，即当地之日中双方的"职业文化运动家及职业的日华亲善家"适当地搜罗一些文化人，向官方申请文化预算，时不时地举办大会或者总会，组织起这样的文化团体来侵吞政府的钱。他将这种特性称为"二重招牌主义"，即针对中国知识阶级和日本当局采用完全不同的赞词，或"成品主义"，即以那些有职务的各界名士之糊涂"文化"为名搞一些不着边际的聚会，而后便作鸟兽散。这无疑认真地触及了以往占领者之利用主义和被占领地文化人之老练已极的处世术相结合所形成的假装糊涂之"文化提携"的实情。这样，他把目标锁定在那些与此种难以把握的文化界无关的"年轻而有热情和良心的知识人"身上。就是说，他把目光集中到了以往被视为"治安工作"对象而不是"文化提携"对手的圈外文化青年层上面。

　　就我所接触的范围讲，多数人往往是以皱眉头的语调把林房雄的行动当做谈资的。"误解与排斥"的程度虽有不同，但在各式各样的皱眉头中混杂着多种成分，除了对他过于花哨地从左翼转向而来的姿态或狂热粗野的行动方式不喜欢外，仿佛还有对"大陆通"式的人心笼络政策将遭破坏的警戒心在起作用似的。特别是"大使馆"方面戒备之心十分明显，甚至认为"林房雄为日中双方所讨厌，在我们中间也有把他赶回去的意见。总之，他每天喝大酒，丑恶不堪没个样子"（武田熙之语），"从大使馆的工作来讲，沈启无等无所谓，周作人才是要紧的大人物，若离我们而去可就麻烦了。所以，我们觉得日本的文士跑过来乱搅和，是在添乱"（志智嘉九郎之语）。因为，"事变"当初，保田与重郎说厌恶"文化工作"之"只重视名人的官僚主义"，那还只是没有危害性的旅行者之感想而已，如今的林房雄却实际地聚众演说，为所欲为地备酒设宴。

其实，林房雄的上述观点乃是来自实地经验的结论，一开始他似乎也曾从运动"振兴会"系统文化人着手。根据周作人的《文坛之分化》，我们知道其过程是这样的。首先，较多有日本留学经历或者精通日本文学的"振兴会"系统的人，知道林房雄的转向问题，虽说没有表示出明目张胆的蔑视，但一向没有欢迎他的意思，其中只有沈启无一人热心地接受了他。随后，沈启无以林房雄为后援，提出编辑《文学集刊》的计划，可是新民印书馆也向张深切提出刊行文学杂志的计划并让他担任主编。经过协商，初步的结果是，作为"振兴会"的事业之一组织成立艺文社而由周作人负责，同时刊行《艺文杂志》（由尤炳圻、傅芸子、陈绵、沈启无合编）和《文学集刊》（沈启无编）。可是，由于沈、张的意见不合最终决裂，于是沈启无声称退出，4月初，只出版了尤、傅、陈三人编辑的《艺文杂志》。

在此，张深切又出场了。他辞去《中国文艺》主编一职后，被日本当局冷落，便暂时回了台湾。等再来到北京的时候，则经由"新民学院"时期的亲密同僚桥川时雄，得到那时为成立"振兴会"而运动起来的安藤更新的推举，进了新民印书馆，成为"振兴会"的常任理事。桥川时雄了解他的政治活动经历，便请对从旧左翼转向过来的人士比较包容的印书馆帮忙（《下中弥三郎事典》，张深切《里程碑》）。张深切从他自己的立场出发，在《里程碑》中比较详细地记述了围绕杂志的发行所发生的纠纷。

> 华北最高指挥部报道部长突然派人来邀请我会谈，怂恿我和周作人合作，再出版一部新的文艺杂志，他们愿意尽量配给纸张，我说这件事需要和新民印书馆接洽后，才能答应。报道部的这一建议，是堂胁离开了北京不久，提出来的，是否衔有堂胁的意思，军部没有表示，我也不便问询他们。

……我对出版刊物已经没有兴趣，但义务上我要和新民印书馆主管协商，馆方当然没有异议，而且表示可以尽量帮忙。……为了出版新文艺杂志的事，我不得不再去访问周作人。……我的厄运又来了，日本林房雄自称负有"日本文学报国会"的使命，到北京来活动，邀我在北京饭店相会。这位曾以左翼理论闻名的作家，要求我合作，计划出版杂志。……他看我消极，又不恭维他，转去北京大学文学院找几个教授做桥梁，和周作人打交道。周因和我有约在先，劝他们和我接洽，林房雄不得不再找我商量；结果，拟定重新组织一个文艺团体，称"艺文社"，推周作人为社长……开了几次会，因为林房雄和沈启无作梗，愈开愈纠纷，无法成立。我断定一切的症结，在林房雄和沈启无，劝周作人不要听他们的话，并表示我绝对反对林房雄为主编，因此我和周作人心上都有了芥蒂。

沈启无一派利用新闻攻击我，我却束手无策，不能反击他们，因为我一反击他们，就等于我公开反日，所以我不得不去找周作人释明彼此之间的误会，去了几次都被挡驾，最后周竟以文字表示他对我不满，拒绝和我见面，于是他和我正式决裂了。……我和周作人的冲突，立刻掀起了严重的风波，新民印书馆即时追究责任，迫我和周恢复感情，继续合作，否则需要自己抉择去处。……所以我随即提出了辞表下台。

周作人只讲到沈、张之间的决裂，而张深切特别要谈的是沈、张之间的决裂更进而发展到张、周之间的决裂。《文坛之分化》在谈到沈、林与周之间的最终决裂之后记述了上面的经过，因此，沈、张之间的决裂波及张、周之间的过程便省略掉了，这或许是自然而然的措施。不过，若把张深切和周作人的记述放在一起来读，则的确可以更立体化地看到事态的变化。周作人并不一定坚持不和林房雄在同一个杂志上合作，并忍受某种程度上的妥协，他担心这种对立会危及"振兴会"本身，于是牺牲了自己和张深切的关系，大概是这样吧。可是，这边虽然做出了牺牲，沈启无那边也退出了艺文社，可以想象这大概是因为林房雄对这个群体已不再抱希望所致。以上是发生于4月初的事情，到了25日，在已经没有了"周督办"的"教育总署"里，召开了"华北作家协会"春季大会，会上决议设置"华北文艺奖金"，扩充事务性会报《作家月报》的版面以作为青年作家发表作品的阵地，就是说，协会开始出现了"革新"的动向（黎建青《一年间的华北文坛》）。这恐怕与上述矛盾和林房雄的态度不无关系的。正如黎建青所记述的那样，"革新"之后"若果我们以华北作家协会代表青年界作者文学活动的集团的话，则艺文社可以勉强说是老作家的集团"了，他们是以"少壮"性来与艺文社竞争的，而这里的"少壮"不单单指年龄，仿佛还有别的对立因素似的。就是说，因为1942年这一年中，很明显地从"满洲"方面流入北京的一群青年开始形成了协会的主流。据当时日文报纸《东亚新闻》非常年轻的负责文化方面的记者中薗英助讲，"这些人面对滞留北京的那些地道的中国文化人有某种劣等感，弄得事事都不顺利"（《旅行者文化人的责任》，收《亚洲的思念》）。那么，让这些在北京没有任何根基的流入群体之文学青年成为"大东亚文学"积极的讴歌者，以此甩开那些具有沉默倾向的"老作家"政治上的软弱无力状态，有这样的分子出现也是大有可能的事情。首先是这里存在着难以生存下去的穷困，还有本身也许并非亲日的某种政治情结，或者倒错的反抗心使他们奔向了《武德报》和林房雄的周围，而不是周作人那边，我想这一层的因素也是有的。进而，曾与《武德报》有关的人甚至说，这些青年当中说不定混杂着为追求比"满洲"

多一点的自由呼吸的余地而来的重庆派乃至延安派的伪装者呢,而我这一方也是睁一只眼闭一只眼罢了。这里,我们再回到《文坛之分化》的记述上来。就这样,以迈出"革新"步伐的"作家协会"为靠山,沈启无接下来好像要向"振兴会"发起攻势,坚持要周作人脱离艺文社,一会儿又改变主意让印书馆重新做出决定,让他来编辑《文学集刊》,师生之间的关系破裂骤然扩大开来,结果,夏天在他发起的"文学茶话会"上,就有了来宾林房雄暗地攻击周作人的演说。这是第二届大东亚文学者大会之前的状况。

第二届大会的华北代表,除了上一届的钱稻孙和尤炳圻,又在沈启无、张我军之外加上了新人柳龙光、徐白林、陈绵。这其中特别引人瞩目的柳龙光〔补注一〕,乃是被视为作家协会之理论家的来自"满洲"流入帮的领袖,徐白林和陈绵则是在《作家月报》上发表过作品的年轻新手,因此可以说,这样的人选充分反映了因日本文学报国会派遣人员的介入而引起的北京"文坛"之情势的变化。这回周作人受到了怎样的"招待"不得而知,但已经没有了他"让青年们去"或"邀请"的份儿了吧。另外,如今已经辞去"督办"职务的他,也不见有像上回那样向大会传递自己之意愿的迹象。相反,在上面引用过的那篇《汉文学的前途》之七月二十日"附记"的最后,讲到曾经有过的新文学的成功,在促成了国民思想感情的联络和统一这一点上,其政治上的作用比文学上的更大,之后写道:

> 以后有志于文学的人亦应认明此点,把握汉文学的统一性,对于民族与文学同样的有所尽力,必先能树立了国民文学的根基,乃可以大东亚文学之一员而参加活动,此自明之事实也。关于文人自肃,亦属重要,唯苦口之言,取憎于人,且即不言而亦易知,故从略。

围绕周作人而发生的上述纠纷,甚至带到了与上次节日气氛浓厚不同而显得狂热的第二届大会会场,这便是沈启无(在大会第二天的发言《通过强化出版界促进文学运动》)和片冈铁兵的发言(在第三天分组讨论会上的发言《吁请中国文学之确立》)。

我在《文学报国》(1943年第9、10号)"大会特辑"栏目中没有找到沈启无的发言记录,但他的确以"中日合办出版机构"这种表现对新民印书馆进行了攻击(周作人《文坛的分化》)。尤其是片冈铁兵的发言,虽然没有点名,但把一看便明白是指周作人的"反动老作家"视为"如有重庆政府存在之中国特殊背景下的一个特殊敌人"、"对全东亚来说必须破坏掉的妥协的偶像",而要求对其进行"直接的斗争"。从《文学报国》上的大会记录观之,对于作为大会发言的这种异乎寻常的内部(?)攻击,主持人(白井乔二)试图转移人们的视线把话题引到别的方面,但有一个人,即朝鲜的张赫宙站起来提问:"《吁请中国文学之确立》和后面的《重庆地区工作》(指在片冈铁兵之后小田岳夫的发言《文学者展开重庆地区行动的提案》)提出了非常重大的问题,所以我想请问,刚才片冈先生讲到在和平地区有拥有反和平思想的人在活动,(小田岳夫)提到有重庆方面的人在柳雨生氏编辑的杂志(《风雨谈》)上发表文章,对此,中国方面将以怎样的态度处理呢?"重新把问题拉回到片冈铁兵的发言上来。对此,草野心平作为中国代表站起来回答:"这大概如日本内地也有重庆派的作品翻译出版一样,……并没有考虑政治上的意见如何,纯粹是作为好的文学作品翻译了,也便登在了杂志上,我想恐怕是这样的吧。我个人虽然不怎么赞成这样做。"可是,张赫宙依然不肯罢休,反问道:"这次会议可以讨论问题吗?还是只发言不讨论?"我在杂志上的会议纪要中看到了这位连用母语书写的自由也被剥夺了的朝鲜作家固执的质问,心里一直想他是以怎样的思绪做上述提问的呢？故特别抄录于此。结果，由于时间等关系讨论被打断了，而草野心平的回答还有下文，他的意见是在上海还有一些虽为重庆派却不给任何一方写文章的作家存在，那么比起这些"失去了文学热情的既成作家"，更应该从"年轻一辈"中去谋求"大东亚文学"的发展。这的确是草野心平个人的意见，但如果将此作为攻击周作人的背景来思考，可以认为他是用与发言的前半部分一样的解释者的口吻来阐述的，在如此平静的态度中，甚至可以感到作为投身汪政权的诗人，与片冈铁兵那种声嘶力竭的攻击性保持着一定的距离。总之，他表白了自己梦想真心实意地去把握作为一个沦陷区堂堂的知识分子的愿望而最终没能实现这一事实，难道不是这样吗？

片冈铁兵究竟是在怎样的前因后果之下有了这样的发言，不得而知。我也不了解他在大会召开之前是否与北京方面有什么纠纷。然而，这位源自左翼的转向者对日本侵略中国有着超人一等的偏袒，则可以从他上一次大会的发言（《呼吁作家协助北支那的新民会及中部支那的清乡工作》）以及大陆旅行报告《对于中部支那文化人的期待》（1942年《文艺》10月号）等等显示出来（文中认为"至少这是确实无疑的，对真的东亚的爱惜之情，作为诗不存在于他们的心中"，指责沦陷区知识分子的阳奉阴违），这都清楚地表明他对此有相当深的关注。不管有没有周作人所怀疑而他与沈启无矢口否认的事先商量的事实，总之，他的发言是必然会出现的。

沈启无和片冈铁兵的发言，在大会之后的日本方面并没有迹象表明马上引起了波澜。而文学报国会当局依然期待着获得周作人的支持。大会结束后的10月末，为了确定下一届大会的召开地点是否在"满洲"，事务局长久米正雄11月中旬离开日本，在北京他特意到周作人家里，恳请其合作。结果如下：

改日，我再次走访了周作人，以征求他对于我们的意向之无所忌惮的见解，这次会面至少获得了他对在中国召开第三届大会予以合作的肯首。我的印象是，周作人决非消极退缩，他只是在等待时机。或许与周氏的会谈仅仅是礼仪性的，但我又坚信并非单单出于礼仪。（《久米事务局长归国谈》，载 1944 年 1 月 1 日《文学报国》）

这位事务局长期待性的考量，甚至让人感到在谈话语句选择上的拘谨呆板，而担当这次访问牵线人的《东亚新报》的中薗英助，在战后的回忆中更毫不客气地道出了事情的真相。

日本文学报国会事务局长久米正雄，为了拉周作人出来参与大东亚文学者大会来到北京，是在昭和十八年（1943）。……我受报社之命，将精神焕发地来到东安市场二楼的久米正雄带到八道湾周宅。周作人并没有立即做出答复，这次交涉不欢而散。

"周作人也是那种青葫芦似的脸色，没有精神头儿，好像连喝酒玩儿女人的兴致也没有了，你说呢？"

久米正雄在回来的路上毫无遮掩地说。有许多人也说鲁迅的脸色不好，弟弟周作人也是一样，一身苍白蜡色的肌肤。久米正雄还一个人喋喋不休说起什么"英雄豪杰多好色"之类的话。（《旅行者文化人的责任》）

中薗英助将久米正雄和林房雄称为"无赖"，并在战时战后各种各样去中国"旅行之文化人"的形迹可疑的群体中将其典型化。他那严峻的问题意识或许与自己作为精神象征而景仰的周作人被同胞中这种"高级文化人"所玷污的受伤记忆有关联也未可知。

当时他还是20岁出头的青年，以这样的特权他甚至悄悄地等待着与抗日青年建立起友情的机会。作为表现沦陷区各式各样光怪陆离面向的青春小说《夜晚，敲起锣鼓》的作者，他一定会是这样的。另一方面，在这个场景中，我们不也是能够看到虽依仗军事上之优势却被厚重的教养和文化社会传统壁垒所阻的憨直的日本文士气质呈现出来的焦躁甚至几乎是可怜的逞强好胜吗？"事变"之后，依然在《白塔之歌》等"近代传说"系列中得以认真将中国人文学化的丰岛与志雄，在1940年所著的有关中国旅行的一篇报告（《北京、青岛、村落》，收《文学母胎》）中说，当"把对北京的印象延伸开来之际"浮现出了"某种人像"，对这个"人像""日本的文化人大抵甘拜下风的。……可是我们不能就这样甘拜下风的啊"。这与久米正雄不同，其感觉是非常内省的。

久米正雄在这次礼仪性的且又不单单礼仪性的访问中，是不是心里想着沈启无和片冈铁兵的发言，我们不得而知。不过，从久米和中薗的报告中，都看不出曾经提起过这件事的迹象。这恐怕也是当然的。周作人本身也在这年秋天，至少将其付诸默杀了。不必说，经过这次大会，北京的"文坛之分化"越发加快了速度。久米正雄的归国谈进而讲到大会之后北京的态势。

> 总之，华北方面的意见是已由沈、柳二君的合作促成了以往华北（作家）协会的发展与消解，在此之上又有了艺文杂志编辑阵营加入之后的大团结局面。……但是，中华民国作家之一元化的团体最终能不能落实到"中国文学报国会"这个名称上来，恐怕还有各种各样的问题吧。"中国文学报国会"这个名称是沈启无热心主张的，他认为文学报国这个成语乃是中国所固有的，……但我不能不悲观地认为，这最终是否符合中国全般的现状，在这一点上还有若干问题。

本来，从沈启无接近林房雄的真意来说，没有任何一点是不言自明的，他所谓"文学报国"的中国版，其不着边际和过于积极的主张，让人感到是要掌握北京的"大团结"甚至包括南京和上海在内的"（沦陷）中国全般"的运动主导权（久米正雄到北京之际，沈和柳两人正准备去参加南京的"宣传会议"）。而在久米正雄回国后不久的2月初，北京出现了《文笔》这个杂志，创刊号上发表了沈启无匿名攻击周作人的文章（周作人《文坛之分化》）。据中薗英助上面那篇文章讲，这本杂志相当于《武德报》社发行的华文报纸的文艺副刊，攻击的内容是"因为周作人对日中文化交流及大东亚文学的确立采取不合作的立场，故而破口大骂"，"当然该文引起了很大反响"。

到此，周作人最终下了与沈启无、林房雄公开决裂的决心。不过，正如张深切也曾指出的那样，笨拙的反击会被视为反日，这种担忧在周作人也一样会有的。恐怕是反复考虑了这一点，他首先采取了封建式师徒制的古礼，声明对沈启无实行破门。声明的原文未见［补注二］，史学科教授冈本坚次谈到了身边"北大"内部的传闻。这位史学专业学者很有心计，当时曾详细地用笔记记录下变动局势之下的日常事件，战败后因无法带回日本而全部烧掉了，但回国后他马上根据记忆又复原了这些笔记。他曾经一手拿着这些笔记，一边跟我说：

> 沈启无是40岁左右的年轻教授，身材消瘦而精悍的男子。总是穿着中国服，在教室里亦敢批判日本文化，学生很喜欢他。甚至有他反日的传闻，不少日籍人士感到不快。对于我们这些人也不很尊重，这与一般中国人不同，不过，他本来对中国人也如此。他是周作人喜爱的弟子，狙击事件时遭到枪击，为此，尽管没有什么了不起的成就却爬上了国文

系主任的位置，据说，可以与他抗衡的只有尤炳圻。……据莫东寅（东京帝国大学东洋史学科毕业，"北大"讲师）说，沈自大东亚文学者大会从东京回国之后，便宴请莫，说自己最近要接触各方面人等，与日本人会面的时候比较多，请你来帮忙翻译。可见为了权势是如何的得意自满，这反而使莫感到不愉快。……不知从什么时候开始，在学生和同僚之间流传起周、沈不和的谣言，不久，人们便接到了用明信片印制的破门声明。内容是"沈为自己的受业弟子，最近很是傲慢言动不逊，故破门之。此后断绝一切公私关系，凡有沈参与的团体或事业及刊物，鄙人一律敬谢不敏"。……这之后，自然沈不再来校了。破门声明的明信片发送的范围非常广，似乎还寄到了南京方面。文化机关不得不在周和沈之间做出选择，可谁会选择沈呢。结果，沈越发陷入苦境。只有武德报方面的人多少对他显示出一些善意。据说，沈用匿名中伤周氏家庭的内幕等等，另外，我听说，这事件尤炳圻也（从周作人方面）积极地帮了忙。

在这个边听边记录下来的笔记当中，还有同僚儿玉达童（哲学系教授）就声明直接问询周作人而得到的说明。这与周作人之后的一系列文章内容多有重复，所以这里就不再引用了。冈本坚次不胜感慨地说："一到关键时刻，中国人就很是强硬啊，有关沈的事情也是坚决地做到底，而且是坦然自若地做到底。"

《东亚新报》的记者中薗英助说，他收到了来自周作人的如下意旨的信：弄清楚匿名攻击的元凶后，引欲反噬恩人的"中山狼"故事，谴责其行为的不端。中薗还将周作人给自己的私信被编辑部随便发表出来，使日文报纸成了对《武德报》系统攻击周作人的反击阵地这一经过写进了上面提到的那部小说中，仿佛这个经过并非虚构。

　　破门声明大概是在 1944 年 2 月初读到了沈启无匿名攻击文章之后不久吧。周作人还将这个声明寄送给日本文学报国会事务局长久米正雄，接着，署有 2 月 20 日落款的挂号信也寄给了文学报国会，要求片冈铁兵做出解释，并附言如果自己就是那个"反动老作家"，那么将承担其责任，以后对于"贵会"之交际当表示"谨慎"。以此为机，周作人以一口气吐出窝在心里之火的气势，接连将数篇文章寄给上海汪伪系统的《中华日报》（社长林柏生），首先公布了附有说明的给日本文学报国会的质询信（《一封信》，1944 年 2 月 27 日），接着撰写了有关"反动老作家"事件的个人意见（《关于反动老作家》，1944 年 3 月 12 日），以及有关与沈启无、林房雄决裂的前后经过（《文坛之分化》，1944 年 4 月 13 日）的文章，进而又发表声明，言收到了日本文学报国会 4 月 2 日电报说片冈铁兵将有回答请等待，但之后便没有了音讯，因此，虽说"略为性急"也只能就此截止，认为他不答复（《一封信之后》，1944 年 4 月 25 日）。另外，周作人还给当时自己发表文章的主要刊物上海的《古今》半月刊（由汪兆铭之左膀右臂周佛海为后援，朱朴出刊的文史杂志）寄去了《遇狼的故事》一文，此乃将弟子的"反噬"消化于平日写惯了的随笔中的文章。

　　之后，片冈铁兵如期于 4 月最后一日寄来了长篇的说明信。片冈通过日文翻译读到了《中国的思想问题》，他以本书前一章也曾引用过的忧虑民生那一段为根据，强调周作人的不可阻碍人民生存之欲望的主张，正是对为"大东亚解放战争"分担痛苦的拒绝，并坚持自己的攻击有正当的理由。片冈到底是熟读了这一问题文章，他强烈地要求不要低估了日本人对于文章的感受力。如今来读这个解释，甚至会有一种错觉，仿佛正验证了周作人对"大东亚战争"的抵抗似的。然而，在接下来的部分里，片冈却连吓带哄地陈谢,"特别是最近知道周先生要出马主持中国的文学协会,实在感激不尽",故不能因自己的发言而成了周先生与文学报国会决裂的无端理由,进而否定了自己与沈启无有关系,最后对周作人的"积极出马"再三表示"感激"。

这里所谓周作人出马主持的"文学协会",是指久米正雄归国谈中提到的"中华民国作家之一元化团体",即准备新组建的"中国文学协会"。在连这封说明信也没有寄到之前,说什么主持或出马等亦未免奇怪。想来,周作人在要求对方做出解释的信中曾写道,如果在指定的回信日期内没有得到其说明,则与日本文学报国会的合作及参加"中国的文学协会"等将表示"谨慎"即谢绝,而片冈是据此做出周作人将积极"出马"的贸然判断吧。这个"文学协会"大概是由于牵连到破门事件,故直到第三届大东亚文学者大会召开的前一天,才在南京政府宣传部举办的会议上提出正式的名称。没有出席这个会议的周作人说不定是名义上的"主持"。总之,配合南京政府原则上要求的独立,这个"一元化的团体"组织,仿佛是在高唱"国民文学"的建立,并在提高与日本文学报国会之间的独立性这个方向上得到推进的。沈启无热心提出的"中国文学报国会"的会名方案,不必说正如久米正雄的悲观预测,老早就销声匿迹了。那么,被破门的沈启无后来怎样呢?

正如人们已经想象到的那样,周作人的反击使沈启无无法在"北大"待下去,而一下被逼到了穷途末路。日本文学报国会当局在这之后,到了做出选择的阶段,也总归要周作人合作的吧,这早已是清清楚楚的事情了。另外,至此在道理上应该支持沈启无的林房雄,也不再光顾北京。林在第二届大会上就曾强调日本作家在海外的现地常驻的意义,发言中讲到按现在的预算连回请对方吃饭都不够,半年之间最低也要拿出一万日元左右。可是他本人驻北京的任期到大会召开为止也只有半年多,说不定这期间已经飞到马尼拉去了。新任的华北特派员真船丰，于这年3月出现在破门声明风波还未平息的北京。然而，这位后任从性格上讲与林房雄完全不同，仿佛上任之际根本没进入"奋斗"的状态。他本人在自传《孤独的行走》中，对这段经历有详细的记录。面对日本国内的疯狂状态，他向以前（1939）自己陷入抑郁状态时通过《改造》的渠道让自己去了"满洲"的小林秀雄求教，于此，在不想接任北京特派员职务的真船丰和小林秀雄之间，有了这样一番对话："你说什么呢，只要跟那边的中国文人们交交朋友就行了。""只交朋友不干别的行吗？""这就是工作呀。""那这工作我也干得了的？""当然干得了，那边有个叫沈启无的人，可是个人物啊。你就跟他交交朋友，玩玩儿就好的啊。"他听了小林秀雄"梦一样令人感激的话"，于是便来到了北京。在北京，当他对作家协会的合作者们的可悲而无聊感到不耐烦的时候，见到了沈启无，一下子就被折服了。实际上，真船丰对沈启无的倾倒非同一般，他在时隔二十几年后才公开的战后所写笔记《鲜苔与故纸堆》的前言中，以向沈启无诉说的形式，回顾了战争末期梦一般短暂的交往，他甚至将这个长长的笔记命名为"一生，唯一一次交友之记录"。如此这般气味相投，回忆录对破门事件做了如下描写，也便理所当然了。

> 你那时，正处在挑起重大事件的旋涡之中，我从龙先生那儿听到这件事。……
> 你不知为什么，与黄先生发生了意见冲突，黄先生怒发冲冠，你为此被黄先生任校长（文学院院长——引用者）的大学赶了出来。
> 就是说，一个校长的权力剥夺了你大学教授的职位。不仅如此，那位黄先生的愤怒，使你的著作在这个国家里的出

版发行受到了禁止。

　　你自己的工作什么也做不成了。……

　　这对我们来说，是完全无法理解的，我真的目瞪口呆了。……

"龙"应当是指柳龙光。这里回忆者的个人感慨暂且不论，总之，在这一群人里头破门事件恐怕就是这样被人所议论的。若仅就结果而论，沈启无事实上也正遭遇到了如此的下场。在此意义上，以下传闻则如实地传达了他的处境和动向。

　　无论是日本方面的，还是中国方面的集会，你都不露面。无论怎么邀请，也不见你的身影出现。

　　为此，日本大使馆和军司令部报道部的人们，都拿你没了办法。不管是对于日本的文化运动，还是中国本国的文化运动，都是个不合作而极端无礼刁横的家伙。……我所见到的人特别是日本人，都这样谈论着你的事情。

真船丰还记述了作家协会的"龙"们，对于沈启无的"不合作"不断地想加以劝说，他将这种劝说理解为"顺应国策的合作"之推进，而感佩于沈启无不妥协的"风骨"。然而，从沈启无的角度来说，以保全周作人为理由而改变风向，在这样的环境下所推行的运动，自己突然失去了干劲，而不再有任何指望地单单闹着气罢了，不是这样吗？至于合作与不合作，这也只是偶尔风向的改变所导致的结果而已。总之，真船丰按照小林秀雄的指点，每天和沈启无进行笔谈等，游玩了4个月便于7月份回国了。后来，他再次访问北京见到沈启无，才知道沈为生活所迫，有一个阶段曾到汉口做过新闻记者，然而这工作受到了日军的怀疑，他不得不又回到北京［补注三］。

《鲜苔与故纸堆》中出现的"黄先生"被描写成了"华北的王者"，简直像专横权威的化身似的。而在中薗英助那里，因为过于同情周作人，他把久米正雄的造谣中伤和沈启无在《武德报》系统的杂志上对周作人的攻击连接在一起，也就是说忽视了沈启无的动机和文学报国会固有的打算而写道："以这个时期为界线，日本文学报国会对周作人的评价已定型，而且将评价以极端戏剧性的、阴险的形式推及一切。"与此正相反，真船丰的坚信也未免过于单纯了吧。然而，周作人的反击的确是有效果的。我曾写道，他只能采用以师徒制的破门手法来反击，除此以外再没有避免风险的手段了。即使我这样的感觉大致不错，如果其反击通过实际上确实存在着的师徒关系以及日本人方面的名声利用主义，而达到了超出预想的效果，那么，沈启无也的确是一个可怜的野心家。

另外，既然片冈铁兵已经公开承认"反动老作家"指的就是周作人，这也确实使周得到了对日本文学报国会表示"谨慎"的口实。但是，正在这个时候，从4月开始实行起机构改革来，就连久米正雄和河上彻太郎也被情报局盯住而不得不辞职了，而作为中村武罗夫新局长的秘书推举出来的，是个来路不明而举止异常的人物，于是文学报国会也便成了"束手束脚的文报"（《非常时期日本文坛史》）。大概是由于这个文学报国会也不得不去动员"老作家"的缘故，于是便请武者小路实笃和长与善郎，于7月前后写了调解信，表现出惨不忍睹而异常地维护周作人的执著［补注四］。惨不忍睹不在调解信的表面文字，而在于文学报国会当局。写信人借这个机会连平常不好表达的事情也写了进去，自己也仿佛得到了一吐心胸的快感，其劝解的方法完全是在强调，仿佛周作人不仅对片冈铁兵，甚至对文学报国会也获得了"胜利"似的。

第三届大东亚文学者大会，于1944年11月12日至14日在南京召开，而且是由"南京政府"宣传部之下的筹备委员会主持，以露骨的主客交替的形式举行的。在传出汪兆铭的讣告和空袭之下召开的这次大会，用山田清三郎的话讲，"流动着的不是怒号和绝叫式的虚张声势，而是促膝而坐就东亚的今日和未来相互讨论的空气"（《转向记》），上回大会上与攻击周作人有关的林房雄、片冈铁兵、沈启无、柳龙光等被排除在代表名单之外，虽有钱稻孙这样的"老作家"再度出场，周作人则最终还是逃脱了出席大会。在大会召开前一日从北京寄给松枝茂夫的信中，他这样传达了已然预见到其末日的日本占领下自己闲散的近况。

近日在南京开文学者大会，鄙人疲于行旅，得谢绝不去，甚为厚幸。日下所谓华北文坛亦空气甚恶（结党营私甚于官吏，可发一笑），鄙人本非文人，极想脱退。以此近年来不再发表文章，偶写随笔，只送与南方朋友揭载杂志中耳。北京大学亦已得脱身［补注五］，现在唯任综合调查研究所副理事长，在一周中去二天，但如木炭车不来相接，则亦可不去。殊为闲散，颇欲读书，而新书难得，旧书又总是这一套，渐觉得气闷。自恨不曾学会吸纸烟，无消遣妙法。匆匆即请。
松枝先生台鉴

　　　　　　　　　　　　　　　作人启　十一，十一

［补注一］关于柳龙光，张泉《沦陷时期北京文学八年》在详细叙述其于沦陷区文坛活动的同时，还提到他与大东亚文学奖获奖者、女作家梅

娘的夫妇关系。张泉在后来的论文中又专门论述过这个人物（《华北沦陷时期的柳龙光》）。据该文讲，柳生于北京，辅仁大学理学院毕业后，曾往日本专修大学经济学部留学，后到沈阳（奉天）和长春（新京）的报社工作，接下来又进入《华文大阪每日新闻》并再度赴日。1941年同梅娘一起重返沦陷区的北京，曾历任燕京影片公司副总经理、《国民杂志》主编、武德报社编辑部主任、华北作家协会干事长等。而直到1949年2月由台湾返回大陆，途中死于事故（应为1949年1月27日死于太平轮海难——译者）这一段战后时期的行迹，不甚明了。梅娘在接受采访时曾证言，包括战后的去台湾，整个沦陷时期的柳都一直在地下为共产党工作。关于这个证言的真伪，张泉的结论有所保留，认为有其可能性但需要进一步研究。

[补注二] 根据《周作人年谱》，《中华日报》（1944年3月23日）上所公布的"破门声明"是这样的：

　　沈杨即沈启无系鄙人旧日受业弟子相从有年近来言动不逊肆行攻击应即声明破门断绝一切公私关系详细事情如有必要再行发表

周作人（印）三月十五日

[补注三] 张泉《沦陷时期北京文学八年》中记述，被赶出北京的沈启无曾流入武汉的沦陷区，好不容易在《大楚日报》报社谋得一个职位。另外，出于对沈启无本人的关心，虽属于日本文学研究领域却尽其可能搜集各种线索的杉野要吉，在《沦陷之下北京"亲日派"文学者的命运》一文中附录了沈的遗孀的笔记。根据笔记，沈启无后来在日本正要投降之际，两手空空地返回北京，在接下来的国共内战时期于东北做过新闻记者和私立大学教员，后又在浙江的中学任过教员乃至校长，新中国成立后亦多次换工作，直到1955年才终于谋得北京师范学院中文系教员的位置，而在十多年之后的"文革"中遭到迫害，1969年病逝。

[补注四] 关于武者小路实笃和长与善郎的人选问题，大概与下面的情况有关。武者小路原定为第三届大东亚文学者大会日本方面的团长，后因生病无法成行，而由长与代为团长（冈田英树《第三届大东亚文学者大会的实相》，收《交错抗争中的中国文学与日本文学》）。即包括片冈铁兵的解释在内，一切都是为了第三届大会的圆满召开。

[补注五] 据说周作人离开文学院院长一职的经过是这样的：

> 后来，北大文学院出现学生王善举打日本教授今西春秋的事，日方提出要整顿学风，王克敏以委员长身份兼任教育总署督办及北大校长，原校长钱稻孙调任文学院长，于是周作人的文学院长职务被罢免。王克敏亲自到周作人家，对周说："北大校长我自兼了，钱先生空下来，我想请周先生把文学院让给他，政委会聘您为咨询会议委员每月送车马费二千元，本想请别人来同周先生讲，怕您误会，所以我亲自来说一下。"（张琦翔《周作人投敌的前前后后》，载《文化史料》第3辑，文史资料出版社，1982）

另，文中的殴打事件，据今西春秋的同僚冈本坚次直接告诉笔者，更为属实的情况是，今西认为学生忽视模仿日本战时增产运动而在校园里种地的工作，便首先殴打了女学生，以此为发端，气愤的男学生才殴打了今西。

十　文献一束

　　关于第二届大东亚文学者大会上片冈铁兵的发言，及以此为发端周作人所著一系列文章，还有片冈铁兵的说明函，武者小路实笃、长与善郎的调解信，我在前一章中只是简单做了介绍。这些文献作为一个时代日本文学的记录也是有其意义的，因此，在这里一总予以存录。底本都是周作人自己保存下来而于晚年曾寄给香港鲍耀明的复印件。片冈铁兵的发言和周作人的文章，是从原载报纸《文学报国》《中华日报》上剪辑下来的，致周作人书简中，武者小路和长与的是原信，片冈的是周作人手抄并分别保存下来而寄往香港的。说明函为格纸四张的抄本，抬头标明"片冈铁兵复信抄本，（民国）三十五年七月廿四日南京"，末尾包括信封正面和邮戳等，做了如下详细记载：

　　　　信封正面　中华民国北京新街口八道湾十一号
　　　　　　　　　周作人先生　留书（挂号——译者）橡皮印

　　　　背面　东京麦町区永田街二／一

日本文学报国会　橡皮印　内　墨笔
片冈铁兵　墨笔

邮局消印　东京（昭和）十九年四月廿七日
　　　　　北京（民国）三十三年五月八日

从抄本的日期、地名和形式来看，很显然是作为被告方面的反证材料向南京高等法院提交的东西。

在寄上述文献于香港的信（1963年5月21日）中，周作人写道：

> 兹于故纸堆中找出片冈的资料数篇，已无用处，特一并送上，祈察阅。我对于此事件不曾写入自叙传中，只略叙片冈而于沈某不着一字，此人现尚在北京，任师范学院（不是师范大学）教员。此请

另外，与这一事件相关的文章，他只收录了《遇狼的故事》一篇于文集（《苦口甘口》，1944年11月）之中，其附记表明了与以前同样的态度，即1925年前后围绕北京女师大风潮，他和鲁迅等偏袒学生而与《现代评论》派之"文人学士"论战的文章，因有背"中庸"之德而不收入文集（《谈虎集·序》）。还有，其中的《文坛之分化》曾被张深切在《里程碑》中全文引用，而与沈启无决裂之余也和周作人发生冲突，并被迫辞去新民印书馆职务的张深切，后来与文化界切断了关系，一边帮助友人做买卖一边观望着破门事件，而记录了下面这样一种看法。

周作人最终发觉了自己的错误而后悔不已，特别在三十

三年四月十三日，写了一篇《文坛之分化》……交代了自己被沈启无和林房雄所愚弄的经过，与沈杨（启无）切断关系，从周家门徒中"破门"。

（文献一）

吁请中国文学之确立
片冈铁兵

我的议题乃是"吁请中国文学之确立"，而实际上问题更具体一些，即基于重庆政权依然残存的中国之特殊状况而存在着一特殊敌人，对于这一敌人我提议要发起斗争。倘若不将特殊状况考虑在内就无法对中国所有动向做出观察的我们，要以深切的感动向诸君表示敬意，这诸君即是昨日以来大会上表现出热情——与大东亚战争合作，为大东亚建设之理想而燃烧的那般热情之中国代表诸君。然而，或许只是杞人忧天但可以想象，中国的诸君正为中国这特殊状态而置身于有着诸多剩余敌人的位置上。

这敌人之一，我现在特别想视为问题的，就是存在于和平地区的反动老作家。即身处和平地区却表现出与诸君的理想和热情或者文学活动相对立的有力之文学者。当然，我在此不想明言此人是谁，总之，他是以极为消极的表现、思想和行动，表现出与诸君和我们的思想相敌对的老作家。诸君和我们的大东亚建设之理想乃是新的思想，即青年的思想。在今日的历史中重新再生东亚的古老传统，乃是将今日之历史渗入到精神和肉体之中，将今日之每一刻作为生命活动的青年以创造性欲求为志向而展开的艰难事业。这并非年龄的问题。直白地说，我也五十岁了，更何况比我年轻的诸君，我想诸君的愤怒必然要向嘲笑青年之理想的老人的精神爆发。对此，我坚信不移。

尤其是这样的老作家，乃是世俗者流信赖的目标，为了切断其给予民众和知识阶层的影响力，我们将不再顾及他过去文学上的功绩。在人情上虽然不忍，但为了举国一致组织起民众之新中国的紧迫需要，有必要毫不留情地对他予以粉碎。诸君的文学活动沿着新中国创造之线进行，然而，这老作家则毫不考虑今日的中国呼吸于何种历史之中，被置于何种世界情势之下，唯弄其独自随意的魅力丰富的表现，暗嗤诸君，而于新中国之创造不作任何的努力。他已是诸君与我辈前进之障碍，积极的妨碍者。彼为在全东亚非破坏不可的妥协之偶像。彼不过为古的中国的超越的事大主义与在第一次文学革命中所获得的西洋文学的精神之间怪异的混血儿而已。

我请求中华的代表诸君，我要求你们的文学活动之一，就是对于这样的存在予以毫无保留的激烈斗争。我期待这斗争在现今的时期立刻开始。倘若需要，我本人无论何时都将协助这一斗争，并明确表示我有参与动员的决心。

（文献二）

一封信
知堂（周作人）

大概是去年冬天吧，在《中华日报》上看到胡兰成先生的文章，说片冈铁兵在大东亚文学者大会上大骂中国老作家，所指即是鄙人，很代为不平。我对于胡先生的好意很是感谢，但是关于骂老作家的事却不很在意，因为我向来不以作家自居，片冈铁兵又不知道是什么人，与我完全是风马牛不相干，他骂他的，未必会得是我，用不着多心，所以一直也不去查问，就把这事搁下了。近来稍有须得调查的地方，从友人处借来《文学报国》第三号一看，片冈的演说也登在上面，题目"扫荡反动作家"，口气大得可怕，看下去不禁汗毛有点直竖起来，而且仔细的想，这所骂的似乎也就是我，虽然不经片冈说明，不能确定。于是我就想到写信去打听。我于本月二十日寄一封挂号信给日本文学报国会的久米局长，兹译其大意如下：

　　启者，日前寄奉破门声明，想已蒙查览矣。某乙为鄙人之弟子，非普通之所谓学生，继承鄙人贫弱的学问之一部分，至今未能一步出此范围，在此十余年间又在鄙人指导之下担任职务，乃近一年来行动渐见不逊，遂至以文字见攻击，对于恩师反噬之徒不能予以容忍，因即宣告破门矣。唯因此而想起一事，则去年九月东亚文学者大会上片冈铁兵氏扫荡中国老作家之演说是也。该演说是否由于某乙之示意，又所谓老作家是否即是鄙人。此二点无论如何希望予以说明。为此特请费心转告片冈氏明了回答。窃思片冈氏当已达于能够辨别事情之年龄，应不至说漫无根据的话，并且话已一旦说出，亦应不至重复吞下，为此特请其以男子汉的态度率直的答复为要，如若所谓反动的老作家确是鄙人，则鄙人自当洁身引退，不再参加中国之文学协会等，对于贵会之交际亦当表示谨慎（案犹云谢绝）。鄙意发言者虽为片冈氏，唯其责任则应由贵会负之也。如至四月中旬未得任何示复，即认为已经默认。

　　此致

　　　　　　　　　　　　　日本文学报国会
　　　　　　　　　　　　　久米事务局长台鉴
　　　　　　　　　　　　　　　具名盖章

　　预计一封信的行程是两个星期，那么到了下月的二十左右，可以得到回信，知道这件事的结果了。我本来不是什么文人，不过说也奇怪，一方面很想做文人的，也未必就一定做得成，而被人家说是文人之后却又欲罢不能，仿佛是成了堕民的样子，要想声明歇业也决不许可的。这个办法实在是太不公平了。这里所以我很感谢片冈铁兵，扫荡的名称虽然有点可怕，假如他发给一张牌照，替我革去一切作家文人种种称号，真是感戴不尽。文人虽然辞职不可能，那么只好免职，反正能得自由总是一样的。我只觉得奇怪的是片冈铁兵何以知道在中国有这么一个反动的老作家，此其一。至于其二，则在片冈铁兵破口大骂的时候，有这老作家的弟子正在洗耳恭听，不但此也，似乎供给骂的资料的也就是我的弟子。这样看来，胡兰成先生以及别位非难片冈铁兵，未免是少见多怪，鄙人则经验稍广，意见略有不同也。民国甲申春分节。

（文献三）

关于老作家

知堂

去年秋天，听人传说东亚文学者大会时，有片冈铁兵演说，应当打倒中国老作家。当时我也并不在意，反正被骂的不是我，因为我不是什么作家，至于老乃是时间的关系，人人都要老的，更不是我个人的事了。所以虽然有张我军徐白林几个朋友曾经在场，却不曾打听详细的情形，究竟那演说是怎么说的。

去年冬天，在《中华日报》上看见胡兰成先生的文章，起首云，"听朋友说起，片冈铁兵新近在一个什么会议上提，对于中国某老作家，有甚高地位，而只玩玩无聊小品，不与时代合拍，应予以打击云。据说是指的周作人。"此文近已收入《文坛史料》

中,甚便查考。我看了心里想,那么真是挨了骂了,也是活该,当初觉得好笑,可是渐渐的怀疑起来了。片冈铁兵怎么会知道中国有一个某老作家,他是玩的什么无聊小品。老实说,中国现代文学的情形,各作家各作品的高下,除了绝少数的笃实的支那学者以外,日本人是不会懂得的。特别是专致力于创作的文人,他不会说中国话,没有读过某作家的原书,如何能够知道这所玩的是小品大品,或者这作品是有聊无聊呢。至于关于我个人的事,我是很有点见惯了,倒并不觉得有什么关系。这至少总还在十年以前,左派文人开始攻击,即以无聊小品为名,其实他们也是同样的,没有读,读了也不会懂。左派的攻击虽然不能说欢迎,我却是谅解的,因为他们的立场须得这样做才对,如不攻击便有点像左派了。不过他们实在也并不懂,这可以说是第二种的谅解。我在有一个时期,曾经乱写文章,似乎是无所不知的样子,后来却随即省悟了。声明不敢以不知为知,对于许多问题都不再涉笔,谨慎至今,但是自己以为是略有所知的事情则还是时时谈说,而且还自信所说大都是有意义的。我不会创作,不是文士,但时常写文章,也颇想写为文章而写的文章,而其结果还多是为意义而写的,不讨人喜欢的忧生悯乱的文字。思想与感情不敢一点有虚假,知识则尽我所有的杂学的收获,杂则不专,但亦因此而不狭隘,文虽不行,意有可取,鄙人平时主张谦逊,唯现在系说实话,此时若再谦便是不实矣。总之我所写的不知是大品小品,都是有意义的东西,凡对于中国与中国人之运命有关心的人应无不能了知此意,若意见相合与否自然是别一问题,至于不读或不懂,或外国人,或奉外国主义的分子,加以不理或反对,那又是当然的事,无须奇怪的了。这样说来,片冈铁兵之提议也是可以原谅,我所觉得有点奇怪的,只是这个意见他是从哪里得来的。片冈铁兵似乎未曾遍读老作家的作品,何从知道应该打倒,那么这种主张必是另有来源的了。这来源是怎样的呢？推想起来或当如此，即片冈铁兵得之于某甲，而某甲得之于中国人某乙，是也。

今年春天，偶尔看见一张印刷品，题曰《文笔》，头一篇是童陀的文章，竭力攻击老作家。妙哉妙哉，忽然得了一个大发见。上边所说某甲某乙的传授，原来是假的，现在却已证明了一半，因为这位童陀即是某乙也。某乙该文目的在于攻击《艺文杂志》及其老作家。《艺文》里写文章的所谓老作家有谁呢，除了鄙人和钱稻孙再没有第三个人了。某乙既然公开的作文攻击老作家，那么授意片冈铁兵的中国人当然也是无疑，虽然中间传达情形未曾查明，实在也已不必查考，反正不关紧要。某乙到底是什么人呢？某乙化名童陀，上文已经说过，至于其真实名字，说也惭愧，他乃是我的小徒，姓沈名杨的便是，沈杨本来也只是我三十年来滥竽教书，在我教室里坐过的数千名学生中之一名而已，为什么称作小徒的呢？我自己知道所有的单是我的常识和杂学，别无专门，因此可以写文，却不宜于教书，我曾教过希腊罗马欧洲文学史，日本江户文学，中国六朝散文，佛典文学，明清文，我讲了学生听了之后便各走散，我固无所授，人家也无所受，但以此因缘后来也有渐渐来往的，成为朋友关系，不能再说是师徒了。沈杨则可以算是例外。他所弄的国文学一直没有出于我的圈子之外，有如木工教徒弟，学了些粗家具的制造法，假如他自己发展去造房屋，或改做小器作，那么可以说是分了行，彼此平等相待，否则还在用了师父的手法与家伙做那些粗活，当然只好仍认为老木工的徒弟。依照日本学界的惯例，不假作谦虚的说一句话，我乃是沈杨的恩师。别的可以不必多说，总之这回我遇见沈杨对于他的恩师如此举动，不免有点少见多怪，但是事实如此，没有什么办法，只好不敢再认为门徒罢了。我自己自然不能没有错处，第一是知人不明，第二是不该是个老作家，虽我只可承认老，并不曾承认自己是所谓作家。

这里我记起一件事情来了。民国廿八年元旦,忽然有不知哪里来的暴徒来袭击,沈杨,那时已经改名沈启无,来贺年正在座,站起来说,我是客,左胸也被打一枪,无故连累,在我是觉得很是抱歉的。后来慢慢传言沈某因救我而受伤,去年夏天沈杨寄来一张南京《中报》,记其在中央大学讲演的事,有此说法,我看了随即寄还。不久在北京《东亚新报》上也说沈某保护我以致受伤,我写了一封半更正的信去,说当时沈君在座,殃及池鱼,甚为抱歉,至于因欲逮捕暴徒而受伤者,近地车夫二人,一死一伤,皆在院子内。《东亚新报》在来函照登之后又写了一篇说明,重要的意思是说,救护云云是想当然的话,因为以日本人的道德观念来想是应当如此情形。我所说想起来的便是这一件事。日本人的道德以为弟子救助恩师的危难,这是很高的理想,我们降下来说,免祸也是人情,无可非难的,所以上边的话除了单独对故友钱玄同说过,他又告诉故缪金源以外,直至近顷,无人知道。我们的理想实在已经放得很低,无非只是希望徒弟不要吃师父而已。现在似乎事实上不容易希望到,日本的朋友闻之感叹更将如何。片冈铁兵打倒中国老作家的提议不知来源究竟何在,假使真是辗转听了沈杨的意见,有此表示,与《东亚新报》所说相对照,其亦不免多有未安欤。民国三十三年三月十二日。

(文献四)

文坛之分化
知堂

在北京向来就没有所谓文坛,事变以后更是寥落,虽然有方纪生编的《朔风》，张深切编的《中国文艺》先后出版，也只有几个流落在这里走不动的文人凑写稿件，聊以消遣，有如鱼相濡以沫耳。说是消极，固亦难免，却亦并不是只是十分颓唐，他们不以文学为职业，或是想于其中求得功业或是利权，但如或对于国家民族有什么好处，在文学范围内尽其国民之力，也是愿意的。所谓文坛虽是没有，写文章的人虽然人数不多，精神意气却是一致，如没有什么意外的风波，大抵这一角落的平安总是可以保持着的吧。

过了三四年之后，组织文学团体，兴起文学运动的呼声，忽而不知从哪里发出来。在去年春间，来了所谓文化使节的某甲。不幸的很，在北方的往日本留过学或是知道日本文学情形的中国人对于某甲都不大看得起，因此即使没有明白表示轻视，也总不能予以欢迎，只有某乙竭诚的招待他。这样一来，恩仇的形势已经很明了的立定了。某乙以某甲的后援，计划编辑纯文学的文学集刊。同时张深切也计划编一种文学杂志，以某印书馆出版。经接洽磋商的结果，议定设一艺文社，鄙人挂名为社长，刊发两种杂志，一为《艺文杂志》月刊，由尤傅陈某乙同编，二为《文学集刊》，由某乙独编。但是某乙与张深切意见决裂，表示不干，于是《文学集刊》中止，《艺文杂志》则改为尤傅陈三人主编，鄙人挂名艺文社社长如故。这大概是去年四月初的事。

到了五月一日，这个日子我记得很清楚，因为先母去世，这正是第十天，预定开吊的前一天，当天晚上九点左右，某乙忽然走来，某乙是我的受业弟子，相从有年，那一天的态度却特别不逊，谈判的要点大致如下。最初某乙说，我决定不办《文学集刊》，请先生也脱离《艺文杂志》的关系。我答说，你自办刊物，你可以决定不办，你与人闹意见，可以自己脱离，我既然与人家并无意见，杂志又是书店所出，我不能随便主张不办。某乙又说，因为有我参加，所以有纸可配给，如我脱离后纸即不能配到。我答说，纸有没有是书店的事，与我无关，如真没有纸则书店自会停止刊行。某乙末后说，刊物出后，作家协会将加以攻击，于先生名誉不利。我答说，我也是作家协会的评议员，其干部人员多相识，不会无故攻击，而且我非文士，我的价值不在于编一个杂志的好坏上边，即使有人攻击也于我名誉无关。大意就是这三点，却是一直纠缠到十一时后，总想强迫我脱离艺文社，我觉得这太无理也无礼，不客气的严辞拒绝了。二日开吊是星期日，至星期二据印书馆的人告诉我，某乙约定星期一与馆方会谈，已议定仍旧编刊《文学集刊》了。这里便有很大的一个谜，假使预先约定星期一与书店会谈，预备妥协的话，那么星期六夜间不应该来强迫我帮同他拆台。既在那时不顾及开吊的前夜丧家的情状，以不逊的态度来强迫我，则在一天之后决不能那样忽然转变，去无条件的妥协。虽说是人情反复无常，总也未免反复得太奇怪了吧。鄙人感觉迟钝，所以常上人当，但是遇见这事以后也很觉得疑惧，稍加留意，俗谚云，贼出关门，虽曰已迟，亦差胜于不关焉耳。

这个以后有些事情遂渐渐的发生了。夏天的一日，某乙发起在公园水榭召集文学茶话会。会的详细情况不必细述，只须说明其时有日方来宾某甲的演演，开始攻击中国的老作家。这可以算是第一幕。到得第二幕揭开已在秋天，日本文学报国会在东京召开东亚文学者大会，在第二分科会中片冈铁兵提出扫荡中国反动作家的议案，继续着又有某乙攻击中日合办出版机关的演说，原文都登载在《文学报国》第三号上。某乙攻击的虽然是某印书馆，片冈攻击的当初有人说是指我，我却还不大相信，及至把原文一看，虽然似乎有点像夸大狂的样子，觉得这恐怕是我也说不定，至其来源则片冈得之于某甲，而某甲则得之于某乙，此传授路线虽出于想象，大致当不错也。要证明这不错，有第三幕为凭。今年春天二月初，北京发现有《文笔》周刊第一期，第一篇题目《杂志新编》，作者署名童陀，即是某乙的化名。这里边攻击中国老作家，与某甲以及片冈的攻击正是一条战线，而又特别集中攻击《艺文杂志》的老作家，其目标非常显著，已无异于指名而骂矣。在《艺文杂志》上写文章而比较年长者只有钱稻孙先生与鄙人，但这里的攻击目标我知道确实只在我个人，钱先生不在其内。这个可以引用片冈的话来作证明，因恐不能传其真意，故用直译法述之如下：

"诸君之文学活动沿着新中国创造之线。然彼老作家则毫不考虑今日之中国呼吸于如何历史之中，被置于如何世界情势之下，唯弄其独自随意的魅力丰富的表现，暗嗤诸君，而于新中国之创造不作任何的努力。彼已为诸君与我辈前进之障碍，积极的妨碍者。彼为在全东亚非破坏不可之妥协的偶像。彼不过为古的中国的超越的事大主义与在第一次文学革命所获得的西洋文学的精神之间的怪奇的混血儿而已。"这里所说嘲笑他们，妨碍他们的文学活动，都是我的事，即看不起某甲某乙，不听从某乙的要求，又西洋文学的确弄过，虽然我的价值不在这里，却在于知道本国的精神，关心中国与亚洲之运命。总之这三点都不关钱先生的事，可以知道不曾被攻击在内。到了现在须得说明，这某乙是谁？某乙姓沈名杨，现改名为沈启无，是鄙人的受业弟子，上边亦已提及，在我指导之下任事已有多年，就是前一次出席文学者大会，算是一名代表，也是我派他出去的。这一回因为想要领导文学运动，主宰文学刊物，似乎不大成功，以为这由为鄙人的障害，便二次三番的劳动外国人演说攻击，末了自己出手来打，在我本来毫无妨碍他们沿着新中国创造之线的意思，向来只用作揖主义，不过觉得徒弟要吃师父，世界各国无此规定，我也未便再行作揖，只好声明破门完事。自此以后完全断绝关系，凡有沈杨参与的团体或事业及刊物，鄙人一律敬谢不敏。个人间的关系这样可以解决了，但是这一年间因这件事而引起的影响也并不少，而且也不小，对于这个我深致歉仄之意。其一，弟子对于恩师之反噬，这对于中国的智识阶级给与一种极大的不安。世间传说我有四大弟子，此话绝对不确。俞平伯江绍原废名诸君虽然曾经听过我的讲义，至今也仍对我很是客气，但是在我只认作他们是朋友，说是后辈的朋友亦无不可，却不是弟子，因为各位的学问自有成就，我别无什么供［贡］献，怎能以师自居。唯独沈杨，他只继承了我的贫弱的文学意见之一部分，以及若干讲义，一直没有什么改变，这样所以非称为徒弟不可，而且破门也应该应用，至于我的思想还是我自己的，不曾传给什么人。平时我最模糊，不喜欢多事，这回却觉得不能再不计较，虽然这事听了使人心寒，以教书为业的尤感到不安，但也没有法子，只得请大家原谅。其二，这又暗示文坛之分裂。上面说过在北方并无什么文坛，况且鄙人也并非文士，若沈杨似乎更说不上是什么，即使有这一场事也与文坛前途无干。不过承他们不弃硬派定我是老作家，又从而扫荡之，自北京的文学茶话会弄到东京的文学者大会，闹的满城风雨，仿佛真有那么一个文坛，反动老作家占据了这堡垒，妨碍新中国创造的诸君的前进。这个分裂与混乱真够瞧的了。事实上固然只是老儒的一个徒弟的倒戈，既不是文学运动也并非文坛派别，总之分化计划的成功是无疑的。这里须得补充说明，上边所说的某甲即是林房雄，最初来时报上说是文化使节，后来被改称为分化使节，很是确切。这里我唠叨叙述的也就只是这分化的一个简略梗概。我们在这一回的事情里可以得到一大教训，用现今的方法做去，中国统一的文坛永不能成立，文人钩心斗角的相争，将无宁日，现今觉得非成功不可的中日文学家的提携联合也必无希望，若是最初敷衍随和，以至凶终隙末，那还要算是最好最难得的结果了。

鄙人本是文坛以外人，况又老而见憎，无意学苏州姑娘嘴脸向人，不妨直率地说话，即使言者有罪，只要闻者足戒，亦已满意矣。

民国甲申清明节。

（文献五）

一封信的后文
知堂

三月二十日寄出一封信给日本文学报国会的事务局长久米正雄，关于片冈铁兵去年在东亚文学者大会上所发表的"扫荡中国反动作家"之演说，质问两点，要求答复。到了四月二日收到文学报国会出名的电报，电文似有错误，但大意是说片冈答复请稍待。片冈铁兵我不知道是何许人，他说写什么本来别无计较之意，不过我看重的是日本文学报国会的责任，这既然在东亚文学者大会上发表了，又揭载在《文学报国》的机关报上，可见报国会是完全承认这事的，我觉得不能不问一问。我的信里末了就说，鄙意发言者虽为片冈氏，唯其责任应由贵会负之，日前在报上发表的译文却脱落了这一句，虽然这底稿原来是我自己写的。大概我的信寄到的时候，久米局长已经辞职，好在这并不关系他个人而是关系局长的事，所以没有什么要紧，这回来电也由日本文学报国会负责出名，我觉得这是很对的。近来的通信颇费时日，但所云答复在收到电报二十天之后还未接到，我想这未免太慢了吧。依照我去信的日程，计算作两星期，写回信或者也不大容易，姑且算了十天吧，那么在四月二十五日这一天总应该寄到北京了。现在却没有来，虽然不免略为性急一点，只能就此截止了，认为不答复。这样,虽然不曾给我一张执照,取消了文人称号,不算十分满意,但是使我对于日本文学报国会的一切交际可以免除,这也就是大可感激的事了。我这人平常是很马虎的,对于有许多事情都不很计较,所以有人误会以为我是极端主张忍耐的人,其实并不尽然,我的忍耐也是有限度,有区别的。这回为了什么演说与文章,忽然计较起来,似乎有点儿小题大做,但题目似小,意义则大,我的声明与质问便是看重在这两点,请大家注意。其一,徒弟勿可吃师父。其二,文化交流也要有国际礼仪。

上文写了,接到友人来信,说《民国日报》上登出沈某的另一封信,声明片冈演说与他无关,我就写了一张信寄给报馆,其文如下:

"启者,顷承在南京的友人寄示本月廿一日贵报,见载有沈某的另一封信,对于鄙人质问片冈铁兵之信有所辩解。案鄙人该信重在查问日本文学报国会的责任,如片冈所攻击者确为鄙人,或过期不答,则鄙人对于该会及其会员均谢绝交际。至于沈某攻击鄙人最确实的证据为其所写文章,假如无人证明该文作者童陀并非沈某,则虽有林房雄片冈铁兵等人为之后援,代为声辩,此案总无可翻也。本应请贵报将此文代为发表,唯鄙意凡有沈某发表文字之处不拟参加,以此请勿揭载,尚祈鉴察为荷。"

现在附录在这里,算作一点余波。这一封信的事件也就此作为结束了。三十三年四月二十五日。

(文献六)
致周作人函
片冈铁兵

周作人先生

深知以钢笔致函乃失礼之举,然鄙人字迹拙劣,若蘸墨挥毫,则更不成形,难于辨读,故恳请见谅!

来信迟迟未复,甚为抱歉。坦言之,鄙人三月末以降,备受胃肠炎的煎熬,起居不定。加之近来又有二亲戚相继离世,故无暇收集给先生回函所必需的材料。但是,倘若再事延迟,则更为失礼,故暂且就根本问题答复如下。

请您想起在改造社文艺杂志登载的大作《中国的思想问题》中之一节,原文云:他们要求生存,他们生存的道德,不想损人以利己,可是也不能圣人那样损己以利人云云,由此来解释"乱"的那一段话。当鄙人在大东亚文学者大会上发表那篇演说时,即有此文在鄙人胸中。只以此奉告,作为该文作者的先生当能立刻觉到鄙人以何者为问题,又为何者所刺激的吧。读《中国的思想问题》全文,细细体味上述一节,若不曾感到在今日历史中该文所扮演的角色乃是"反动保守的",则此辈只是眼光不能透彻纸背的读者罢了。鄙人感到,不应阻害中国人的欲望,这主张实即是对于为大东亚解放而斗争的战争之消极的抵抗,故在去年九月大东亚文学者大会第二分组会议席上,有那样的演说发表。假如中国人虽赞成大东亚之解放,而不愿生存上之欲望遭受阻碍,即中国人不分担任何苦痛,以为即协助于大东亚战争,而使此思想成为普遍认识,则于此战争上中国的立场将怎样呢?鄙人念及为中国人所仰为指南的先生文章的影响力,不觉栗然。不赌个人之生存的战争可能有吗?如果没有不牺牲个人的欲望而能得胜的战争,那么,先生这篇文章便是为那些抵抗大东亚战争,或至少对于这场战争试图取旁观立场的一部分中国人的态度,提供了传统道德的基础而使之正当化了。对于文章之批评不应该为文章的表面所迷惑,即使是平稳的言词,其背后流动着的东西,也必定会在平稳的言词之上感知到的。因此,虽然非常失礼,我还是希望先生不要过低地估价日本人对于文章之感受力。

那篇演说,由于只是泛指一般的老作家而没有直接点出周先生的大名,故用词过于激烈,现在想来不免后悔。倘若明提周先生大名,则鄙人恐会另换一种表达方式的。正因为泛指一般的老作家,故忘记了个人的礼节,这是事实。鄙人切望,中国的文学家各位能够与那样的老作家彻底诀别,并以各自的信念(也即以誓与太平洋战争协力到底为最高动机而聚集到一起的与会代表之信念)奋力迈进。同时,鄙人念及正在为大东亚战争而流血的各位同胞,便自然抑制不住感情而言词上多有过激之处。对此,恳请先生予以谅解并对失礼之处以雅怀海涵为盼。深致歉意!特别是近闻先生已出马主持中国的文学协会,不禁感慨系之,值此之际,更对那个演说的措辞感到后悔。鄙人觉得,今日之先生与撰写《中国的思想问题》一文时的先生已不可同日而语。而先生撰写那篇文章与鄙人发表那个演说,双方都无疑是认真的。以上,便是那个演说的根据,想必一切会得到先生谅解的。

其次,鄙人的演说并不代表日本文学报国会的意见。会议虽为报国会所举办,然而,代表们陈述的意见仅代表个人而已。因此,先生因鄙人的演说而宣告与日本文学报国会断交,则有些不合情理,亦显得太孩子气了。倘若先生以坚定的信念主持中国文学报国会(应为"中国文艺协会"——木山英雄注),即使不满意一片冈铁兵的演说,也绝无推卸不干的道理。抑或说,先生的信念本不牢固,或者是出于某种策略上的考虑才勉强与中、日的文学报国会有其关联的。然而,为了这种等于让人抓住话柄的胡涂的事情而相互争吵,实在是可笑。特别是为了协助太平洋战争之文学团体而亲自出马的先生,因一无足轻重的鄙人而引退,则无论是对于中国还是日本,都是巨大的损失。故应该说,这是如同孩子们吵架一样的事情,务请先生不要公私混同。

再次,鄙人在大会上的发言与沈启无氏毫无干系。鄙人发言是在第二分会会议室,其时,沈启无氏则是在他所属的第一分会会议室就座,因而猜测沈先生曾洗耳恭听鄙人的演说,这种推测只是最恶意的一种猜测而已。另外,鄙人至今仍不懂汉语(将来打算掌握,目前正在学习),沈先生则不懂日语,大会期间甚至没有晤面的机会,恐怕他连鄙人的脸孔都记不得的。因此,臆测说沈先生与鄙人的演说有某种关系,这是有些失礼的。想引退,或沈氏洗耳恭听了鄙人的演说云云,先生何以说出此种孩童般的话,鄙人实在感到奇怪。

鄙人开诚布公地谈了以上各点,或许会有诸多冒犯之处。关于鄙人对《中国的思想问题》那段文字的解释,若先生有意让鄙人做进一步的说明,也是可以的。但是,这必须在先生理解鄙人因感念于先生积极出马而恳请绝不可引退这一率真感情的前提之下,才可行。否则,又将酿成论战而不知又必将说出什么激烈的不逊之言呢。即便此函,恐亦会因鄙人的疏知陋见或未曾领会中国人感情之细微而再度触怒先生。鄙人除了推心置腹地给先生回信以外已别无他择。只有用文学者之间相互信任的方式来书写此信,除此别无方策,还请先生见谅。最后,感谢先生赐予良机,使得鄙人有幸与您这样的异国之大作家直接通信。写这封信常伴随着很多不愉快,然大部分还是快乐的,希望先生以坦荡之襟怀理解鄙人这一番真心话。

昭和十九年(1944)四月末
片冈铁兵谨拜

（文献七）

致周作人函
武者小路实笃

周作人兄（请允许我用稿纸来写这封信。因为，我还是习惯在稿纸上写自己的所思所想。）

今日受他人之托来写这封信。好像一说起你的事，日本人脑子里首先想起的就是我，为此，遇到麻烦事受人委托，我反倒以此为光荣和骄傲的。

不过，虽说是受人之托，但我自己也渐渐有了写信的心情，所以并非勉强不情愿的。

你会觉得我是在多管闲事吧，请慢慢读下去。

你的心情，我比他人更想理解，同感之处也很多。可是，我想自己所能理解的只是一小部分。这次片冈铁兵氏的失言，至少是不说也行的事情说出了口，而你也并非只为了这个缘故，我想实在是以往的好多事情积压下来，最终连你也无法沉默了，遂将郁积一并吐露出来而感到爽快了吧。想说的话已经充分表露出来，并获得了超出预想的效果，大家也更了解了你的存在价值，所以你的情绪也多少平静一些了吧，我亦感到很是痛快。我也知道无所顾及地说出自己想说的话，那是爽快的。你和我一样都有一种外柔内刚的倾向。世上的人们往往太小看我们，所以，时而展示一下自己的真正价值也是必要的。从这个意义上讲，我认为这次的事情是很好的。

我觉得，倘若只是片冈氏一人的事情，则没有必要视其为问题的。日本文学报国会是各方面都很随便、畅所欲言的地方，正因为这一点我才参加这个组织，如果是大家都必须持有同样的意见，那么，我恐怕早就退出了。

所以，片冈氏的发言只代表他一个人，而且是没有什么根据的发言，并没有在我等的记忆里留下什么印记，更没有视其为问题的。即使有漫不经心而不负责任地加以赞成的人，如果是想着你的人，那十人之中也不会有一个这样的人的。然而，居住在日本之外的你将此当做问题，那也是十分自然的。所以我此刻尤为日本同胞的马虎大意而感到抱歉和不好意思。在我看来，你可以把片冈氏的意见权当是他个人或极少一部分人的意见，而且那不过是耸人听闻的发言而已，这恐怕更接近真相。

另外，或许有些人轻视你的存在，但这也是极少数人的行为，我希望你不要去理会他们，其实我等常受到更严厉的指责的。当然，万一有无法一笑了之或我们日本人不懂的事情，那就请说出来，也可以使日本方面获得反省，如果日本方面还不反省的话，虽不得已，我将为中国文士和日本文士之间的友好相处而努力，我想这一点你也会有同感的吧。

二十余年前，在日向国的山中我曾了解到你很喜欢陶渊明（木山英雄按：1919年，周作人曾访问日本九州日向的"新村"）。你讨厌世间俗事而欲退隐的心情，我很理解，但如果你退隐了，信赖你的人会相当为难的。我希望你出马，哪怕只提些要求意见，做些不至于使大家感到为难的基础工作也好。

这次的事件，清楚地证实了你在中国和日本的地位，此乃我们日本文士难以想象的极高地位。了解了这一点，作为友人的我也感到得意洋洋，这是事实。同时，我也为你卷入各种难办的事情当中而深表同情，但有一些非你莫属的事情还是想请你助一臂之力。今后，倘若有不满意的地方，或日本文士反省不够之处，那时，我将不再劝止。而这次事实上是你胜利了，你也会心里爽快吧。我高兴地期待你为了中国的青年作家，为了中国和日本的文化而积极地出来工作。我想，如果你现在引退了，那么感到为难的人不知有多少呢。

因一两个人鲁莽的言行而给善良的人带来麻烦,这是常有的事情。作为日本人,我可能并没有什么责任,但还是想对给你带来不快的事情表示道歉。

方便的时候,还请向钱稻孙先生问好。为了无聊的事情而写了这长长的信,你会不高兴的吧。想起长期的友情,还望明察我的良苦用心。

感谢你三十余年来的友情。

武者小路实笃

(请原谅透墨的稿纸难以辨读)

(文献八)
致周作人函
长与善郎

周作人老先生

先生老来生活越发清静恬适了吧。

今春我才听说,去年夏天大东亚文学者大会上有某某的失言,不幸触怒了先生,本以为不是什么了不得的事情,听了也就忘记了。然而,这事意外地掀起了波澜,文学报国会中的一些人很是忧虑,便请我给先生写信予以解释。有关于此,昨日听说武者小路已经有信寄上,虽不知道写了些什么,但倘若武者小路写了信,则更没有鄙人再多言的必要了。但如果受人之托再进一言的话,鄙人想说,如您所知文学报国会乃拥有三千五百名会员的组织,其中有很多弄和歌与俳句等的医生或公司职员,大部分都是并不知名的,即使是有些文名的文士,也大多为大众文学作家或由左翼转向而来的,其类别千差万别,远超过吴越同舟的譬喻。文学报国会处在情报局文艺课的干涉之下，因而是一个不能不受到其科长个人性格思想影响的组织。

虽有如此庞大人数和各种各样分子参与，但不管怎样处此重大时局之下便有了大同团结的需要，不用说对原本立场不同的个人来说难以提出理想的要求，只是，此乃文学者第一次结成的大团体，因此，平常被社会所忽视的文士可以为国家社会发挥意想不到的作用，而多少受到了大众的青睐。我想这也是一个收获吧。

鄙人等身居东京，常常听到文学报国会内各种奇怪的事情，而当初便对文学报国会没有抱以什么期待，只是有事之际以不得已的妥协应付之。我相信还是应该听从自己内心的命令孜孜不倦地工作，舍此则无以真正尽心报公。我很少在文学报国会露面，也就是陪同出席一些酒席宴会而已。就是说，鄙人等离得很近，各种事情可以综合起来判断，因而不至于为某一件事所困扰或者将某一件事看得太重。若是在隔海的远方，接触到一些部分的传闻而加以想象，则反而很难以不在乎的态度处之。尤其是对于先生这样诚实而深切地忧虑东亚的命运与和平的人士来说，也会有让您感到难以忍受的事情发生吧，我深为某某的失言感到遗憾。

总之，我想这一两年中不仅东亚包括世界的状况将会有大变化来临的，因此我不能不请求先生，作为东亚文坛的重镇取更加宽大的襟怀，对无足轻重者的言行等不必过多理睬。因为，先生的一举一动影响实在太大了。

很抱歉拖拖拉拉写了这么多，浪费了您的宝贵时间。只要鄙人的衷肠能承蒙理解，则幸甚也。最后，请保重身体。

匆匆不备
七月廿四日　长与善郎拜

十一　审判

　　1945年8月，日本无条件投降后，南京的"和平政府"因"使命已经完成"而立刻解散（16日）。北京的"华北政务委员会"虽作为地方机构从商议决定到各种手续结束为止还要维持一段时间，但已然自行承认历时9年的傀儡政权崩溃（18日）。在这之前，重庆的国民政府以蒋介石手谕，命令解除各战区的敌人武装并占领其要地（10日），同时，为对抗八路军总司令朱德向解放区军队发出的解除日军和傀儡军武装并占领其被占领地的指令，而命令只是名义上处于统制之下的八路军、新四军等共产党系统的军队原地驻防不得独自行动（11日）。朱德则拒绝这项命令，进而以"解放区抗日军总司令"的名义向日军发出投降令，又向美英苏三国政府声明解放区人民军队拥有参加敌人受降及相关国际会议的权利，又特别要求美国停止向国民政府提供武器并促使国民政府改变内战政策（15日）。不久，毛泽东从延安飞抵重庆，与蒋介石展开了历时41天的谈判（28日开始）。这样，终于赢得了胜利的中国人民遭遇到新的内战危机，败北的日军及其合作者们则迎来了相互交锋的两个胜者。

然而，日军整体的选择此刻非常明了，就是以联合国的命令和国民政府的法之地位为后盾，拒绝向各地的共产党军队投降，甚至极力掩护国民政府军进入八路军占优势的华北地区。另外，国民政府方面以何应钦命令支那派遣军总司令冈村宁次的形式，要求在夺得被八路军、新四军占领的城市后立即交给国民党的接收部队（8月23日）。就是说，日中战争的反红色革命之干涉战争的一面，在战败之后依然以与国民党合作的方式得到了部分的延续，而战败之后任命的北支那方面军司令官根本博，也曾在稍后的1949年到1952年期间"指挥旧军人集团，协助了台湾政府对中共的作战"（日本近代史料研究会编《日本陆海军的制度、组织、人事》）。蒋介石"既往不咎，以德报怨"的"对日方针"（8月15日）大概与上述形势不无关系，事实上，这之后也一直是利用日本帝国遗臣之手来举反共运动之旗帜的。然而，在这种道德化语言的政治性应酬的背后所隐蔽掉的，恐怕是整个国家卷入其中而浴血抵抗的中国民众的真情，和举全民实行侵略的日本国家的责任吧（顺便一提，当被问到对"以德报怨"态度的意见时，孔子的回答是"以直报怨，以德报德"）。那么，对于因被占领使其人生背负了不曾想到之阴影的沦陷区众多中国人来说，祖国的胜利是怎样一种现实呢？

例如那个沈启无，我们完全可以想象到，他是抱着无可奈何的心境来迎接解放的吧。战败之前的7月卸掉文学报国会职务，经"满洲"再次来到北京的真船丰，在《鲜苔与故纸堆》中写到了这前后的沈启无。据说，他"对于这场战争等，依然是毫不在乎而'没关系'的样子，什么战争，在他脑子里根本就没存在过。于是，你（此文始终用第二人称记述——译者）依然是不断地重复着'没法子'这个词儿"。而且，对这位因战败颠沛流离而失去信心的日本作家，反而鼓励起来了，这使真船丰在越发佩服的同时进一步感到了其失败。真船丰回国后不久，创作了以战败之际的北京为舞台的人间喜剧《中桥公馆》《麻雀的窝》等，其中，在作为日本人自我讽刺之镜的器量阔大的中国人形象中，多少留下了陷入最不被中国人同情之境的沈启无的身影，这应该说是彼此错综复杂的国民性意识的戏剧。《鲜苔与故纸堆》还记述了这样的传闻，与"中日文化协会"和"作家协会"有关的沈启无的朋友等两千余人，后来投靠了蒙疆方面的八路军。与敌合作者在战后的选择，并非像我们从国共两党的抗日姿态之强度的视角所推测的那么简单。当真船丰劝其不如也逃往八路军方面时，立刻摇头回答说"不好"的沈启无，也在开始抓捕汉奸的这年年底，把妻女抛于北京，一人消失了身影。

周作人也遇到了这样的被劝说做出选择的问题。根据羽太重久所言，沦陷时期的某个关系亲密的人物曾劝周作人去台湾，另一方面，洪炎秋回忆说他曾向周作人进言"落草"即投靠八路军方面（《国内名士印象记》）。至于去台湾则因由于张深切、洪炎秋等在战后马上向日军当局提出为台湾出身者设立特别措施的要求而展开了归乡运动，所以并不一定就是梦话。另外，周对共产党的领袖们一直有一种可观的亲近感，"落草"也很难说是不着边际的劝告〔补注一〕。但是，这回他依然没有离开北京。从他这一时期的言论行动来推测，关于自己的政治性责任问题，他有一定的觉悟，同时，他不肯做任何意义上的逃遁，这一点似乎颇有自负。

不久，在直到1945年年底国民政府军进驻北京，为严密警戒八路军进城而设置了秘密警察的状况下，才开始接收和抓捕汉奸的行动（梨本祐平《在中国的日本人》）。对于受到美军甚至日军的"掩护"而进入沦陷区的国民政府混乱至极的接收，有各种各样的传说，只要读一读重庆国民政府外交部情报局局长邵毓麟下面这段坦言，也就足以想象国民党政府给从被占领下解放出来的同胞之幻灭是多么深刻了：

> 我军受降地内军事之外的接收，本来必须是全面而有计划地实行的，否则将无法完成。可是，中日战争胜利后的接收却进行的极不正当。仿佛一个有生命的机体被切断了手脚，割断了动脉，掏出五脏六腑而被抛在地上一样，任凭苍蝇吸其血犬狗食其肉。……对于胜利后的接收，很多人模仿接收的谐音而称其为劫收。这劫收常以五子——金子、车子、房子、女子及票子为对象，故别名五子登科。无论谁只要拿出五子来，其人就可以登科了。就这样，遂使政府的根基发生了动摇，在战胜的呼声之中早就安上了定时炸弹。(《抗战胜利的前后》，转引自冈田酉次《日中战争内幕记》)

学术、教育机关虽说不是这么激烈争夺权利的地方，但接收一方和迎接一方之间的意识上的乖离终归很大。这方面的接收，是在1944年夏离开北京，而如今带着国民政府教育部"平津地区接收委员"头衔回来的原辅仁大学文学院院长沈兼士指挥下进行的（直江广治《中国民俗学的历史》，收《中国的民俗学》）。关于接收工作，一方面传闻"对教育文化界的忠贞人士，那是经过沈兼士特派员张继宣慰使保荐的，每人洋面百磅，附带恭而敬之的信一封，送到门上"（方纾《北平岁寒图》，《民主》17期）的，另一方面，也可以看到这样的意见：

> 本来日本投降之后，北方人士箪食壶浆以迎王师，不料复员者来到，别的部门先不谈，即以学术机关而论，竟有以眼还眼，以牙还牙的现象（例如故沈兼士先生在北平办接收时即有令人不满之处），岂不太令人伤心！（于鹤年《北方文

化思痛录补》，载 1948 年 1 月 29 日《大公报》）

这篇文章中还包括一段为周作人对沦陷时期文教界的一些贡献代辩的文字，另外，还记录了这样的往事：周作人兼任"北京大学"图书馆馆长之际，为维持馆内工作安插进去的王古鲁（文学史家，毕业于东京文理大学，曾为东京帝国大学讲师，后任"北大"文学院教授。1959 年自杀），曾在报纸上公开发表抗议复员回来的旧干部之言论行动的文章。即使我们假定相互忙乱之间没有发生不公正或马虎的事情，仅综合考虑到滞留者的抑郁和复员者的精神抖擞两方面，就会感到不曾发生龌龊倾轧或不平不满那才奇怪了，这本身正是应归罪于侵略带来分裂所造成的不幸之表现。作为混乱的例子还有这么一幕，当初接收"北大"时，曾提出不承认"伪北大"的"伪学生"为学生的方针，对此做出反弹的学生以文学院为中心掀起了激烈的抗议运动，结果，当局方面不得不认输（据冈本坚次直接告诉笔者）。11 月左右派驻北京的国民政府教育部长朱家骅明确表示"学校傀儡但学生不傀儡"（《周报》12 期评坛），大概也是与这次抗议运动有关的一个措施吧[补注二]。朱家骅在答记者问时，还说"教授的问题在于是不是从心里想当傀儡，这还需要审查"。伪教授的审查详情不得而知，但作为新任命的北大校长胡适（1945 年 9 月接到任命，第二年 6 月回国，9 月正式上任）之代理的傅斯年，在 1946 年 5 月处理北大的复员人员之际，曾表示"所有伪北大教员不予登用，不能给北大留下耻辱"（胡颂平《胡适先生年谱简编》）。因此，最终恐怕是受到了严厉惩办的。傅斯年原是历史学系教授，从"事变"前开始担任中央研究院历史语言研究所所长并兼任国民参政会驻会（常任）委员，在战后的政界是发言最受瞩目的学者。如后所述，这种坚决的态度仿佛在当时亦非常有名[补注三]。

关于学术、教育机关的接收总负责人沈兼士，我曾经提到过，周作人谈到他在沦陷时期从事过重庆教育部的特务工作，并在审判过程中申诉了自己曾从日军手里"救出"过他的事实。但接收"北大"之际，两人之间有过怎样的接触，对于周作人沦陷中的行为，沈兼士是以怎样的态度对待的，则不得而知［补注四］。但总之，连傀儡政权的"督办"都做过的人物，其处境不可能像"伪教员"一样只是"审查"就能了事的吧，而在周作人这一方面，他对归来的国民政府当局的追究姿态仿佛表示过相当激烈的反应，冈本坚次还记得：

> 日本战败后不久，周作人在文学院门口贴出声明，内容大概是蒋介石似乎说我是汉奸，其实自己承担了对留在北京的青年之教育责任。语调之强硬仿佛在说蒋介石才是汉奸呢。我们都为他捏了一把汗，这样写不得被抓起来嘛［补注五］。

另一方面，文化界追究汉奸的呼声，以上海为中心而且是以首先要求政府严惩的形式高涨起来。这时的上海与处于虚脱状态的北京不同，被占领结束后立刻成了无党派知识分子言论活动的据点。以与周作人有因缘关系的周建人、许广平为代表，包括郑振铎、马叙伦等，作为有名的论客登上杂志《周报》《民主》，严厉批判汉奸。他们一致主张要彻底严惩，痛切地表示为了中国的新生要果敢地剔出自己身上的病根。即使不言及与被挑起的"事变"之性质有关联的一面，其问题也的确具有老大民族固有的根基之深和规模之大的特点。在这一点上，或许周作人这样的例子甚至不过朦胧地存于他们的脑海之中也说不定。总之，文化界独自的追究运动大有兴隆之势。

中华全国文艺界抗敌协会（文协）早在8月13日的聚会上，

就成立了由老舍、巴金、孙伏园等18人组成的"附逆文化人调查委员会",并决议处理附逆文化人的办法:一、公布姓名及其罪行;二、拒绝其加入作家团体和其他文化团体;三、将附逆文化人通知出版界;四、凡学校、报馆、杂志社等等,一律拒绝为其出版书刊;五、编印附逆文化人罪行录,分发全国及海外文化团体;六、要求政府逮捕公开审判。另外,9月初,配合"为庆祝胜利告国人书"的发表,还刊发了代表大后方及解放区的作家和文艺工作者的《慰问上海文艺界书》,其中重点提出了汉奸问题,这样呼吁:

> 附带一个请求:在这次神圣的抗战中,汉奸如此之多,是中华民族的奇耻大辱,本会已设立机构,负调查文化汉奸之责,但因情势隔阂,进行不易,现特恳请诸位先生分神着手调查并搜集证据,由景宋、振铎、健吾三先生负责约集与推动,想诸位一定慨然允诺的。同封附上调查书一份,以作参考。(《慰问上海文艺界书》,载1945年9月《周报》4期)

包括信中指定的三人在内,还有周建人、郭绍虞、唐弢、柯灵等共24人的回信不久也刊出了,回信中披露了这样的认识:

> 至于调查文化汉奸,我们正在设法进行,并在各刊物中发动言论,严正检举。我们相信,只要全中国人民不忘记八年的苦战,创巨痛深,绝不会轻易饶恕汉奸的,尤其文化汉奸,以其歪曲言论,毒害国民思想,强颜事敌,卑鄙恶劣,无所不用其极,此间文艺界深明除恶务尽之理,摘奸发伏,不敢后人,誓当为中华民国洗涤这一奇耻大辱。……(《上海文化界复中华全国文艺界抗敌协会书》,载1945年10月《周

报》7期)

• 然而,《周报》《民主》等杂志上议论主题的变动,反映了知识分子关注焦点的变化。即最初感到侵略者被打倒的喜悦,到不久之后对"奇耻大辱"之"惨胜"不能不感到伤痕之深的这个国家的知识分子,在对上述问题还未得深入讨论的时候,又不得不将其全部力量倾注到反抗政府的内战政策上去。在复员北京之前的西南联合大学里,就曾经发生过反对内战的学生和教师被400人的武装队所袭击而死伤数十人的事件(1945年12月),还有通过抗日战争成为激进民主运动斗士的爱国诗人、古典学者闻一多(清华大学教授),在作为民主同盟领袖从事活动中被国民党特务暗杀(1946年7月)的事件。1946年7月,一度签订的国共停战协定(1月)也成了一纸空文,全面内战爆发。这两本杂志亦由于强权的威逼,在这前后结束了一年左右的寿命。

本来,国民政府在与共产党交涉的过程中,处于被要求首先严惩汉奸的立场上。在此,内战情势的发展对政府处理此案又增加了涉及国权的大义名分之政治影响的因素,结果,国民党逼使要求民主统一的无党派知识分子的运动进一步靠近了共产党一边,进而对作为汉奸将受到惩罚的人来说,国民政府的权威和信用也降低了。甚至有关"冀东政府"的殷汝耕,"临时政府""华北政务委员会"的王克敏以及"南京政府"的汪兆铭等傀儡政权的头领们,也被怀疑与重庆方面有密约而受到议论。在这种状况下,汪兆铭的左膀右臂、又与重庆有过秘密无线联络的周佛海,在战后不久曾被任命为南京、上海地区行动总指挥,可转而又在汉奸审判中被判处死刑,最后是根据蒋介石的特赦令减为无期徒刑,等等,这些都是政治上动摇不定的显著例子。

在这样一种复杂的状态中,1945年10月初上海和北京一起开始了对与敌合作者的检举，京津地区则在 12 月 8 日前后一次逮捕了华北政务委员会的原官吏 250 名。根据《知堂回想录》，周作人是在自己家中被逮捕并拘留在炮局胡同的监狱里的。《知堂回想录》还提到了逮捕人员顺手牵羊的"劫收"，他那里没有什么宝贝，故持枪的特务只偷走了田黄石的印章和舶来的钢表，珍藏的画砖和砖砚所幸安然无恙。这些收藏曾使日本客人大为惊叹，其中一块赠给了武者小路实笃。有人描写过周作人被捕后周宅的状况：

> 周氏去年 12 月作为汉奸被捕后，西城八道湾十一号即作为苦雨斋闻名全国的周宅，被来自重庆的宪兵占用了一部分。宪兵对周氏的周围进行了调查，惊讶地发现其家境很窘迫，便允许家属和用人靠变卖东西过日子。周氏作为附逆罪的确定嫌疑犯，已开始执行没收家产的命令，因此虽说是细末的家产也禁止移动其位置的。可是，家属确实处于不允许变卖家产就无法活命的状态之下。（川本俊夫《周家的车库》）

这篇文章与行田茂一的《东洋人的悲哀——何以与日本结缘》一起发表在《读卖周刊》的同一期（1946 年 12 月 7 日）上，构成了一个对接受审判的周作人多表惋惜的版面。而实际上，两篇文章是与饭塚朗、中薗英助等同仁在北京编辑《燕京文学》杂志的长谷川宏一人写的（据长谷川宏直接告诉笔者）。这个人作为从《东亚新报》到新民印书馆而最后辞职的张深切之后任，也曾参与过《艺文杂志》的编辑工作。文章中还记述了这样的传闻，战争结束三个月前后，在严重的通货膨胀和住房困难的状况之下，周家将已经无用的督办时代留下来的车库租借出去了。

与"华北政务委员会"有关的诸案件，在 1946 年 1 月初被送到了河北高等法院审理。所谓汉奸审判，于4月上旬在南京、江苏、上海、河北、天津、济南、厦门等地高等法院同时开始。以宣判汪兆铭死后接手同一政权的陈公博死刑为起始，陆续公布了一些重要人物的死刑判决。在河北，经过预审，以下13人于5月27日用飞机送到首都南京（王克敏没等过年关就吸食鸦片中毒而死于狱中），他们是王荫泰（"华北政务委员会"委员长）、齐燮元（同委员会绥靖总署督办）、潘毓桂（同委员会委员）、汪时璟（同委员会财政厅长）、唐仰杜（同委员会工务总署督办）、文元模（同委员会教育督办，"北大"理学院院长）、周作人（同委员会委员，"北大"文学院院长）、陈曾拭（同委员会农务总署督办）、余晋龢（同委员会委员）、殷汝耕（"冀东政府"主席）、江亢虎（"北京市"市长）、邹泉荪（"北京市"商会会长）。从他们的职位也可以看出，将其送往南京当然是因为他们都是重要的被告。可是再看下面的情况，如王揖唐和管翼贤仍然在河北受审，拘留在南京监狱中的陈公博和汪兆铭遗孀陈璧君（南京政府中央委员）等大人物又特地转到苏州法院，则又有些让人不甚明白了。这些都是由掌握逮捕和接收全权的"军统"（军事委员会调查统计局）局长戴笠直接指示而采取的措施。此公不久因飞行事故而死亡，据说他曾向汪伪政权的相关人员打过"政治解决"的保票（金雄白《汪政权实录》）。

在南京市内的老虎桥首都监狱，周作人被收监在西北角的以"忠"字命名的牢房里。这以后的一年多时间，他一直住在这里。忠舍里东西相对的房间一共有五个，每间里住五人。《知堂回想录》记道，这个属于司法部的监狱比由军统特务管理的北京看守所宽松多了，因犯每月募捐三四十万以慰劳除所长之外的所有职员。而忠舍里富翁很多，像周作人那样没钱的也可以不出。在周作人等进入老虎桥的5月，已定罪的周佛海、林柏生也从上海移送到这里。周佛海的亲信,曾参与汪伪政权而主要从事报业和银行业的金雄白,在《汪政权实录》一书中,作为"老虎桥监狱最受关注的人物",在周佛海之后举出了周作人,并这样描写其狱中生活:

> 著名文学家周作人,他因担任了"华北政务委员会"的"教育总署督办"而获罪,在平被捕,移解南来,虽为狱囚,仍然受人尊敬。他安详地度着狱中生活,以读书自遣,作过不少诗,别人在文学方面有向他请益的,也尽是虚心指教。更难得的是在横遭缧绁之余,而口中却从未稍出怨言,风度自有不可及处。

在危险的政治赌博中失败的老奸巨猾的囚徒中,周作人那独特鲜明的风格给这位原为律师的金雄白留下强烈的印象也是有理由的。他还记录了周与林柏生住在一个牢房,10月8日林在狱中被执行枪决后,周曾作七绝一首悼之。曾任汪伪政权宣传部部长的林柏生,在第一次国共合作时期做过苏俄军事顾问鲍罗廷的秘书,之后,一直担任汪兆铭派的宣传方面的工作。周作人发表反击沈启无文章的《中华日报》亦是林柏生办的报纸,因此,两者之间的友情当不仅仅出于偶尔同一牢房吧。诗是这样的:

> 当世不闻原庾信,
> 今朝又报杀陈琳。
> 后园恸哭悲凉甚,
> 领取偷儿一片心。

诗后有自跋云"林石泉同室有外役余九信,闻石泉死耗,在园中大哭,余年十九,以窃盗判徒刑三月。十月十四日"。往昔,由梁使周，因周室爱其文才而成为异朝显官不得回国，只好长久地虚慕故国的庾信故事，曾出现于座谈会事件后将周作人的前途与此诗人比拟的周黎庵文章中（参见本书第四章）。没想到他本人在此也点出了庾信的境遇。《三国志》中的文士陈琳，不就是袁绍的宣传部长嘛，他曾在檄文中痛骂敌方的曹操，骂得曹操头痛的老病居然好了，可曹操战胜袁绍之后居然包容了陈琳。将林柏生比之陈琳，分明是要追问蒋介石的度量。

林柏生被处刑的时候，周作人自己于南京高等法院经过7月9日和8月9日两次开庭审判（审判长葛之覃），正在等待着最后的判决。我们还无法读到公审记录［补注六］。《每日新闻》东亚部益井康一根据当时中国报纸的报道而编著的《被审判的汪政权》一书，其中一些简要醒目的地方，我已经做过引用，现在再归纳起来，以推察审判的梗概。

起诉书

△ 迨北平陷落，伪临时政府（主席王克敏）成立，遂受汤尔和（临时政府议政委员会委员长兼文教部长）之怂恿，于民国二十八年八月初任伪北京大学教授兼该伪校文学院院长。秉承敌伪意旨，聘用日人为教授。

△ 四一年一月就任华北政务委员会（由汪兆铭政权保护下的临时政府发展起来的华北政务执行机关）常务委员兼教育总署督办，同年十月兼任伪东亚文化协议会会长，促进两国文化交流。

△ 四三年六月，兼任伪华北综合调查研究所副理事长，协助敌人调查华北资源。

△ 四四年五月，任伪华北《新报》理事及报道协会理事，投身于为敌宣传。

△ 四四年十二月兼任伪中日文化协会理事，从事文化活动。

第一次公判时被告周作人的辩诉词

△ "七·七"事变后,北大迁移至长沙,后至昆明,因自己身体虚弱,奉蒋梦麟校长之命,与孟森、冯汉叔、马裕藻留平。

△ 三九年元旦,遭一自称李姓青年的枪击,事后我认为这是日军爪牙的恐吓。

△ 紧接着三九年一月,受汤尔和之邀不得已就任伪北大图书馆馆长和文学院院长。但是招聘日人教授乃北大当局所为,文学院哲、史、日文方面,只有二名日人教授和数名讲师。

△ 四一年汤死后,任伪华北政务委员会教育总署督办,但目的是为抵抗敌之奴化教育。虽也就任他职,但因只是兼任,并未从事实际工作。

△ 关于自己的思想,四三年在由日本思想统治机构文学报国会主持召开的大东亚文学者大会(第二届,东京)上,片冈铁兵提出的"打倒中国老作家"之议案,即指自己,彼等将我在《中国的思想问题》一文中提出的"我国的中心思想乃民族之自由生存"之论点视为大东亚主义之敌。

△ 就任伪职期间,营救辅仁大学沈兼士及其他人。

第二次公审时被告周作人的反证

△ 被告视日为敌(以片冈铁兵信件为证)。

△ 抗战有功〔受北大蒋梦麟校长之托保管大学财产,还从日军手里救出辅仁大学教育学院院长张怀及其他人,为北平青年团员杨永芳(周作人的女婿)出具信件证明援助过地下工作〕。

△ 据朱教育部长发表在报纸上的谈话称,华北之教育并非奴化教育。

且不问反手利用日本人攻击《中国的思想问题》的心证在逻

辑上的脆弱，在这些法庭辩诉中，能感到有多处刺伤文人周作人所怀抱之审美性伦理化的"生活之艺术"的地方，则是确实无疑的。实际上，到此体验到最后幻灭的人仿佛很多。比如，这里就有作为记者到监狱中直接追问周作人的年轻文笔家的访问记《老虎桥边看"知堂"》（黄裳《锦帆集外》）。黄裳的名字，时常以重庆通讯和驻防美国兵观察等通讯记事的作者出现在《周报》上。"事变"爆发时他乃是北京的学生，后来奔赴抗日地区，做过军队的英语翻译等而跑遍了各地。他的确有些当时记者的风格，关于周作人的事情，关键之处往往以剑拔弩张的言词予以断罪，但同一时期所写的另一篇文章《更谈周作人》中，记述了在北京读到《玄同纪念》时，觉得这才是他文章的顶峰，曾与一位朋友反复赞叹的往事，仅据此就知道黄裳对主人公周作人的关注绝非一般。访问记的落款日期（8月27日）正是第二次公审结束不久。在此，这位访问者作为记者也作为读者，他最想质问的地方，是下面一段：

> 我即发问，一向是佩服倪元璐（璐字当作镇）绝口不言一说便俗的他何以在这次法庭上又说了那么许多不免于"俗"的话？这很使他有些喔嚅了。最后他说，有许多事情，在个人方面的确是不说的好，愈说明而愈糟，不过这次是国家的大法，情形便又微有不同，作为一个国民，他不能不答辩云云。他重复声说，现在想说的只是一点。起诉书中说他"通谋敌国"，而日本人也说他"反动"，是"大东亚思想之敌"，事实上绝对没有在两方面都是"敌"的人。除了这点以外，其余的都可不说。

黄裳还就元旦狙击事件为日本方面的图谋这一周作人的辩诉不客气地提出了质疑，而周作人对此做出的说明依然在重复给松枝茂夫的信和《知堂回想录》中的说法。

针对"国家的大法",作为国民必须做出申辩,这一点在区别个人的道德和政治上之责任的意义上,并没有错的。然而,他讲"国家"的时候,并没有将其视为借此弄清楚自己的个人行为之对全体同胞的客观意义那样的国民机关。我们从他在法庭上的辩诉中,要感到他面向这种全体性而展现出来的人之某种虔诚性,是极其困难的。本来,作为这场审判之根据的《汉奸惩治条例》,乃是1937年为惩罚那些成为日军帮凶而从事具体的破坏工作和谍报活动的人所制定的法律,1945年末,主要为审判参与沦陷区傀儡政权者又做了修改。修改的结果是"通谋敌国、图谋反抗本国"的汉奸罪规定,和"确曾协助抗战工作或有利于人民之行为者,得减轻其罪行"的附加条款,这样便得以双管齐下,而推动了审判的进行。顺便提一下,关于这个附加条款,在草案的阶段,就有一些警惕条例成为有漏洞之法律的无党派和左翼知识分子提出了批判,认为这个附加条款至少不应适用于曾任伪组织荐任官(即日本的奏任官,文官四级中的第三级,督办为第一级的特任官)以上之供职者(平心《惩奸新论》,《周报》5期)。另一方面,政府派知识分子中以正论居士驰名的傅斯年,在主持国民参政会上的草案审议之际,将原案的"减免"改成了"减轻"。(金雄白《汪政权实录》)

于是,周作人在第一次公审中的辩诉,有关出任伪职的起诉事实,坚持要求酌情处理并主张其动机的正当性,意在否认其汉奸罪之"通敌叛国"的性质,而第二次公审中所提出的反证,甚至连庇护家属(女婿杨永芳)的事实也举出来以强调自己协助了抗战,这可以理解为根据附加条款要求减刑。即与"国家的大法"之逻辑相对抗,不惜为自己做出全面辩护。所谓审判在技术上原本就是这样的吧,而他这种态度明显地与汪伪政权的首脑如陈公博等不同。陈公博开陈的是，战争的深入发展只是对共产党有利即所谓"渔翁之利"论，和国民党主流派的"武装抗日"与汪伪的"和平抗日"的"并进"论，他强调重庆和南京在"反共抗日"上的终极一致性，由此当然否定了"通敌叛国"的罪行，但通过承认对与这种政治判断结果相关的国家负有责任的方式，他一边宣示对蒋介石的忠诚一边接受了判决。在这种情况下，虽然有政治路线的分歧，但党和国家的观念相互通联，有效地取得了政治审判的成果。另一方面，有关华北政界要人的审判，可以在王揖唐身上看到另一种态度，即在北京的法庭上始终躺卧在被告席上一言不发而接受了死刑判决。这大有夺了周作人不辩解主义的专利权之虞，看上去甚至显示出几分男子气概。而实际上在于他缺少对国民革命以来的历史之感受性，虽说病弱之躯却是更近于刁蛮地横了心［补注七］。周作人的几近于"俗"的辩诉，或者可以说是与此正相反的态度。然而，他终归没能看出这场审判足以代表全体同胞的权威和逻辑，这或许会减轻一时的心理负担，但从长远角度看终归是一个不幸。

最后的判决公审于 11 月 16 日举行，被告周作人"通谋敌国、图谋反抗本国，处有期徒刑十年，褫夺公权十年。周作人全部财产除酌留家属必需生活费外没收"（1946 年 11 月 18 日《朝日新闻》"南京电中央社＝共同"）。之所以判定有罪，是因为在法律上他必须被认定是"通敌叛国"的。因此，别的可以不论，只对"通敌叛国"的判决表示不服的被告，应当不问是否减刑，而只对有罪判决本身表示不服，这才符合道理。然而，周作人向最高法院提出的上诉，仅停留在要求减刑的层面上。尽管如此，还是弄得法庭沸沸扬扬。

谁想到，在宣判的时候，周作人并不认为满足，当法官

读完了判决书后,照例地问他:
"你有什么要说的没有?"
他答:"有,我要上诉,因为我觉得科刑太重了。"
这一来,引得旁听席上的新闻记者和听众们,都为之哄堂。说这个家伙真是愈老愈不要脸,捡了这么一个大便宜,他不说应该感激涕零,俯首认罪,还要百般狡赖,声请上诉……

果然,周作人说到做到,他借口自己是六十五岁的老翁,十五年的有期徒刑,和无期徒刑并没有多大区别。居然亲自拟撰上诉文字,请求减刑。(金典戎《周作人管翼贤幸逃死刑记》,载《春秋》197期)

另外,黄裳上述访问记还提到,周作人说有一位为自己特意承担了辩护人工作的律师王龙。而《知堂回想录》则在对已被驱逐到台湾的"国民政府"表示不满的同时,引述了二审判决书中的下面一节:

次查声请人所著之中国的思想问题,考其内容原属我国固有之中心思想,但声请人身任伪职,与敌人立于同一阵线,主张全面和平,反对抗战国策,此种论文虽难证明为贡献敌人统治我国之意见,要亦系代表在敌人压迫下伪政府所发之呼声,自不能因日本文学报国会代表片冈铁兵之反对而卸通敌叛国之罪责。

他对审判的根本不满姑且不论,再三援引片冈铁兵的攻击而为自己辩护,其逻辑也难免理路曲折苦涩。因此黄裳写道,至少从他本人口中不想流露出辩解(《更谈周作人》),周作人也不得不承认，作为个人没有一再辩诉的道理。总之，尽管有如此的辩诉依然被判定14年的徒刑［补注八］。从一般的惯例来说，担任督办级"伪职"的不是死刑，至少也是无期徒刑之罪，因此，对周作人的量刑的确不重。如果不是做了相当的酌情，不会这么轻的。金典戎在前文中指出，他幸免于死刑，在于在国府军政之实力者李宗仁和孙连仲的"斗法夹缝中，李氏有意笼络文化界朋友，暗示军统北平站长马汉三，在起诉书中替他说了好话。此外，再加上胡适等人一敲边鼓，始免于一死"。这个说法与该文的主题很有关系，至于其真伪则无从判断。不过，北大旧同僚们的运动起到了一定的作用，大概是事实的。

黄裳还记述了访问西南联合大学时听到的传闻，以陈雪屏为首的不少教授一同署名，提出过救助周作人的请愿书（《更谈周作人》）［补注九］，特别是前校长蒋梦麟出具信函证明曾委托他保管大学的资产，也无疑成了有利的心证。如周作人本人后来给鲍耀明的信（1964年6月27日）中所提到的那样，蒋梦麟尽管"讲信用""古道可取"，但亦是在与许广平一样同为周氏兄弟"女师大事件"时所教弟子吕云章的催促下，才出面作证的。可见在那时的社会氛围中，要公开讲出可能被理解为赋予一部分教员"留平使命"那样的事实，或者吃力为汉奸辩解，是有所忌惮的。虽然，根据黄裳听来的传闻，周作人从狱中给蒋梦麟及傅斯年等旧同僚寄送了与个人境遇有关的申辩书，而"各位先生的反应大不一样，或者默杀，或者加以严厉的反驳"。

其中，傅斯年的回信，正如世间所评仿佛相当地"严厉"。周作人好像对此也相当地难以忍受，在《知堂回想录》中他捎带地提到，1946年6月曾给傅斯年寄去一首题为"骑驴"的诗。这首诗无疑是对傅斯年回信的还礼，其诗如下（周亿孚《周作人著作考》［补注十］一文中引用，《珠海学报》6期）：

> 仓促骑驴出北平,
> 新潮余响久消沉。
> 凭君箧载登莱腊,
> 西上巴山作义民。

诗后所附周的自跋云:"南宋笔记载有登莱义民浮海到临安,时山东大饥,人相食,行旅者持人腊为粮,抵临安尚有剩余云。""新潮"一语双关,一为周作人与鲁迅等一起批判"食人"传统的五四时代人道主义潮流,一为在其影响下北大学生傅斯年等出刊的杂志名。

周作人把这首诗的素材进一步深入推敲,1947年在狱中作了另一首五言十六韵的长诗《修禊》,其中有自赞为"打油诗中之最高境界"的秀拔的诙谐诗句:

> 哀哉两脚羊,
> 束身就鼎鼐。
> 犹幸制熏腊,
> 咀嚼化正气。

这样的奇绝构想,据他自己说可能无意识中得之于斯威夫特(J. Swift)的《育婴刍议》(原书简称"*Modest Proposal*",意即"稳健的建议")。斯威夫特在为了拯救爱尔兰令人绝望的贫困积弱的所有奋斗都以徒劳而告终后,托激愤于幽默,提出了这一奇特的建议——可以把贫民的孩子供食用。在此,周作人甚至怀念起兄长来:"昔日鲁迅在时最能知此意,今不知尚有何人耳。"《修禊》一诗,先说过去自己爱读的种种野史一类书中时常会出现和鬼怪沾边的事情来,日夜缠绕自己的心中,以此为开场,切入登莱义民的主题，忽而转到讽刺因食人之灵验而实现了官僚式腾达的学者，而后强调若对千年如一日的旧弊之故鬼重来毫无感觉，所谓"新潮"等也不过是欺世之物而已，接下来用把沈启无喻为"中山狼"之反噬相同的手法，推出那个并没有可吃之肉却惊惧于远方狗叫声的自己。结尾，强调与其把文学视为语言文字的魔法而大事煽动或自我陶醉，不如去发挥其祓除作用而对抗"故鬼重来"的宗教民族学上之恐怖，这也是他一贯所坚持的理念和抱负，最后结句为：

> 恨非天师徒，
> 未曾习符偈。
> 不然作禹步，
> 撒水修禊事。

这首狱中所作的幽愤诗，最后一次集中地表现了自己文学革命以来的关注所在，且将他时常自白分裂之苦恼的游戏性自由和批判性道德化统一起来，从而达到了"寄沉痛于幽默"的理想境界。甚至，如此这般，与实际的抗战有别，将已然变成了勋章和条例的抗战之道义的残酷性类比为大义和非人道互为表里的怪诞野史之一幕，在这样的手法中一面检验自己的文学态度和方法的一贯性，一面得以自己来"祓除"其谁也审判不了的罪，何况这个罪乃是在僵硬的道义面前"作为国民"不得不后退一步予以辩解的。而对傅斯年个人的报复等，这也只是一个契机而已吧。但即使抓到了这个契机，以此把自己作为本来的自己重新予以确立的这种自重心，在无法宽容他的人那里也只能称之为傲慢做作的自我正当化吧。而这种说法也不见得就有错。但即便如此，以这样的言辞来非难这位身处过了60岁还不得不处于忍受汉奸罪14

年徒刑的苦境中,依然执守"异端"的使命而欲保持平静之自我的老人,会有什么积极的意义呢?

若据《知堂回想录》的简单描述来概括周作人其后的狱中生活,则大致情况如下:在忠舍大约住了一年的时间,便转到东侧的独房,在那里又住了一年半,实际上的服刑时间不过两年半左右,刑期未了,就得到了释放。这期间,他于忠舍里在饼干盒上放上木板当桌子,翻译了英国人劳斯(W. H. D. Rouse)的《希腊的神与英雄与人》。在战后的上海摆开追究汉奸之论战阵势的郑振铎,于激烈批判周作人的同时也没有隐藏其爱惜之情,郑写道"即在他被捕之后,我们几个朋友谈起,还想用一个特别的办法,囚禁着他,但使他工作,从事于翻译希腊文学什么的"(《蛰居散记》)。我们无从知道这两者之间是否有什么关系。翻译之外,周作人还致力于诗的创作,共得到《忠舍杂诗》20首,《往昔》五种共30首,《丙戌岁暮杂诗》11首。转入独房后,在耽读段玉裁注《说文解字》、王筠《说文释例》《说文句读》等文字学书籍的同时,又作诗《丁亥暑中杂诗》30首和《儿童杂事诗》72首。另外,据说散佚的应酬、题画诗等还有百余首。以上狱中诗中的《儿童杂事诗》,经作者于1954年重抄,其手稿本在香港得以复刻出版,其游戏的身姿潜藏于童心和对故乡的回忆当中。另外的"杂诗"91首结集一册《老虎桥杂诗》,听说曾一度经新加坡某人之手准备将来带到日本,目前未见诗集全貌,无法介绍[补注十一]。

[补注一] 有证言表明,在日军投降后不久周作人曾试探过投靠共产党

方面的可能性。本书第七章补注六所引文章的作者于力（董鲁安），其子于浩成战后不久便从延安外国语学校被派遣到华北的根据地，在张家口见到时任晋察冀边区参议会副议长的父亲。从父亲那里他听说，周作人曾于这年10月或11月前后托赵荫棠（"北大"文学院教授，音韵学学者。也作小说，曾参加第三届大东亚文学者大会）向董鲁安打探，如果自己投奔解放区，共产党能否接受，而议长成仿吾则立即表示拒绝。（见《关于周作人的二三事》，载1987年《鲁迅研究动态》第3期）

如本书第五章补注三所引贾芝的文章所言，对延安和毛泽东抱有天真想法的周作人，产生上述考虑也不是完全不可能的事情。另外，战后北京大学下面这种传闻等，也可以说从某种程度上反映了伪职人员的一般心理：

> 北平方面的伪教职员气焰极大，他们的口号是"此处不养爷，另有养爷处，处处不留爷，还有老八路"。（1946年4月24日《罗常培致胡适信》，收《胡适来往书信选》下册。这是曾在美国滞留一年多而自信消息灵通的罗，向长期驻美的新任校长胡适紧急汇报昆明与北京具有强烈党派色彩的校内政治势力分布情况的信）

[补注二] 远在昆明的北大当局，对于被占领之下的"傀儡大学"的判断，也好像与实际情况多有乖离的地方。作为北大代表曾参加教育部组织的以沈兼士为委员长的"平津地区复员辅导委员会"的郑天挺，谈到1945年复员时的情况：

> 回到北平一看，发现情况与在昆明想象的不同。当时北平各大学仍在上课，是无法接收的。进而教育部又派陈雪屏任北平临时大学补习班主任，所以学校先由补习班接替过来，校内人员原封不动。（郑天挺《自传》）

这和本章补注一所引罗常培信中下面一段正相照应：

> 沈兼士是教部平津特派员，权极大，但到处碰壁，而且所有

的部下,非党即亲,各方颇有怨言。记得我第一封信荐他回北大,因为他在战时保全许多人没作汉奸,其功不可没,现在我愿自动撤销我的举荐了。……兼士接收不下来,雪屏到后采和平手段兼容并包地接收下来了。可是孟真因此大不高兴,觉得他太软了。

[补注三] 傅斯年的焦虑和紧迫感,在下面这些信的文字中分别得到了清晰的表现:

> 国共问题不解决,经济问题不解决,这样胜利,一切皆是笑谈。日本投降时,喜极欲狂,今又是悲天悯人矣。(1945年10月17日"傅斯年致胡适信",收《胡适来往书信选》下册)

> 而北平方面又弄得很糟,大批伪教职员进来,这是暑假后北大回复的大障碍,我决心扫荡之,决不为北大留此劣迹。实在说这样的局面下,胡先生办远不如我,我在这几个月给他打平天下,他好办下去。[傅斯年致俞大綵(傅斯年夫人)函,转引自林桶法《从接收到沦陷》,台湾,1997]

[补注四] 常风回忆说,沈兼士进驻北京作为"文教部门的接受大员"而见于新闻报道的时候,周作人曾对常风道,如果能见到沈,我想可以派我去日本接收被掠夺走的文物(《记周作人》)。而另一方面,曾抬出周作人高扬"小品文运动"旗帜的林语堂,1943年冬从美国回来在西安见到沈兼士并一起登华山之际,听沈兼士流着眼泪讲,"督办"时代的周作人听到中国的青年在"沙滩大楼"(所谓"红楼",原文学院,曾为日本宪兵队占据)被拷问的哭声,却装作不知道。林语堂在感佩沈为"仁人君子"的同时,慨叹周(与兄之鲁迅的"热血"形成鲜明对照)的令人恐怖的"冷血"(见林语堂《记周氏兄弟》,收程光炜编《周作人评说八十年》)。对照林所传达的沈之说法,来思考周作人要向沈提出的接收文物方案,实在让人感到其想法太奇妙。而在周作人则一直很自然地抱有这样的想法,也不是没有可能的事情。

[补注五] 张贴声明一事,在中国人的回忆文章中没有出现过,但曾同在北京大学任职,美日开战后从被封锁的燕京大学转为"北大"文学院教授的容庚(文字学),其致代理校长傅斯年的公开信等,则是对自己被视为汉奸一事的激烈反抗之例。(《全汉生致胡适信》附录,收《胡适来往书信选》下册)

另外,已经离开"北大"文学院院长职位的周作人(参见第九章补注五),在 1945 年 8 月 15 日日本投降到同年 10 月初"汉奸检举运动"开始的期间,曾再次返回"北大",张琪翔这样记录了有关的事实:

> "八一五"日本投降以后,周作人想还自己当初身份面目,不但回校担任起主任职务,而且还上讲堂讲课了。原计划开"佛教文学"和"国文研究法"两门课,后来只开了一年级的国文研究法,在每星期四上午十至十二时上课,九月末开学上课,周上了不到三次课,因为"肃奸"开始,周才不到校了。(《周作人"落水"前后》)

《年谱》的 8 月 20 日项下,也记道"复北京大学文学院信,同意就任文学院国文系系主任职",我们无从知道这战后立刻实行的再聘的经过。但如同 8 月至 9 月间"中日文化协会"事业决定结束(8 月 28 日)和"华北综合调查研究所"宣告解散(9 月 30 日)那样,在扫除余留"伪职"过程中的重返"北大",如本章补注二所示,与占领下的大学和一般傀儡机关略异的连续性不无关系。

另一方面,关于"伪职"与"汉奸"的关系,当时播放了蒋介石的广播讲话,称"不论职守,问题在于行动"(倪墨炎《中国的叛徒与隐士》)。而周作人无疑并没有认识到就任"伪职"这一行动本身为有罪。正因为如此,当"肃奸"波及"北大"时,才有如冈本坚次所记忆的周作人之激烈的反弹。再如本章补注一所引于浩成的回忆,周打探投奔共产党控制地区的可能性是在这年 10 月或 11 月的事情,这正和他知道了国民党政府对自己的实际态度的时期相重叠,故应该是相当认真地考虑过的。

[补注六] 如今，通过南京档案馆编《审讯汪伪汉奸笔录》上下册（1992），可以读到与周作人有关的 26 篇材料。这个材料附在 22 名"多为直接参与叛逆利敌活动的日本之傀儡中的主要人物"每人一档文件的最后。我在此列出 26 篇的详目，并附简略说明。

1、2. 首都高等法院检察官询问笔录（1946 年 6 月 12 日、6 月 13 日）

3. 首都高等法院检察官起诉书（6 月 17 日）

4. 沈兼士等为周案出具证明致首都高等法院呈（6 月 18 日）

5. 徐祖正等为保周作人致首都高等法院呈（6 月 22 日）

    附件一：周作人服务伪组织之经过（6 月 18 日）

    附件二：片冈铁兵在大东亚文学家大会中所作扫荡中国老作家之演词（摘要）

6. 刘书琴为周作人出具之证明（7 月 7 日）

7. 孔德学校为周作人出具之证明（7 月 15 日）

8、9. 周作人辩诉状（7 月 15 日）及追加辩诉状（7 月）

10. 首都高等法院审判笔录（7 月 19 日）

11. 顾随为周作人出具之证明（7 月 26 日）

12. 杨永芳为周作人出具之证明（7 月 26 日）

13. 郭绍虞为周作人出具之证明（7 月 31 日）

14、15. 赵琛为调查周案致蒋梦麟函（8 月 13 日）及蒋梦麟复赵琛函（8 月 14 日）

16. 蔡英藩等请求调查杨永芳作证之真实性致首都高等法院函（8 月 19 日）

17. 北京大学为周作人作证致首都高等法院函（9 月 6 日）

18. 首都高等法院审判笔录（9 月 19 日）

19. 杨嵩岩为提供周作人施行奴化教育证据致首都高等法院函（9 月 20 日）

20. 首都高等法院审判笔录（11 月 9 日）

21、22. 王龙为周作人辩护书（11 月 10 日）及补充辩护书（11 月 13 日）

23. 首都高等法院特种刑事判决（11月16日）
24、25. 周作人声请复判状（11月28日）及理由书（12月17日）
26. 最高法院特种刑事判决（12月19日）

　　第5项附件一、二以同样的标题附录于第4项后面，因此可以认为是第4、5两项材料相互关联而同时提出的。第4项代替"文化之保护"这一茫然而缺乏说服力的辩诉，只提出片冈铁兵的演说以作为"最显著之事实"，其署名者共14人，包括"前辅仁大学教授"沈兼士等辅仁大学相关人员5名，"前清华大学教授"俞平伯等清华相关人员2名，"北京大学教授"陈雪屏等北大相关人员2名，进而还有"北平临大补习班"、"前国防最高委员会"、《华北日报》、"中国大学"、"国立西北大学"等相关人员。我们难以确定这个人员组成的特别意义，但平津地区教育接收首席特派员沈兼士，为重新培训和审查各大学生而派遣的"北平临大补习班"总负责人陈雪屏，以及在沦陷之下亦没有失节的教授代表俞平伯等人的名字，恐怕有相当重的分量吧。关于这个证明的领衔署名人沈兼士，第18项的审讯笔录中有审判长和被告之间的如下问答："问：本院现得沈兼士复函，称彼在北平做地下工作未受伪官掩护，及其家属被敌军所捕，是否周作人曾向日人缓颊，不得而知。此证件于你不加有利证明，你有何意见？答：本人对此没有意见。"这大概和沈等的证明其正文中只提到片冈铁兵问题有关吧。另外，第5项的署名者为"北平临时大学补习班教授徐祖正、杨丙辰等五十四人"，而上面陈雪屏率领的"补习班"也显示登用了曾任职沦陷中之"北京大学"的徐祖正，其他52人的名字则不详。该保证书的正文，从周作人的"北京大学"图书馆、文学院、"教育督办"、"综合调查所"等的善政及《中国的思想问题》等言论的积极意义，到片冈铁兵问题为止，做出了全面的"保证"。这代表了与周同处沦陷之下者的立场呢，还是了解具体情况的徐祖正、杨丙辰两人代表着更为广泛的同情者呢？以及第4、5两项并立的意义，我们都无从判断。总之，同时附录于第4、5两项后面的附件之一，作为周"伪职出任经过"的材料，在所能想到的范围内是内容最直接详细的了。

第6项是"前教育部北平市战区教育督导主任、国立西北大学教授"刘书琴出具的证明,这位于抗战中由国民政府教育部派遣做"战地教育"的刘书琴,在北京曾隐身为伪师范学院教授从事活动,那时受到了周作人的庇护和协助。

第7项是由孔德学校出具的证明,强调得力于"前代理董事长"周作人,使学校在沦陷之下亦得以维持。

第11项是"私立辅仁大学国文系教授"顾随提出的证明,证明1942年12月和1943年1月地下组织"华北文教协会"成员及辅仁大学有为教职员多数被逮捕之际,"教育督办"周作人曾出面与日本方面进行各种交涉,1944年春英千里、董洗凡、张怀等得以释放,周作人又作为保证人出面签字画押等事实。

第12项是"国立西北大学教授"杨永芳出具的证明,证明1941年至1942年受国民政府教育部"战区教育指导委员会"之命赴北平调查"伪组织下教育状况"之际,曾得到周的庇护和协助等事实。

第13项是"前燕京大学国文系教授、之江大学国文系教授"郭绍虞出具的证明,证明"教育督办"周作人曾对"忠贞文教人员"有过庇护和援助,及日美战争开始之后燕大教职员陆志韦、洪业、周学章等遭逮捕之际予以营救,还有通过郭本人对燕大有关人员给予过庇护等事实。

第14、15项是"前国立北京大学校长现任行政院秘书长"的蒋梦麟出具的周作人作为"留平教授"而完成了保管大学校产使命的证明。

第16项是"国立西北大学教授"蔡英藩、张佩瑚对第12项的杨永芳之证明提出的反驳。其中有"查杨永芳系鄙人等同事,周逆作人之女婿,原在北平大学任教。事变后随校来西安。至三十年夏应周逆之召,去平任伪职。后周逆下台,杨不堪敌伪之压迫(曾被敌伪扎捆毒殴),化装离平,冒充特工人员去渝报功"一段内容,甚至说"当时杨曾向各方活动,始加入[三民主义]青年团(或系问题,可查团证)"。这与其说对杨与周的姻亲关系,不如说对他与国民党的关系提出了异议。如本文中提到的那样,有杨为共产党员之说,因此招来了国民党系统的同僚之反感也说不定(杨在北京的伪职和被逮捕拷问的具体事实不详)。这个反驳曾在第 18 项的审理时作为对被告不利的证言举出来,而被告方面的意见是:一、蔡、张两人没有出具其为西北大学教授的带公章乃至私章的证明书,故其证据无效;二、杨的确是自己的女婿,但教育部可以调查他在北平的地下活动情况。

第 17 项是以北京大学校长胡适的名义,以数字证明"北大复员后,点查本校校产及书籍,尚无损失,且稍有增加"的事实。

第 19 项是以作家梅娘的童话《青姑娘的梦》为证据所提出的指责周作人实施奴化教育的指控。证明把作品中失去了母亲的青姑娘视为沦陷区民众的一般代表,将患病的伯母看做日本天皇或者执政者,樱姐视为日本的一般民众,认为周作人为这种向弱小儿童灌输奴化思想的作品写序是不能容许的。这个证明在第 20 项的审理过程中被提出,周作人则申辩说,当初认为新民印书馆丛书中有童话作品是好事,但序言是针对这套丛书而写,这本童话的内容并不清楚。进而,当被问及是否了解梅娘时,则回答道"假如我事先知道是她写的,我绝不作序,因为,她与日本人勾结,反对我的思想"。我们并不详细了解周与梅娘的关系,但周的申辩是以他与梅娘丈夫柳龙光等的对立为背景,则确切无疑的。然而,这样的逻辑与反手利用片冈铁兵的攻击来为自己辩护的手法,即使因对立而产生愤恨是可以理解的,但对于共同经历了沦陷之苦的年轻同胞却没有一点酌情谅解,我们不得不说这使他对审判的批判力度大大地遭到了削弱。

第 23 项的一审判决为:"周作人共同通谋敌国、图谋反抗本国,处有期徒刑十四年,褫夺公权十年。全部财产除酌留家属必需生活费外没收。"理由书中认为被告的无罪申诉"殊无足采","显系误会",故被驳回,并强调被告过去虽曾有光辉的业绩,但"意志薄弱,一经遇刺,即变节附逆,觍颜事敌",其刑事上的责任无可免除,"综合各种情状"做出量刑。

第24、25项是周作人的上诉请求,尽管依然否定其犯有汉奸罪,但"退一万步言",既然承认了有利于抗战的诸种事实,对于已经63岁的老人处以14年徒刑无异于无期徒刑,故要求根据诸般情状再酌情减刑。

第26项的二审判决,认为被告所举诸种事实终归无以颠覆汉奸罪本身,故酌量的结果,承认量刑"过当",而"原判决撤销。周作人通谋敌国、图谋反抗本国,处有期徒刑十年,褫夺公权十年。周作人全部财产除酌留家属必需生活费外没收"(主文)。因此,我所理解的在主文中放弃了对二审的上诉是不确的。

[补注七] 根据当时任《华北日报》记者的该人回忆,王揖唐曾通过律师召开记者会,关于自己在法庭上的沉默,发表了如下声明。即,日本既然已经投降,曾参加伪组织的自己要受到国法的处罚乃理所当然,对于法院的调查和审理本应该依据事实如实申诉,至于未如此做而保持沉默,并不是要让法庭为难,其中有不得已的苦衷。即本案件的主任法官曾是"华北政务委员会""司法总署"荐任官级的伪官,对于伪委员长的自己来说,这法官相当于自己的部下,这样"小汉奸高高在上审判大汉奸,让自己目瞪口呆不知说什么为好"。这个声明引起了很大波动,据说国民党政府也不得不改换主任法官,继续审理。(曹增祥《王揖唐汉奸案》,收政治协商会议全国委员会文史资料委员会编《文史资料存稿选编 8 日伪政权》)

[补注八] 如补注六所言,这里有误。最终判决为:处有期徒刑十年,褫夺公权十年。全部财产除酌留家属必需生活费外没收。另外,"全部财产"之中的周作人藏书,有人对付诸拍卖感到可惜,便建议由北京大学或北京图书馆收买,甚至有人直接向胡适请求(见1947年4月6日"郭狼墨致胡适信"及其附录,收《胡适来往书信选》下册)。周的旧藏书现存北京图书馆(但并非完整一体的保存而是分散于各处,且没有目录),就是拍卖的结果。据遗属讲,藏书约一万种一万五千

余册，没收时所制目录不知放在图书馆的什么地方了，一直没有找到。顺便一提，八道湾的房地产是"祖产"故有幸免于没收，周作人一家一直居住于此，但原本是兄弟三人的共同财产，故产权始终暧昧不清。最近，政府指定其为"文物保护对象"，使其在北京鲁迅博物馆管理之下，作为分馆将得到整修。周家搬到郊外的宿舍之后，八道湾的旧苦雨斋现住有十来户人家，成了"杂院"。

[补注九] 曾任北大秘书长的郑天挺回忆："这年春，当时在北平的一些文教界知名人士，曾上书国民党政府，为文化汉奸周作人缓颊。有人让我签名，我未同意。"（《自传》）这样，补注六关于周作人审判笔录的第4、5项，即沈兼士、徐祖正1946年夏向法院提出的证明，自然应该是别一种证明，而黄裳所谓在西南联合大学听到的陈雪屏等人的请愿书，当是后者吧。

[补注十] 根据读了本书的方纪生给我寄来的信和正误表，周亿孚应为周忆孚，是指周化人（见本书第七、九章）。

[补注十一] 参见本书附录1《知堂狱中杂诗抄》及其补注。

十二　在中华人民共和国

　　依仗美国的支援,以绝对优势的物资数量而旨在消灭共产党解放区的国民政府,其内战政策彻底失败,第二次世界大战后的国共内战以 1949 年中华人民共和国的诞生而宣告结束,这是众所周知的历史。狱中的周作人等当然对战争的发展不会漠不关心,《知堂回想录》记道,特别是在 1948 年他格外细心地持续关注着时局的走向。新闻报刊一类也悄悄带进了狱中的独房,而比起政府系统的报纸来,《观察》周刊上的战事通讯在囚犯当中更受到欢迎,他本人也于心中暗自期待着政府军的败北。到了 1949 年,大势已经确定,蒋介石通过元旦讲话,提出与共产党进行和平谈判,并开示了以国体、宪法、军队等的保存为主的五项条件,但毛泽东于 1 月 14 日发表关于时局的声明,提出了从对蒋介石为首的"战犯"处罚,到逼使其承认军事上之败北和国民政府命数已尽的八项主张。这样,到了 21 日,蒋介石不得不暂时下野,出马代理总统的李宗仁于次日表示同意接受共产党的以八项主张为和谈基础的条件,然而,这时的国民党已然处于深刻的分裂状态,整体上按李宗仁的声明协同运转已不可能。就在上演总统代理一幕的同时，不知出于怎样的背景，国民政府采取了两项与抗日战争的善后清理有关的措施。

一个是，1月25日在南京军事法庭上宣布战败时的支那派遣军总司令冈村宁次无罪，冈村连同其他260名日本战犯，于31日被送上了麦克阿瑟派遣来的军舰运回日本。共产党方面则在南京军事法庭宣布无罪之后立刻提出重新逮捕冈村宁次的要求，并指责国民政府的意图在于用虚假的和平提案来争取时间，乃是试图接受日本反动派、再次与人民为敌的阴谋（28日），接下来又发表了以把日本战犯添加到和平条件第一项的"战犯"处罚中为主旨的声明（2月5日）。另一个是，释放狱中的汉奸罪囚犯。根据金雄白《汪政权实录》，已经执行死刑的另当别论，无期徒刑者移送上海提篮桥监狱，其余一律释放。这样，周作人作为其中的一人也便获得了解放。而《知堂回想录》则明确记载说，他是1月26日走出看守所的。

国民政府败走南京之际的这两个释放措施，实际内情我也是只知道这些。总之，这是在考虑如何处理日中双方罪犯的时候，比之严峻的处罚更倾向于宽大施恩的政治判断的结果吧。而坚持强调李宗仁与周作人之因缘关系的金典戎也说："一九四九年二月，正当国共和谈空气甚嚣尘上之际，李宗仁出任了代总统。忽然想起了周作人，特由老虎桥监狱，把他押解到上海，随后即在上海监狱保释外出。"（《李宗仁与孙连仲的暗斗其三——周作人管翼贤幸逃死刑记》）不过，这个说法是否正确姑且不论，被释放的不只周作人一个，说将周移到了上海监狱也与事实不符［补注一］。根据《知堂回想录》讲，周作人是直接在老虎桥被释放的。

一千一百五十日，
且作浮屠学闭关。

> 今日出门桥上望,
> 菰蒲零落满溪间。[补注二]

　　作了这首假设题在牢房墙壁上的诗的周作人,先是在监狱附近的大概与"北大"有缘的马骥良家中住了一宿,可是,这家主人忽然受到别人的劝告,撇下客人于家中而连夜坐火车跑到上海去了。第二天,原"北大"中文系教员尤炳圻过来迎接,周作人和尤炳圻父子一起逃离混乱已极的南京,傍晚才到达上海四川路的尤家。当时,已经回到台湾的洪炎秋记述了这前前后后的情况:

> 　　三十八年大陆局势逆转时政府准备释放政治犯,当时周作人有一个学生名叫尤炳圻(尤西堂后人),其父因为曾任伪汪政权的交通部长,也关在老虎桥监狱,所以尤君每周必往探监一次,会晤两位老人。周作人知道将被释放,叫尤君写信给我,说他想来台湾,问我有没有法子安置。我就找了老友郭火炎医师,向他借用北投的别墅供住,郭君满口答应,我于是立刻回信给尤君,告诉他住所已有,日常生活费用,我和老友张我军可以负责设法,可是他出狱后没能立刻来台,后来就断绝消息了。(《我所认识的周作人》)

　　台湾将成为国民政府的最后避难之地,此刻这已是众人皆知的形势了,这样说来,洪炎秋的说法未必与周作人战后对国民政府的态度相符合。虽然如此,还在狱中的他不会对出狱后自己的进退不抱有很大的不安和迷惘,因此,作为打探的几种可能性中的一个而有了这样的想法,也没有什么奇怪的。在彼时彼刻的情境下,洪炎秋和张我军的情谊,也是很可珍重的。总之,周作人这之后直到8月中旬作为尤家的客人在此度过了二百余天。其间,

1月最后一天北京落到了人民解放军手中，4月1日南京政府派张治中、邵力子、章士钊到北京，开始和谈。和谈的结果是拟定了8条24项的国内和平协议草案，可是20日，由于南京政府拒绝在协议上签字，已被人民解放军包围的南京在三天之后被攻陷。接着，5月27日，上海迎来了彻底解放。周作人因入狱而中断的日记从这年4月也开始重记，其中，有偶尔记录下来的上海解放前后的战局片段，是这样的：

  五月十三日　……彻夜遥闻炮声。
  五月十七日　……付本里巷口做铁门费大头一枚，又代纪生付出一枚。
  五月廿二日　……夜警由平白代去。

据《知堂回想录》讲，这里的"铁门"和"夜警"是担心国民党方面的残兵败将闯入的市民们，在各弄堂设置的自卫手段。

  五月廿五日　……上午，北四川路戒严，里门亦关闭，沪西其时已解放，近地尚有市街战。
  五月廿六日　……下午，路上已可走，虽枪声陆续未断，如放爆竹。……平白夜警警戒。地方上颇有讹言，却并无事。
  五月廿七日　……下午托平白发北平电报告平安，在二十字以内，价银二元。
  五月三十一日　……寄西安信，人民币三十元。
  六月廿一日　……连日国民党飞机来沪轰炸，可谓疯狂行动，上海人却处之泰然，亦很好。
  六月廿九日　……午匪机又来扰颇久。

当初不曾相信有其实现可能性的共产主义者之革命斗争最终控制了全国,对此,周作人进行了怎样的思想上的梳理,我们还不很清楚。个人的判断与现实的发展之间的错位,对他来说能否构成真正的思想问题,这也是不甚明了的。毋宁说,面对扑面而来局面不断变化的现实,每遇到这样的巨大转机之际,如何在清末民初以来的开化思想和民族主义之最初志向中,细心选择和重组以谋求适应现实的逻辑,才是他至今一贯的思想课题。总之,正如不曾相信其能获胜的抗日战争以日军的败北而告终时那样,他这次也是在忍受痛苦之余迎来了复杂的解放。

从出狱后的日记来看他在尤家的寄居生活,可以发现与尤炳圻一样失掉了"北大"教职的方纪生、王古鲁频繁来访,暗示着这些在沦陷时期得到过周关照的人,现在从各方面照顾着他。因参加大东亚文学者大会而被判处3年徒刑的原《宇宙风》编辑陶亢德,恐怕也是和他一样出狱的吧,如今亦不时地露面。另外,还有一些人如郭绍虞、沈尹默、周黎庵、徐讦等也来会面。这期间,文字工作方面有摘译韦格耳(Arthur Weigall)的《希腊女诗人萨波》,在康嗣群的帮助下很快由上海出版公司刊行并销售了3000册。另外,还不时地在《子曰》杂志上发表文章。然而,民国初期铸造的一元银币如今已经升值到40万元,其货币市场一日之中亦时刻变动着,在这种剧烈的通货膨胀下,每5000字的稿酬和理发费一样都是100万元,故正如《知堂回想录》所言,其"白吃白住"的食客身份没有任何改变。于是,他准备等上海解放后交通得到恢复时,便立刻返回北京。

> 六月廿一日 ……廷义来,谈北平家事。
> 七月三日 ……陈济川来,云拟即北归。惜未及与同行。
> 七月三十一日 ……晚,仲廉来。云已买票明日将北行。

八月五日　……与平白说定同行往北平。约在十日以前也。
八月八日　……王心笛来访，赠旅费二万元。

从9号开始花了三天时间，早上5点就起来排队，终于买到了去北京的车票。

八月十二日　……收拾行李。纪生来亢德来。托平白至站寄行李二件，五十一公斤，运费一万九千余元。廷义来，取肴酒相饯。下午，纪生去，二时，同平白出发。亢德、廷义送至路口。五点五十分火车开行，各有座位，夜未能睡。

八月十三日　……上午九时后，至安徽嘉山县有警戒报停车，直至下午四时始行，至蚌埠已晚。见淮水未退，铁路两旁已成泽国。雨甚大车顶漏，不能坐。改换头等，加付一万二千六百八十元，得以安卧。

八月十四日　……晴。上午，抵山东境。食西瓜甚佳。下午八时至天津，十一时半到北平，至太仆寺街。丰二在通州，见芳子、丽琼，一时后始睡。

八月十五日　……丰一来。信子、菱芳、美和、美瑜、美瑞及美莲均来。下午共食西瓜。江太太来。托丰一往取行李未着。洗浴。

就这样，周作人时隔3年又回到了北京，先是在太仆寺街的弟妹家（芳子曾在此做助产妇）落脚，这之后，直到返回妻信子和长子丰一居住的八道湾家中，足足等了约两个月，这恐怕是因为要等新政府下达措施吧。众所周知，全新的中华人民共和国于10月1日成立。半个多月后回到八道湾的周作人与新的政府有哪些交涉呢，我们摘要其日记看看。

十月一日　……中国人民政府成立。

十月十七日　……丰一来，拟回家去，不果行。

十月十八日　……下午，同丰一回家。……晚，与丰一往访驻宅纠察队杨君。

十月十九日　……产业委员会人来调查。

十一月十七日　……丰一往最高法院，应传问话。

十一月十九日　……遣丰一送致沈衡山信。

十一月廿六日　……最高法院来调查房屋。

十一月三十日　……清管局根据丰一的申诉来调查。

十二月五日　……来调查户口。

十二月廿二日　……公安局来调查户口。

所谓"纠察队"，恐怕是他被逮捕以来除一小部分获得保留其余遭没收而由国民党军警占用的八道湾家宅，到了解放后又作为揭发反革命分子的机关驻地有了纠察人员住在那里（顺便一提，据说周作人一家此后一直居住于此，但使用的只是八道湾宅院的一部分）。长子丰一去"最高法院"即最高人民法院接受询问，这当然与父亲的案件有关。第三天让丰一寄信给沈衡山，这沈衡山就是最高人民法院第一任院长沈钧儒。此人乃是以无党派知识分子和民族资本家的舆论为背景，对抗日民族统一战线的结成发挥了巨大作用的"抗日七君子"之一，解放后，则代表自己任主席的民主同盟，参加了新政府的政治协商会议。他也是浙江出身，在任辛亥革命后不久的浙江省军政府教育司长时代，周作人曾在他的手下做过科长和视学，故有旧缘。"产业委员会"和"清管局"是什么单位不很清楚，大概，前者是负责家产、土地等问题，后者则是处理伴随着权力更迭而来的善后问题的机构吧。总之，无论来自哪个方面的"调查"，都是与周作人回到自家安顿下来有关的一般事务性的例行公事。即使最高法院，在这个阶段也只是来做做"家屋调查"之类的。此后，也一直没有迹象表明人民政府对他做了什么判决，这出于最高法院怎样的审理结论，或者如后所述是否有共产党中央的意向在此发挥了作用，都一向不甚明了。如果是没有依据法律做出判决，那么，也便不会有社会性的名誉恢复的可能了。事实也是如此，直到他逝世为止其汉奸的污名始终没有得到公开的洗刷。即便如此，正因为超越法和道德的反帝反封建革命之意识形态的彻底性，才真正唤起了人民解放的动力，如果从这样的角度来看，正是在这一解放斗争史的重要阶段上所犯的与敌合作之罪，终没有按照市民社会一般的抽象原理，暂且在社会政治责任的层面上得到解决，这也是不得已的吧。在这种情况下的法之制裁，对他而言，并不能保证就比国民党时代的判决更容易接受，如果是服从其制裁而等到其社会关系恢复时，也很难想象已然老耄的他那肉体和文学，能够幸福地承受革命中国一般知识分子的权利和义务乃至超越权利和义务的政治运动。不管怎么说，中华人民共和国对他过去的行为之判定早已通过胜过法律的革命意识形态，即在毛泽东《在延安文艺座谈会上的讲话》中，做出了指名道姓的裁断。倘若从《讲话》诞生于抗日战争的最关键时候，或者从与敌合作问题在毛泽东斗争哲学中的位置，以及解放后一直作为有关知识分子和文化问题的最高经典的《讲话》的权威性来看，周作人的污名是绝难翻案的［补注三］。

难以准确把握的部分不论，解放后周作人的生活，继被占领之下和狱中的阶段，依然是一种闭门蛰居的状态。解放后周作人生活的详细情况，不是本书要记述的对象，不过，我还是想就密切相关的部分做些观察。说到密切相关，汉奸的污名最终未能得到洗刷，周便于1966年底寂寞地结束了其81岁的生涯［补注四］，而到此为止的晚年生活不用说正是其必然的结果。不过，共产党的照顾保证了他解放后的生活和工作，这一点我们是知道的。《知堂回想录》在简单地记述了从上海回到北京的经过之后，写道：

> 既然平安的回到了北京，安静的住了下来，于是我要来认真的考虑我所能做的工作了。我过去虽然是教书的，不过那乃是我的职业，换句话说乃是拿钱吃饭的方便，其实教书不是我的能力所及的。那么估量自己的力量，到底可以干些什么工作呢？想来想去，勉强的说还是翻译吧，不过这里也有限度，我所觉得喜欢也愿意译的，是古希腊和日本的有些作品。我的外文知识很是有限，哲学或史诗等大部头的书不敢轻易染指，不能担当重任，过去也没有机会可以把翻译的工作当做职业，所以两者只好分开了。这回到北京以后，承党的照顾让我去搞那两样翻译，实在是过去多年一直求之不得的事情。

在新政府之下，周作人安静地从事着希腊和日本文学的翻译工作，他将此称为"党的照顾"，或许也可以理解为一般的客气。关于具体的情况，《知堂回想录》接下来特别记述了文化部副部长郑振铎和出版总署长叶圣陶的安排。这两个人都是他文学革命时代一起参与过"文学研究会"运动的友人，然而，周这样令人瞩目的人物，如果没有党的同意和关系，难以想象会只凭个人的善意而如此快地得到安置。而在他逝世前不久爆发的已然进入混乱阶段的"文化大革命"夺权运动中，发生了对于党中央实权派特别是处在中央宣传部位置上指挥文艺界的周扬掀起的总决算式的批判，在批判当中，党对周作人的"照顾"其概略不期然地披露出来了。

其中，发表于《文学战线》（1967年3期）这一红卫兵报纸上，并被《人民日报》（1967年10月19日）所转载的鲁迅遗孀许广平的《我们的痛疽是他们的宝贝》，一意将对周作人的庇护说成是"中国的走资派（刘少奇）及其爪牙"的罪恶，这让我们震惊不已。以鲁迅的警句为标题的这篇文章，甚至超过了因对周扬解放后通过给《鲁迅全集》做手脚等手段掩盖与晚年鲁迅的争执而让她难以忍受的冤恨，一古脑儿地倾吐了对"臭名远扬的大汉奸"周作人的激烈仇视。实际上，许广平在几年前出版的《鲁迅回忆录》"所谓兄弟"一章中，就已经指出："周作人就把民族利益抛弃不顾，无耻地做起日伪的高官，拿起血腥卑污的厚俸，变成国家民族的罪人，落得了一个汉奸的末局。"这种批判之非同一般的激烈性，我们不能不认为是在于周作人在北京成为傀儡政权高官，而她则于上海被日军逮捕甚至受到电刑拷打这一决定性的对照，加之两者由来已久的涉及公私两端的矛盾。当然，这与本书的主题关系不大。总之，在革命权力内部的极其尖锐的斗争中，出现了周作人这个人物的名字，无疑是谁也不曾想到的。许广平直接点名的是党中央宣传部部长陆定一、副部长周扬和"胡××"（胡乔木）三人，而有关这三人的其他大量批判文章中，也有一部分指出过这个问题。另外，还有在党的实权派之下举出郑振铎、胡愈之、冯雪峰、楼适夷、钱俊瑞等党内外文化界著名人物，系统暴露有关周作人待遇问题的署名"铁臂"的《刘少奇黑伞下的大汉奸周作人》（原载1967年5月23日《文艺战报》，引用据1979年5月15日《星岛日报》的转载）一文，许广平的材料大部分出自该文，因此，这大概是最早流行的与此有关的资料吧。

这些都是为了批判党中央实权派而写的文章。周作人之罪乃是庇护他的那些实权派之罪的前提，因此周的罪过本身被当成了不言自明的，另一方面，作为前提的罪越重大越能发挥政治攻击的效果，这样的考虑也有吧。所以，声讨周作人的语言中，虽有达到在此不忍引用程度的恶毒攻击之语,但即使是为了彻底地打倒也与从正面关注周作人而写的东西不同(如上所述,许广平的文章更具有特殊的一面)。其中具体的事实,如许广平说将周作人从监狱里放出来的是刘少奇一派的安排等,无法全信。不过,通过这些暴露,我们还是第一次了解到了足以揣测周作人解放后的社会地位的一系列事实。仅就待遇问题来看,便可以概括出下面这些条目作为参考。有些条目是可以加些注释的,但为避免与材料本身相混,从略。

△周作人出狱回到家中后,中央宣传部的周扬和胡乔木指示政府文化部的郑振铎和出版总署的胡愈之,要他们去周宅拜访周作人,为周以翻译家身份参与国家事业开绿灯,进而,向公安部门下达通告,今后不要找周作人的麻烦。

△1951年,人民文学出版社成立不久,胡乔木向时任社长的冯雪峰下达指示,可以出版周作人的书,条件是不能使用本名。

△1953年,胡乔木向人民文学出版社副社长楼适夷提出,可以让周作人翻译希腊、日本的古典,并让楼直接走访周与之联络。另外,还暗示将来他的杂文集也有出版的可能性。

△人民文学出版社把周作人作为特约翻译,以预支稿酬的方式每月支付200元生活费。其后,周扬同意了他本人提出的增加预支稿酬额的要求而提高到400元。对此,有一部分职工表示不满,受到文化部副部长钱俊瑞的呵叱。

△1956年10月,鲁迅逝世20周年纪念会,实权派同意在有人伴陪的情况下让周作人出席纪念会,并让他与日本客人单独见面(应邀参加该纪念会的日本人有长与善郎、里见弴、内山完造等?)。

△文联安排人员陪同周作人赴西安旅行。另外，每当患病的时候，受到来自文化部的激励，人民文学出版社亦派人探望。

　　△周扬将盖好自己印章的便笺交与周作人，请他随意填写内容以图外出时提供各种便利，并保证"周作人没有反对共产主义"，周作人复函表示"听了更坚定了自己的意志"。

　　△鲁迅博物馆以一千八百元买下周作人的日记，作为"文物"保存。

　　△仅人民文学出版社一家就为周出版了11本书，还有未刊行的翻译6种。另，得以在《北京晚报》等报刊上发表文章，甚至反驳许广平的文字也可以刊登。

　　△周作人可以向香港的报刊杂志自由投稿。

　　如上所示，解放后党和国家给了周作人生活与工作上的余地，这是非常贤明的做法。毫无疑问，经历了漫长的岁月和莫大牺牲而以自力刚刚取得胜利的革命，获得了与其杀人不如发挥其人的作用这一充满建设欲望的政治上的自信，是采取上述做法的背景之一。当然，也有要最大限度地动员现有知识分子这一人才需要的紧迫性作为条件吧。在这样的情景下，从意识形态和民族感情上负有决定性罪责的全人格来考虑，通过行政上的不追究措施，将他的才能和过去的业绩与其名声分离开来考虑，这本身乃是一种合理的机能主义。这种机能主义在与一党专政的绝对权力相互作用情况下，确实，不知什么时候会偏离到官僚主义的方面去也说不定。但是，尽管如此，我依然毫不踌躇地认为，甚至对这样年迈的服过刑的文人之才能也要一定程度地加以发挥，实在是中华人民共和国的德性［补注五］。

　　特别是1951、1952年前后，在上海《亦报》连载后以单行本出版的《鲁迅的故家》《鲁迅小说里的人物》等，乃是非周作人莫属的工作，而且是他作为有关鲁迅资料的提供者这一被赋予的角色与清末民初时代的掌故或绍兴、东京、北京等人物和风俗这一自己最后之关心所在有效结合，作为作品亦获得了很大成功的著作。有关他作为翻译者的使命也是一样，因此，在攻击实权派的过程中，给人的印象仿佛是好不容易得到的机会，但正如前面引用的《知堂回想录》那一段所言，乃是面对新环境认真思考自己以怎样的长处来生存的结果，而这又正是在"党的照顾"下得以实现的。时代的发展早已把他的思想和文学抛到了后面，但尽管如此，没有过分地扭曲自己而得以继续执笔写作，这对于他那样的文人之自尊心来说，首先是一种幸运。甚至让人感到在此有奇异的自由在，即正因为不容许参与到政治和意识形态的前线中去这样的身世处境，使他得以幸免于一般文艺工作者的严峻使命。在给香港友人的私信中，他时而对死后被偶像化的鲁迅和老树勉强发新芽似的郭沫若流露出讽刺的态度，也不是没有某些解毒的意义吧。

然而，这样的状态并非真正的自由，乃是毋庸置疑的。实权派的批判者虽称周作人因汉奸污名的存而不论换取的变态自由实为传播。反动毒害的自由，并对给予他这种自由的那些人进行攻击，然而，这种状态更类似于他以往所主张的不革命的自由。不革命的自由乃是他抵抗新文学运动一味向"革命"和"反革命"分裂而去的时流之渺茫的目标之一。所以，在解放后的特殊境遇中他获得了暂时的安身立命，也可谓是较为稳妥的结果，但不革命和自由的意义在昨日与今天之间有着根本的不同，自不待言。我至今依然觉得，针对历史本身激荡的发展变化，他曾经有过的那种抵抗诚然未免渺茫，但其工作为"异端"的紧张和自豪所支撑，还是使得他在时代之中强有力地生存下来了。而且，即使在狱中也使他时而能够表现出昂扬的这种紧张和自豪，作为"照顾"

的代价而失去了对象,仿佛浮在空中一样,这也是无可奈何的一种情形吧。在这样的状态下一直坚持下来的他那文字行为也未能幸免于某种反作用,这集中表现在《知堂回想录》的低调上。

这部自传是在同为他们兄弟的旧友,解放后活动于香港的新闻记者曹聚仁劝说下,自1960年开始费时两年时间所写,有二百余章近三十万字。又经过种种曲折连载于香港左派报纸《新晚报》后,于1970年印行了单行本。曹聚仁是个自由主义者,在香港也有人说他是共产党统战部的秘密成员,真假如何我们就不知道了,总之是处在亲北京的立场上。他曾多次去内地采访旅行,也到八道湾走访过周作人(《北行小语》《北行二语》《北行三语》),除此之外,他还和周作人有频繁的书信往来,收到过周的三百余封信(曹聚仁《〈知堂回想录〉校读小记》)[补注六]。

《知堂回想录》刻意强调与诗的自叙传文学的区别,而作为77岁的老人带有散漫的怀旧录性格的作品,既然要以自己的全部生涯为联贯的记述对象,那么对于曾不肯拿出来表述的一些事情,也不可避免地要重新做出某种抉择的。由他提起的与鲁迅绝交的过程,虽然可以当成家庭内的私事避而不谈,但沦陷中的行为与民族全体的救亡斗争有其必然的关联,如果不去触及,这不触及本身此刻在道理上也会成为一种态度的。因此,每当遇到这些事情的时候,他的笔调便有所改变,而重复着一贯的不辩解说。这里,我当然不是说辩解的好。但无可奈何的是,《知堂回想录》写到此处所重弹的不辩解老调,自然与他在事件旋涡中所坚持的是另外一种东西。

顺便一提,他在完成《知堂回想录》写作之后致鲍耀明的信中说:"我曾替'文史资料委员会'写过一篇《从文人督办到反动老作家》,讲我在北平经过始末,或者不久可以印出来(收在《文史资料选辑》中),说明这一段落。"(1963年8月15日致鲍耀明信）另外，大概是回答对方想阅读其原稿的期待，他还说"给文史资料写的文章，没有留稿，寄出也就算了，反正给的稿费已经收到，只有待它出版，看来也不会得很拖延的"（1963年9月4日致鲍耀明信）。不过，后来的书信中未提到这篇文章是否真的发表。从致鲍耀明的一系列信中还可以了解到，同一个时期，他实际上还编有鲁迅资料和翻译之外他唯一的一部文集，文集从天津转到广东的出版社寻求出版的机会，但终于没有问世。［补注七］另外，信中还提到最初也是发表在《文史资料》上后来以单行本出版的伪满洲国皇帝爱新觉罗·溥仪的《我的前半生》，该书于"文化大革命"中曾被攻击为乃实权派出于自我宣传之恶劣企图而出版的。周作人写道"据说其稿再三修改，且经过许多作家帮同写作，大概不是他个人的笔墨了"（1964年5月23日致鲍耀明信）。之所以这样说，是要强调他自己有关那一事件的回忆文章乃是真正的个人性的东西。虽然原本为"内部发行"的，而实际上若是未能出版，毕竟有些令人遗憾。这篇投给《文史资料》的文章针对成问题的那个时期而写，我们可以期待他在文字上做出"说明"的，所以一定会比《知堂回想录》详细得多。然而，到底会是怎样呢？且不管其详细的内容，大致的精神恐怕与《知堂回想录》的方向不会有大的差距吧。《从文人督办到反动老作家》这个题目也是一样，我们很难想象讲的是同样的自己的过去，会马上有以全新的态度来叙述的执着之心。如果有既非辩解也非说明的更为深入的总结，对于这个文人来说，正是在文学上才有可能的吧，然而，在以自传形式问世的《知堂回想录》中未曾实现的，怎么会在这篇交代式的文章中完成呢？［补注八］从这个意义上讲，我再次感觉到那篇《读〈东山谈苑〉》才是意义深远的作品。而再三引用这篇文章的《知堂回想录》却难说是杰作。

当然，我并非说他的自传漏掉了出任伪职这一事件就不能成立。而且，低调的原因也可能很多，如年龄和执笔动机的消极性，或者排斥诗之虚构这一方法上的问题等。但是，归根结底，他要在文章上将自己的经验相对化而使之成为超越个人荣辱的时代之见证，则实在显得太单薄了，而且我感到其文学性的贫弱之阴影笼罩了整个自传。他已经不再试图向人们哪怕是少数人敞开自己的心胸，以此超越他自身，因为他已经不能感知那种同时代同胞的存在，或者与读者之间的活生生的纽带。然而，反过来思考，出任伪职一事的发端在于如前所述的古色苍然之"政治"观念，通过对苦于被占领的无告之大众与占领下作为读书阶级之必须承担责任的知识分子之间的拟古式对比，实际上，周作人沦陷时期孤独的文学生活呈现的是一种仿佛与传统中被选定的幽灵们神明交会一般的状态。因此，要谈论此时期的问题，就非追溯到那个孤绝的文学生活不可，这样说来，周作人如今在作品中思考其世俗上的耻辱和责任问题的动机很欠乏，也是理所当然的了。

另外，周作人于1966年底寂寞地死去，乃是直接根据传到香港的消息，而这个消息在中国内地并没有得到正式的确认。在对"文化大革命"实权派的攻击这一语境下他存在的信息不期然地浮出了水面，但在前一年此人的殒殁消息，更无论准确的死亡时间，根本就没有成为新闻报道的对象。另外，在香港传开的周作人被鞭尸以及如果再活下去会遭到红卫兵怎样悲惨的折磨等推测，还有其他中文报纸有关内地的报道，似乎也没有脱离开对有关"文化大革命"之新闻报道上的耸人听闻手法和追求轰动效应的模式。从一代文人生涯的终结这个意义上讲，他的逝世本身促使我们去热心地诠释和想象，不过，眼下有关事实的报道丝毫没有，作为关注他临终情况的材料，我这里想引用他致羽太家人报告信子死讯的书信来作结。几乎同样内容的信函也曾寄给松枝茂夫和鲍耀明。这封信寄到日本静冈市郊外的羽太家，是他自己用日文书写的。

拜启　一月的来信已经收到，还没有回信，很抱歉。信子常年患病，近来又并发他症（心脏病），虽住进北大医院，但医药治疗已不见效，遂于四月八日下午一时故去。静子（女儿）曾从西安赶来看护，更何况是七十五岁高龄，故已没有遗憾不足。而且，处此现今之时势，还是早些走了为好。信子深信佛教崇拜观音菩萨，如今于释迦牟尼诞生日有幸成佛，即使是我这样没有宗教信仰的人，也感到非常喜悦。即此奉告，草草。

　　　　四月十二日　　　　　　　　　　　　周作人
重久先生启

[补注一] 在有关周作人出狱的诸种说法中，曾经在国民党内参与过反蒋活动的陈迩冬下面的说法大概最接近事实吧。

　　最后，谈谈周作人获得释放的问题。目前有关他的释放这一节，有的文章说是南京蒋介石政府释放的，有的说是人民解放军解放南京后，这都不准确。真正释放他的人是李宗仁代总统，他为了增加与共产党和平谈判的资本，决定释放包括杨虎城、张学良在内的一批政治犯。结果，张杨未放出，周作人倒进入释放名单内，可以说，周作人是混出来的。（陈迩冬《二周识小》，载《鲁迅研究动态》1988年第1期）

[补注二] 作者自注云，这个尾句暗示蒋介石的没落。参见本书附录1《知堂狱中杂诗抄》。

[补注三] 参照本书附录2《周作人致周恩来信》的题解。

[补注四] 我所记周作人逝世日期有误,当时依据的是"文革"中香港的报道,准确的日期应为1967年5月6日下午。时间上的半年之误,使我在当时做出了免受"文革"迫害的判断,实际情况并非如此。详情请参见文洁若《晚年的周作人》。

[补注五] "文革"中受到激烈攻击的"实权派"措施,实际上是依据毛泽东的裁决的。有关这一点,请参照本书附录2《周作人致周恩来信》的题解。

[补注六]《知堂回想录》始终在曹聚仁尽力下,连载于香港的《新晚报》《海光文艺》和新加坡的《南洋商报》,自执笔起历时8年,并在作者死后3年终于在香港得以出版单行本,其整个过程以及当时《新晚报》《海光文艺》的编辑必须对于内地政治之绞尽脑汁的顾虑等,曾在共产党系统的香港《大公报》任副总编的罗孚回忆文章中有所记述(《〈知堂回想录〉琐忆》,载《鲁迅研究动态》1988年第1期)。另外,时任《北京日报》编辑的黎丁在文章中记道,内地出版社有一个时期曾对周作人文章发生兴趣,那时周作人拿出《知堂回想录》中"元旦刺客"一章,试探可否发表,结果得到的答复是"此文把自己打扮成未成功的'准烈士',姑不论是否有人刺他?是否日本人?为何而刺?汉奸总是汉奸,平白地刊出这么篇文章,会遭到读者反对的"。这使周感到"甚为不快"(《编辑手记》,载《鲁迅研究动态》1988年第1期)。

[补注七] 2002年,作为止庵校订的"周作人自编文集"中的一册终于得以见天日,这便是100多页的《木片集》。该书卷首有止庵《关于木片集》一文,记录了直到出版为止漫长的经过。

[补注八] 今天想来,周作人向共产党及其政府所作的解释,其主旨已在解放前夜的《周作人致周恩来信》中表明得很详尽了。

尾 声

　　虽然是以周作人的"对日协力"及其背景为主题的所谓事件史，而在根底上更有我对主人公其人的传记上的关注，进而，从中日战争本身的复杂性到日本人与中国人乃至亚洲人之间的相互联带与理解，或者不如说没有联带和不理解，特别是日本人那种器量能力的问题，也一直缠绕在我的脑际，结果不期然地篇幅冗长起来。事件史中或许有教训，但并不一定需要结论。从传记的兴趣上讲，根据经验性的材料追溯在主人公后半生中留下艰涩阴影的事件及其结果的部分始末，虽仍留下了空白且时有中断，但在完成了概略的叙述之后，眼下却也觉得无可再赘言了。

　　这样，作为结尾尽管没有什么话可说，我还想在此补充一下"日本研究"一章之后，周作人声言"研究小店关门"而搁置了的那个"东洋人的悲哀"之下落，以此代替结语。

　　在他于被占领之下公开发表的文章之中有一篇《草囤与茅屋》，是介绍他所藏与飞驒考古土俗学会的《飞驒人》和日本民艺协会的《月刊民艺》有关的江马三枝子《飞驒的女人们》，并发表了其读后感想的。草囤是指出现于原书第一章中的飞驒地区农家用来背婴儿的编成桶形的背篓。周作人特意举出"草囤里"一章,又从他最初翻译过的日本文学作品《小小的一个人》的作者江马修即江马三枝子丈夫的《山的民》中,充满感情地译出讲明治元年革新知事梅村速水微服视察时所见飞驒村人黯淡生活的段落。其中,有昏暗污臭的茅屋里,被放置于背篓中的漆黑脸上叮满了苍蝇的婴儿,还有从田地里被喊回来受到"殿样"(知事老爷——译者)呵叱而只求饶恕的农妇,以及把时髦知事的热心卫生事业视为暴君之象征而怨恨的农民们等描写。然后周作人说道:

> 我读了《飞驒的女人们》,很想翻译介绍到中国来,特别是那第一章《草囤里》,这是为什么呢?因为这里边所记述的是日本中部山村农民——或是农妇生活的实情,介绍过来可以有一种诚实、亲密之感,这是在别的普通的文章书里所没有的。近时盛行一句同甘共苦的话,鄙意以为同甘是颇浅薄的一件事,无论口惠而实不至的将来的甜蜜话毫不足信,就是确确实实的大家现在一起吃糖的照相也无甚意思,至多是可以引动儿童们的歆慕罢了,比较的重要而有意义的倒是共苦。古人有言,可与共患难而不可与共安乐,可见共苦比同甘为容易。甘与争竞近,而苦则反向接引,例如鱼之相濡以沫。我们闻知了个别的苦辛忧患,假如这中介的文字语言比较有力,自然发生同情,有吾与尔犹彼也,或你即是我之感,这是一种在道德宗教上极崇高的感觉。人们常说,亚细亚是一个。这话当然是对的,我也曾这样说过,东亚的文化是整个的,东亚的运命也是整个的,差不多可以算作说明。但是这里重要的是,文化的共同过去有事实证明,不过这也会得离散的,如不是现在再加以什么维系,而运命的共同如果没有事实的证明,则即在现在也还将不免成为空话,不会得大

家的相信。现今最重要的是在事实上证明东亚人共同的辛苦,在这苦之同一上建立东亚团结的基本,共向着甘的方面突击去,这才有些希望。日本的诗人文人从前常说到东洋人的悲哀,和西洋的运命和境遇迥异的东洋人的苦辛,我读了很有感触,觉得此是中日文艺以至一切关系的正当基调,从这里出发,凡有接触与调和都可以圆满,若是以西洋本位的模拟为满足,那么回过东洋来只有优越,便于本洲全是隔膜,什么都无从说起。在八年前与友人书中我曾说道,"我们要研究、理解,或谈日本的文化,其目的不外是想去找出日本民族代表的贤哲来,听听同为人类同为东洋人的悲哀,却把那些英雄搁在一旁,无论这是怎样地可怨恨可轻蔑"。自己知道是少信的人,对于英雄崇拜缺少兴味,但上边的话亦不是完全乱道,想起米勒的名画来,《拾落穗》与《晚祷》二图所含意义甚大,总比大查理或那颇伦画像更足以表现法国人民之生活与精神吧。我想翻译介绍日本人民生活情形,希望读者从这中间感到东亚人共同的辛苦,发出爱与相怜之感情,以代替一般宣传与经验所养成的敬与畏,要知畏固可转憎,而敬亦即是远也。唯是个人的意思虑难得众人的赞可,亦不敢强为主张,《草囤里》之翻译也就中止,这回因《飞驒人》而又提及,实亦是偶然的事也。……

据桥川时雄讲,他曾与泽田瑞穗、直江广治等同行一起,在当时的北京组织"风俗研究会",当邀请周作人出任会长的时候,周不仅愉快地答应而且还出席了成立大会。这篇文章说不定就是因了这样类似的机缘而成文的呢。仅就针对"同甘共苦"的虚妄口号而谈起明治元年的农民生活来看,或者让人感到有政治性的讽刺意味也说不定。然而,《飞驒的女人们》只是一年多之前

(1942)出版于日本的书籍,而且,周作人的引用乃是在昭和十七年(1942)的民俗学水准上对内容做了准确解释之后的引用。多重曲折阴晦的行文,亦在细心拂去已然常态化的晚期被占领状态下几乎像空气一样黏在皮肤上的欺骗、恐怖、敌意等各种异样的感觉,而仅向我们表述了辽远的思绪。正因为如此,他那澄彻的思绪反而能活生生地从内在的深层给我们以持久的刺激。

后　记
（1978年）

以上是原题为"周作人沦陷始末"而分十次连载于《思想》杂志（岩波书店）1976年1月至1977年2月号上的文章结集。

改换了标题并没有什么很深的缘故，像"沦陷"这样的今后也没有指望会日语化的汉字词语，是连载时急切之下临时采用的，这回借成书的机会予以改过。"苦住"二字大概在日语中也没有曾经使用过的先例吧，不过，这个词从平白浅显的字面上讲还算容易理解，仿佛可能直接用的。而且，原词本身又是一种诙谐隐喻式的词语，再加上与后面的"庵"连在一起，构成了一个固有名词，所以原封不动地采用也说得过去。正文方面的修改仅限于前后章节内容的调整和细处的补充、推敲，又根据出版社的意见，考虑到主人公已不为一般公众所知晓期望加以简单的介绍，故于卷首附加了"缘起"一篇。索引和年表的编写也得到了出版社的协助。

出于巧合，在我进行这项写作工作的期间，从周恩来开始，朱德、毛泽东、武田泰淳、竹内好、增田涉等人相继谢世。他们都是令人无限怀念的两国之豪杰才子，如果为了纪念他们而在此赘言几句的话，可以说我在书中所处理的正是属于这些人物的那个时代的事件。而周作人及其兄长与上述人物浑然构成一个群体，长久地停留在我的心中，这也是的确的。就是说，一连串的讣告似乎象征着一个时代的即将结束，而偏偏在这样的过程中，举出这样的局面，绵绵不断地纠缠，这让我有时不能不感到某种麻烦的因果机缘。我的这种记述，即算带有该时代性制约的一个历史经验，尽管如此，难以将这种经验在确切的意义上予以透明化，好像这种遗憾时常那样作怪似的。这在今天依然如此，特别是在不乏使亚洲革命的走向不明朗起来的种种症候之此刻，我期待这本书不要成为表征下一个时代的低迷和闭塞的东西，为了时代也为了我自己。说到当初，我也有意讽刺那些简直不知混乱原因的各种有关中国的讨论研究，但混乱本身决不能引为什么名誉。在此，比如通过周氏兄弟的人生悲喜剧，来继续思考方方面面的事情，这样的想法也是有的，但目前难以着手。总之，从这个那个意义上讲，说特殊这可能的确是偏于特殊的一本书，我期待着能引起世间一般读书人的关心。

　　末了，我要记下上面提到的竹内好、增田涉，以及后来得知已经去世的加藤将之、小柴诚司、佐佐木健儿等各位的名字，谨致哀悼。另外，不管是否出现于本书之中，实在有很多人士对本书的写作直接间接地给予了协助和鼓励，特此表示感谢。

一九七八年正月
木山英雄

附录1：知堂狱中杂诗抄
（1990年）

　　知堂即周作人（1885—1967），日中战争期间在被占领的北京曾作为大臣参与了傀儡政权的"华北政务委员会"，日本败北之后，他因此被国民政府以汉奸罪判处有期徒刑10年，在南京老虎桥首都监狱成为一名囚犯。为接受审判从北京移送到南京城北宁海路拘留所是在1946年5月，而于国民党政府崩溃前后刑期未了便脱出监狱，则是在中华人民共和国成立的1949年那一年1月，因此，南京的狱中生活大概两年多。其间，他作了大量的诗歌，这在晚年撰写的自传《知堂回想录》（1970，香港）中已有明确的交代。另外，这之前曾有传闻说，短期访问早稻田大学的新加坡籍黄遵宪研究者郑子瑜把诗稿带到日本来了。可是，这些诗除了《知堂回想录》中引用过的数首之外，我们还是没能见到。之后，在香港有个叫周亿孚的人在论文《周作人著作考》（1973年《珠海学报》6期）中抄录了狱中诗19首，这样，虽说离《知堂回想录》所说共有近300首的总数还差得远呢，但借此我们总算某种程度上对诗的存在获得了实感。周亿孚在论文中还称上述抄录是从总称为《老虎桥杂诗》的全部狱中诗里选出来的，令人感到诗稿仿佛另有抄本流传似的。后来，得知周亿孚就是周化人（字忆孚，"忆孚"不知道是不是单纯的印刷错误），则觉得这种可能性的确存在。因为，周化人曾参加南京的汪兆铭伪政权，是一个经历过与北京的周作人同样命运的人物，而且我们知道在参与傀儡政权的期间，两人之间有过来往。另外，与此前后，同样是在香港还出版了《儿童杂事诗》全72首的影印本（崇文书店，1974），书中附有1947年南京所作序，又明确表明是1954年"重抄"的。这也应该是包括在《老虎桥杂诗》中的，然而有关出版的经过却没有任何说明。

如上所示，周作人狱中诗的全貌40年来一直处于被埋没的状态，而不久前终于通过内地的出版社得以见到天日，应该说实在是值得庆幸的事情。这便是岳麓书社刊行的郑子瑜藏稿《知堂杂诗抄》（1987）［补注一］。虽说是一共139页的小册子，但由于直到出版为止有一个漫长的经过，其内容上的构成也有些复杂，所以先做一个书志式的概观吧。根据卷末所附郑氏的跋文，他于1958年曾致函蛰居北京的周作人，希望得到以前所作旧体诗的全部，或者可以在外地出版。周的回信则说自己的旧诗能不能称得上诗还是疑问，而郑氏再致一信说明自己的"本意"，结果，周作人寄来的便是这本《老虎桥杂诗》。诗集最后的"杂诗题记"有"一九四七年九月二十日知堂自记"的落款，可以知道是在狱中就已经编成了。而诗集前面的"序"落款则为"一九六〇年一月二十八日"，记述了郑子瑜的出版斡旋由于"机缘不曾成熟"只好作罢，结果通过侨居香港的朱省斋介绍而得以在香港新地出版社刊行的经过，并向两位好心人表达了谢意。朱省斋即朱朴，曾得到汪兆铭的左膀右臂周佛海的支持而于被占领之下的上海编辑过《古今》半月刊，因此，他与曾给杂志投过稿的周作人之间的关系，当然比战后只有通信关系的郑氏深厚得多（这样想来，周亿孚论文所依据的《老虎桥杂诗》是不是也来自于此呢？）。可是，根据上文提到的郑氏所写跋文，这个新地出版社的出版计划也未能实现,而且诗稿的一部分还丢失了。所幸自己事前曾抄写一份全诗。跋文接着记道,在新地出版社的计划也告破产之后,周作人将《老虎桥杂诗》改为《知堂杂诗抄》并寄来了落款为1961年4月20日的新"序",托付郑氏代劳以后的出版事宜。然而,这之后"由于种种的考虑"暂停了印行的努力。1986年,我得以在内地见到陈子善先生,得知岳麓出版社希望收集出版周作人的旧体诗,终于感到"机缘已经成熟"了。岳麓书社乃是当今中国少见的有着特殊偏好的出版社,不仅复刊了一系列的周作人文集,而且正在着手两册《知堂集外文》的出版。这是年轻而颇有文献搜集手段的陈子善收集整理的周作人自出狱到建国后大量佚文的文集。

下面谈一谈诗集的形式和内容。现在岳麓本卷首所影印的作者手迹《知堂杂诗抄序》,乃是郑氏所谓后来的序文,而当时考虑预定由香港新地出版社刊行所作序则题为《前序》排列其次。在前后两篇序文之间,《老虎桥杂诗》变成了《知堂杂诗抄》,其原因仅就该书来看亦是不言自明的。因为,这里还收录了诗人下狱以前的诗。即,正文中的《一、苦茶庵打油诗二十四首》是从1937年至1943年间所作诗中自选而来,并原封不动地再录了沦陷中发表这些诗时所作《苦茶庵打油诗》一文(收《立春以前》);《二、苦茶庵打油诗补遗二十首》则是同一时期未发表部分加上下狱前所作之诗;最后的《附、自寿诗两章》即作者50岁(1934)和80岁(1964)所作自寿及自嘲之诗(目前,岳麓本中还收有陈子善氏搜集的由周作人少年时代的旧作和后来庞杂的韵文类作品所构成的《外编》,使该书成为至今最完整的旧体诗全集)。与《老虎桥杂诗》的名字相衬的部分是《三、老虎桥杂诗补遗(忠舍杂诗)十三首》、《四、往昔三十首》、《五、丙戌丁亥杂诗三十首》、《六、儿童杂事诗七十二首》和《七、题画五言绝句五十九首》,五个部分一共204首。《八、杂诗题记》中周作人说:"所收录的共有二百几十首",可见这是在狱中编辑完成的《老虎桥杂诗》之外又加入若干以前所作诗而成的。据郑氏的跋文,最初作为《老虎桥杂诗》寄来的是其中的四、五、六部分,其后又不断收到了剩余的部分,周作人嘱咐他将全部放在一起,题名《知堂杂诗抄》。上述四、五、六这三部分在形式和内容上都相当完整,《往昔三十首》主要以古今的人物史地为题材,所采用的均为五言古诗十韵(20句);《丙戌丁亥杂诗》以自己一生所关注的事项为中心,采用了五言古诗的七韵至二十六韵(52句);《儿童杂事诗》则是歌咏儿童生活和孩子所喜欢的故事等,全用七言绝句;《题画五言绝句》乃是为狱中的友人所作画的题诗,由于平凡无奇曾一度全部删除,后来又使其中的一半左右复活而成五十九首。本文要讨论的《老虎桥杂诗补遗(忠舍杂诗)》也有同样的经过,周作人在《前序》里,一方面有《老虎桥杂诗》中的《忠舍杂诗》因"性质杂乱"而题画诗多应需之作故悉从删削的记述,同时在这"补遗"的开篇又说,"前录杂诗多所遗弃,近日重阅,觉得亦是前尘梦影,遗弃亦属可惜,因复加甄录数首,其比较尖刻者仍在删薙之列,唯首尾二章悉仍其旧,盖所谓箭在弦上之势也"。这里所说的尖刻和箭在弦上之势,如后面所述指的是涉及人身攻击者,周作人一直以不将此类文章收入文集为基本方针,而这里则恐怕因不忍全部舍弃才留下来的吧。这些重新选出的《忠舍杂诗》13 首区别于最初托付给郑氏的由三部分构成的《老虎桥杂诗》而题名为"补遗",成了《知堂杂诗抄》的一部分。"忠舍"乃是最早关押在位于南京宁海路上的拘留所中的 5 人牢房之一,据《知堂回想录》讲,在此约一年时间所作诗选入《忠舍杂诗》的有 20 首。这样,废弃的诗则有 7 首,这其中是不是包含着相当辛辣怨毒的诗呢?无论怎样,我们也没有必要惋惜诗人以君子应有的节制而废弃的这些东西吧。总之,重又收入集中的 13 首,其中

"吾家数典诗"6首是缘于会稽周氏一族的故实所作游戏诗,而除去这一部分的另外7首则显示出一些特色来。简而言之,这里多有其他部分见不到的下狱经过和狱中生活的直接投影。仅仅7首,而且依然是"性质杂乱",现在特意要举出这些诗来分析,也正是因为其有这样的特色。下面将以这7首为中心试做解读。括号中为原作者的前文或自注。

骑驴

仓促骑驴出北平,
新潮余响久消沉。
凭君箧载登莱腊,
西上巴山作义民。

(骑驴乃清初状元傅以渐故事,此处言傅斯年。南宋笔记载有登莱义民浮海至临安,时山东大饥,人相食,行旅者持人肉腊为粮,抵临安尚有剩余也。)

虽然意识到了攻击得过火,但还是保留于《补遗》的开头,对这首不忍割舍的诗其背景的说明不可省略。简单说,是这样的。1937年,面对日中全面战争的爆发,南京国民政府迁都腹地重庆,北京大学也避难到长沙乃至昆明,这个时候因种种理由滞留于北京的北大教授周作人,与另外几名同僚一起正式接受了大学委托的保管校产的任务。的确,后来从他于被占领之下出任再度开学的伪北京大学文学院院长,到不久又担任"教育督办"为止,其最初的契机与此保管校产的使命有关,如此,他与敌"合作"越陷越深,而在其主观的方面却觉得没有背叛国家民族的立场,事实上也的确有各种各样的抵抗,以及包括对共产党在内的地下抵抗者的援助庇护等行动。另外,在他谜一般的出任"督办"的决意背后，有包括共产党地下组织等抗日势力的直接或间接的期待，这样的事实也于最近披露出来了。然而，这里依然有解释不清的问题，即作为个人或一个文学者，从一开始便持一种拒绝任何辩解的态度，而对抗战胜利后的法之责任追究，他则全面坚持自己是清白的。如果他的行动客观上的罪责只是因法之逻辑而遭到追究，那还没什么，但由于有实际上经历了抗战而体验到高度兴奋的民族感情和内部国共两党之争作为背景，故一向显得温文尔雅的一代文人之周作人，也难免出现一改性格上之冷静的情况。针对审判，他曾向大学的原同僚致函为自己申辩，便是一例。而收到他的信函者的反映各式各样，一方面有校长蒋梦麟等出具材料证明曾正式任命他为留平教授，使有可能处以死刑的审判导向了于他相当有利的方向，另一方面据说也有相当严厉的回信，其代表便是傅斯年。此人曾是史学系的教授，但作为政府派的知识分子在战前战后的政界曾有耀眼的活动，特别是 1946 年 5 月，他以代理校长的资格负责北京大学战后处理工作之际，对与伪北大有关的教职员采取了一贯的不宽容态度，所以，与周作人发生争执大概是此时达到高潮的吧。《知堂回想录》中则只顺便提到 1946 年 6 月曾作诗《骑驴》一首寄给傅斯年。

诗的自注说，骑驴乃基于清初状元傅以渐的故事。据说这位状元随顺治帝出游之际，骑着跛脚的毛驴回到行宫，被皇帝见到引起大笑。文人学士与毛驴搭配在一起，或言其风流或讲其落魄，正如尤多指诗人那样，总带有一种可爱幽默的意象，而此诗中只是借同姓的历史人物来增加揶揄傅斯年逃离北京城一事的调子而已［补注二］。所谓南宋笔记，即庄季裕《鸡肋编》，说的是南宋被金攻占了北方半壁江山而于临安（杭州）确立南宋首府时，被占领的山东，曾出现从登莱遥遥跋涉而来的忠义之士随身携带着人肉腊为旅途食物的故事。高远的道义与令人颤栗的野蛮互为表里，此种奇异的幽默正是周作人极喜欢之处。若不是这样的话，他对原本在于发私愤的这首诗也不会如此看重，读后亦不会感到什么味道的。然而，尽管如此，用登莱义民的故事讽刺战争之后对抗战大义的高歌，也的确是"尖刻"的做法。第二句中的新潮，与受五四新文化时代将儒教旧文化称之为"吃人"的鲁迅、周作人之影响，由北京大学学生傅斯年等所编的杂志名相关，而对于清新的人道主义梦想被革命和战争所践踏的历史之痛恨，在周作人则远远超越了对特定个人的私愤之域。巴山出自四川省原有的巴国之名而指四川一般的山岳，这里则暗示着抗战首都重庆。

> 渡江
>
> 羼提未足檀施薄，
> 日暮途遥剧可哀。
> 誓愿不随形寿尽，
> 但凭一苇渡江来。
>
>
> 东望浙江白日斜，
> 故园虽好已无家。
> 贪痴灭尽余嗔在，
> 卖却黄牛入若耶。

这是相互独立的两首绝句，但所谈的都是 1946 年 5 月从北京的监狱转移到两个月前国民政府已归来的南京的经过。实际上原本只是坐飞机在长江上一飞而过的事情。第一首中的羼提是梵语的音译，其意译则为忍辱，即为达彼岸的所谓六度（六波罗密）修行的第三度——忍受屈辱和苦难。檀施乃是音译的檀与意译的施合二为一的惯用词,即为他人的施舍。羼提未足檀施薄,首先嘲笑对傅斯年之愤慨为最深,抱着忍辱的决心出马,而后嘲笑愤慨于这种侮辱的我之自身,并慨叹这种自以为利他的行为甚至没有什么积极的意义,最终只是一场空虚。周作人虽然几次产生过对宗教性拯救的向往,但最终还是落脚到强固的无神论立场上,而在被占领之下的创作中又常常提到大乘菩萨的利人行。如果作为就任伪职的借口这听起来当然很不舒服的,但若是在伪职的位置上作为自己不至于崩溃的支柱则还可以理解。第三句的誓愿、形寿也主要是在佛教的语境下被使用的词语,虽然与菩萨投身行愿的表现相对应,但这里讲的是其失败。遭逮捕的时候已年过60岁,实际上老死狱中的可能性相当之大。如果坚持从佛教上讲,则结句可以用禅宗祖师达摩折芦苇渡江的所谓"一苇达摩"传说来解释,不过这里与此种神通之力毫无关系。不如联想《诗经》"谁谓河广?一苇杭之"(卫风·河广)以后广为流传的"一苇渡江"的意象,更为合适。当然,这"一苇"的意思在《诗经》解释上有多种说法,这里表达的是乘小船渡长江的心境。此种语言之历史性很难割舍,故飞机化成了舟舸。

第二首的浙江乃浙江的旧名。正如也选入了日本国文教科书中的鲁迅小说《故乡》所见,浙江省绍兴出身的周作人一家30年前就变卖了故乡的老屋而来到北京。贪、痴、嗔在佛教中并称为三毒,而其中的嗔毒却难以彻底消除,这一句的心境与第一句的"羼提未足"相同,此种与平常的周作人不相仿佛的愤怒引人注目。结句的若耶是故乡绍兴县南的地名,其山和溪谷均很有名。那里的山,作为古来隐者的栖息之地而闻名遐迩。而那里的溪谷呢,《越绝书》中有"若耶溪涸而铜出,古铸欧冶子铸剑所"的记载,晚唐李贺的诗也有"见买若耶溪水剑,明朝归去事猿公"(《南园十三首》之七,猿公乃《吴越春秋》所见善于剑术的白猿之精)。如所咏叹,这不是什么隐遁,而是在唤起对剑的联想。在此,卖黄牛成为关键,仿佛蹈袭了《汉书》"袭逐传"中,袭逐任勃海太守之际,叫持刀剑之民"卖剑买牛,卖刀买犊"的故事。宋苏轼的"卖剑买牛真欲老"(《次韵曹九章见赠》),南宋绍兴出身的陆游之"卖剑还山学老农"(《病思》),就是用的这个典故。然而,这里说的不是"卖剑"而是"卖牛",故与苏轼和陆游那样的隐居归农没有关联。这样,通过卖牛和若耶溪谷而将卖剑买牛的典故颠倒过来,以暗示要学剑也说不定。就是说,承接第三句的愤怒,气冲冲地要买剑而隐遁到若耶溪谷中去,这正是所谓以愤怒排遣愤怒式的谐谑。

《骑驴》《渡江》之后,是温馨回忆 45 年前同在南京江南水师学堂这所海军学校里度过的 5 年寄宿生活之《夏日怀旧》五古八韵,由于篇幅的关系,这里就不做介绍了。

瓜洲

倚门听说瓜洲话,
话到孤寒意转亲。
偏爱小名有真意,
本来萁豆是同根。

(潘同根年二十岁,父系舟人,六岁丧其母,以为盗窃担物,判处徒刑三月,在所中任挑水送饭之役,颇得人怜,及期满将去,余赠以折扇……)

瓜洲是江苏省江都县南的镇名,在方言上与周作人的故乡同属于吴方言圈。小名即俗话说的乳名。上学时起的正式名字为学名,但潘没机会上学直到 20 岁却成了小偷。结句的萁乃豆秸,"萁豆同根"则源自三国魏之曹植《七步诗》:"萁在釜下燃,豆在釜中泣。

本自同根生，相煎何太急。"南朝刘义庆《世说新语》所传故事，说魏文帝（曹丕）命弟弟东阿王（曹植）七步中为诗，不成则将行大法，而立刻出口作成的就是这首寄豆萁煮豆而慨叹兄弟相争的诗。继其父魏王曹操而称帝，进而试图排除其弟的曹丕读到此诗而感到羞耻，之后，萁豆也就成了兄弟的别称。周作人当然是因其小名"同根"而有这游戏的一句，不过，就监狱这一场所而言，于"同根"的观念中注入了特别的实际感受亦是事实吧。

灌云

灌云豪杰今何在，
留与诗人伴寂寥。
莫话浔阳江口客，
黑洋桥畔雨潇潇。

（潘同根之同伴有宋思江者，曾与江亢虎同室，不日将释出，戏作此诗。潘宋同住下关黑洋桥地方。）

灌云也是江苏省境内的县名。将区区的盗贼喽啰抬举为豪杰，只因为宋思江这个名字令人想起《水浒传》中大盗贼团的首领。这样对迷路少年表达喜好之情的寂寞诗人，不用说正是此诗的作者。浔阳江乃是江苏省九江县一带的江河部分的称呼，其"江口客"，说的是《水浒传》第三十九回这样一段故事：还没有下决心落草梁山泊而以寻访者身份游走四方的宋江，于浔阳楼墙壁上醉酒题"反诗"——"他年若得报冤仇，血染浔阳江口"，忽然遭到逮捕，正当危急处刑之际，与宋江早有因缘的豪杰们大举演出了一幕劫法场的活剧。莫话为古时候的俗语，即且不说这样的豪情壮语，沉静下来一想，实际上你们还是要回到那颓败的雨巷啊。黑洋桥即南京城北门外长江东南沿线的岸边。与宋思江同在一个牢房的江亢虎,是中国社会党的老政客,曾任汪伪政权的"考试院"院长。

咏叹两个盗贼的诗之后,是上面已经提到的"吾家数典诗六首",最后因"以上均是丙戌五月至七月中所作,为忠舍杂诗的主要部分,今选择录出。丁亥作诗最多,计有百篇以上,戊子则绝少作,除补作儿童生活诗二十首外,只有五言的一首,写在稿子的末页",而安排了宣告狱中诗完结的一首。

作诗

寒暑多作诗,
有似发疟疾。
间歇现紧张,
一冷复一热。
转眼严冬来,
已过大寒节。
这回却不算,
无言对风雪。
中心有蕴藏,
何能托笔舌。
旧稿徒千言,
一字不曾说。
时日既唐捐,
纸墨亦可惜。
据榻读尔雅,
寄心在蠑螈。

周作人三十年代以来的一系列"打油诗",以七言律诗和七言绝句为主，而自"夏日怀旧"开始，狱中所作诗却是五言古诗占了绝大多数。这种旋律淡泊除了隔句押韵外没有任何限制的诗形造成谈话一般自由的作诗法，周作人自称是从据传为唐代传说中的狂僧之作"寒山诗"那里学得的，这已不是对旧诗形式的模拟或戏仿，而是选择了更为自然的形式，故改"打油诗"的叫法而称其为"杂诗"。这一首五言古诗在语言上也很平明，只是在尾句的一联里留下暗示的含意。其旨趣在于表明自己已对作诗感到倦怠，作为理由则坚持说是因为诗根本不足以表现内心的块垒。但是，正如已经看到的那样，狱中境遇和感怀的投影相对浓厚的"忠舍杂诗"，本来也不具备突破语言的限制那样的性质。那么，在狱中已对作诗感到厌倦和诗的语言最终无以表达心之"蕴藏"，这两者之间虽分别都是事实，但并不能说后者就是前者的原因。毋宁说，他这样吟咏是为了接引到结尾的一联去，要之，字书也好蚊虫也罢，都是物化的语言，这里有的是试图沉浸到物本身中去的心愿。《尔雅》可说是儒教的经典，但实际上乃古代的训诂书。周作人在老虎桥监狱的独房里熟读了有关汉代文字学之书《说文》的注释一类的书籍，这在《知堂回想录》中也讲到过，而以《尔雅》来代表这种趣味亦是自然的做法。蠓蠛是《尔雅》"释虫"用以解释蠛字的词语，据晋人的注释，这是一种近似于蚋（蚊）的上下乱飞的小虫。面对这样的文字和事物而敞开心，不是与活生生的语言交流的难以做到甚至不得不断念很相应吗？本来，周作人的狱中诗正如关于"丙戌丁亥杂诗"所言，是以回顾和确认自己一生的关注之事为有力的题材的，由此观之，在与经典训诂学传统之中的"名物"即与草木虫鱼等物和名相关的方面，有儒教批判者周作人持续一贯的积极的关注存在，这样理解也是有理由的吧。因为，这种趣味乃是与对旧文学之主流忽视生活中的具体事物而热心于高扬道义并以文饰为能事的不满互为表里而深切关怀民俗的思想之一部分。另外，在相当数量古书中的物里特别选择蠛蠓那样的虫子，其理由可以联系到《列子》中将其作为生命极其短暂的生物之例——"春夏之月有蠛蠓者，因雨而生，见阳则死"（汤问篇）。在此，亦有进一步解读的余地：将对于物的沉潜进而扩大到了对于无常之生的思考。当然，尽管可以如此解读，但特意强调对语言的不可信赖之后的这一联，正与以不信为发条走向生之昂扬和诗的跳跃相反，而沉痛的现实丧失感依然很浓重，是不容否定的。

声称作诗之终结的此首诗作于1948年1月27日，在此之后还有一首，是正好一年后出狱之际所作拟题壁的绝句。

拟题壁（拟题云者未题也，卅八年一月廿六日。）
　　一千一百五十日，
　　且作浮屠学闭关。
　　今日出门桥上望，
　　菰蒲零落满溪间。［补注三］

这是"忠舍杂诗"部分的最后一首，作为自编者周作人说"这一首觉得不很满意，但是颇有意义的，所以同上边骑驴那一首保存下来了"。尽管对"忠舍杂诗"来说，这再合适不过了，但我认为还有一首与《骑驴》相呼应，构成了另一种首尾照应的连贯性，这便是《丙戌丁亥杂诗》的《修禊》。我想最后分析一下此诗。

修禊
　　往昔读野史，
　　常若遇鬼魅。
　　白昼踞心头，

中夜入梦寐。
其一因子巷,
旧闻尚能记。
次有齐鲁民,
生当靖康际。
沿途吃人腊,
南渡作忠义。
待得到临安,
余肉存几块。
哀哉两脚羊,
束身就鼎鼐。
犹幸制熏腊,
咀嚼化正气。
食人大有福,
终究成大器。
讲学称贤良,
闻达参政议。
千年诚旦暮,
今古无二致。
旧事倘重来,
新潮徒欺世。
自信实鸡肋,
不足取一哉。
深巷闻狗吠,
中心常惴惴。
恨非天师徒,
未曾习符偈。

> 　　不然作禹步，
> 　　撒水修禊事。
> （囚子巷、食人肉分别见于朱弁《曲洧旧闻》和庄季裕《鸡肋编》）

　　这是狱中诗作中最能体现身世感受的，作于1947年。此诗将前一年的《骑驴》素材进一步深化，这一层关系一目了然。比之官撰的正史，出自私人之手的野史不仅时常传达出意想不到的历史真相，怪异的记述中亦有生动反映民族精神生活的地方，这对各自以不同的方式坚持对老大文明之自我批判的鲁迅和周作人来说，几乎是无限的文学上之源泉。诗的开头讲由这种野史类书籍里读到的病态事象中，有不散的阴魂附着，正如周作人所言"我向来是神经衰弱的，怕听那些凶残的故事，但有时却又病理地想去打听……"(《读京华碧血录》)那样，生动地说明了他们兄弟对此有着异常敏锐的感受。见于宋人野史《曲洧旧闻》的"囚子巷"是有关地名的记述，说的是宋太祖跟从五代的周世宗攻打楚国的时候，虽有世宗格杀勿论的命令，太祖因怜惜吸吮被砍掉头的女尸之乳的婴儿，而使城内这一角的草民免遭杀戮的故事。周作人原本是对虐待妇女和儿童身心的事情特别敏感的人。接下来的齐、鲁均为山东的古国，靖康乃北宋灭亡时的年号，这讲的是无需注释就会明白的"登莱义民"的故事。"两脚羊"是在前面提到的《鸡肋编》中也可见到的词语，一种表示作为牺牲品的人之隐语。"正气"指的是"天地间的正气"，即高迈的道义之宇宙性根源。诗歌到此一转而讲起因吃人而得灵验并飞黄腾达的官僚化学者，这亦是在更具体地影射《骑驴》之主人公的经历。一不做二不休，这实在非常地执着。但是，接下来讲到因袭的复活，用周作人往昔的话讲即"故鬼重来"的恐怖，则是十分严肃认真的话题。鸡肋云云，则包含着对傅斯年之外的另一个人即周之弟子沈启无的复仇。沈在沦陷时期曾经与排斥周作人的林房雄等日本文人联手，因此遭到周的公开破门。对于沈启无，周不仅通过"破门"予以激烈的反击，而且自《丙戌丁亥杂诗》中的长诗《中山狼》开始，反复引用试图吞食恩人的狼之故事，要对其进行彻底的打击。结尾两联中的天师乃是道教指导者的称号，符偈指视文学为语言文字的魔术，包含着以煽动和陶醉为能事的浪漫做法。撒水修禊，强调的是作为彻底的散文家其自身的文学寄托着对因袭之恶的复活的宗教民俗学上之恐怖的"袚除"之意。禹步，或者是对治水神话上的文化英雄禹实践躬行之余两脚损伤步伐变得奇怪起来这一传承的引申，意指巫师和道士举行咒术仪礼时的独特步法。据晋朝葛洪的《抱朴子》，禹仿佛常常以右脚带动左脚的方式走路。这样读下来，那"登莱义民"的怪异故事仿佛成了核心，他试图将对打击自己的自尊心和善意的那些人的愤怒，与他对自身思想文学的最终确认，予以奇妙地综合与升华。作为"与敌合作"行为的动机所具有的政治性和个性化的文学观上的反浪漫主义，以及蛰居于社会主义政权之下等条件的结果，断送了其辉煌一生之后半部分的那个事件在作品上并没有得到有效的处理，这恐怕是这位文学家的不幸吧。然而，《修禊》这首诗可以说是具有从文学上予以解决之意味的稀有作品。但问题在于，像"食人大有福"以下部分那样，坚持对傅斯年和沈启无表达私愤而展开诗的后半部分，这让读者感觉不到其与前半部分的必然联系。换言之，这种私愤并没能升华为更具普遍性的愤怒。我想，周作人在此亦急于试图将不正常事态下的异常政治行为与自己的本来性一贯起来，结果把否定其政治行为的人和行为过程中叛离的人也勉强地与自己本来的文明批评之对象重叠在一起，由此造成了这样的后果。作者本人在《知堂回想录》中，于讲狱中诗作的前一章里全面回顾了自己的旧诗而抄录了这一首，甚至自赞两脚羊以下两联乃"打油诗中之最高境界"，并引用言及与英国讽刺家斯威夫特有类似性的《老虎桥杂诗题记》中一段话。可是不知为什么，岳麓书社版《知堂杂诗抄》的《杂诗题记》（写作时间与《老虎桥杂诗题记》相同）中却删除了这个他引为自豪的部分。

[补注一] 后来，作为《周作人自编文集》（河北教育出版社）中的一册，《老虎桥杂诗》得以单行出版。根据校订者止庵的卷首说明，这是以1960年代据周作人借给同乡后辈孙伏园的手稿由谷林过录的文本为底本的，仅就直接反映狱中生活的诗作来说，包括了"炮局杂诗"十三首，"忠舍杂诗"二十首，并增补一首，一应俱全。特别是前者乃被收容于北京炮局胡同监狱时的作品，是郑子瑜抄本中完全没有的部分。据小川利康《周作人〈老虎桥杂诗〉试论》（早稻田大学商学同攻会编《文化论集》第21号），还有根据龙榆生所藏手稿的抄本流传于世，而周家所藏手稿近期将影印出版。

[补注二] 相反，1945年11月末从昆明返回重庆并准备赴北京的傅斯年发表谈话说"伪北大之教职员均系伪组织之公职人员，应在附逆之列"，周作人在见到北京报纸刊载傅讲话的当天日记中附言："见报载傅斯年谈话，又闻巷内驴鸣，正是恰好，因记入文末。"（《周作人年谱》1945年12月2日）由此观之，这驴的意象带着更为不愉快的联想。因为，三国时代魏的王粲擅长学驴叫，故给王送葬之际，朋友们鸣叫着缓缓前行（《世说新语·伤逝》），后来，"鸣驴"就成了送葬的意思。

[补注三] 关于这首诗，周作人在后来的日记中自注："桥者老虎桥，溪者溪口，蒋者蒋也，今日国民党与蒋已一败涂地，此总是可喜事也。"（见钱理群《周作人传》等。各种书中都没有明确注出是哪一天的日记，大概是诗集中自注日期的那一天吧）

附录 2:《周作人致周恩来信》及题解
（1994 年）

先生：

　　我写这封信给先生，很经过些踌躇，因为依照旧的说法，这有好些不妥当，如用旧时新闻记者的常用笔调来说，这里便有些是拍马屁，有些是丑表功，说起来都是不很好听的。可是我经过一番考虑之后终于决定写了。现在的时代既与从前不同，旧时的是非不能适用，我们只要诚实的说实话，对于人民政府，也即是自己的政府，有所陈述没有什么不可以的，这与以前以臣民的地位对于独裁政府的说话是迥不相同的。因为这个缘故，我决心来写这信给先生，略为说明个人对于新民主主义的意见，以及自己私人的一点事情。

　　我不是研究社会科学的，不能说懂得共产主义的科学的精义，虽然普通的文献看过一点，相信从来历史都是阶级斗争的历史，历代的道德法律，是代表当时特权阶级的利益的。我没有专门学问，关于文学自己知道没有搞得通，早已不弄了，但是现在还有兴趣的是希腊神话，童话儿歌，以及民俗这一部分的东西，这里牵涉妇女儿童问题，我也比较的加以注意。有一个时间关于妇女问题的探讨，归结到如英国人卡本德所说，妇女问题要与工人的一起解决，相信共产社会主义是其唯一的出路，这意思多少年来一直没有更变。我由妇女问题一角入手，知道共产主义的正路，因此也相信它可以解决整个的社会问题。关于中国共产党的理论与实际我们在国民党政府之下知道的很少，只从毛主席的二三著作和美国人斯诺等人的书中略有所阅，但到了今年，天津北平先后解放，继之以南京上海，这才直接得到闻见，这才确实的有了了解。我们知道共产主义的理论是对的，可是所更要知道的是事实如何。人民共见共闻的解放军的纪律是极好的。老实的说，这诚然是好，可是也正是当然的，更重要的是政治作风如何，这是一般人所更为关心的事情。就华北华东的事实来说，中国共产党在实行新民主主义，这只是笼统的一句话，可是含义却是非常重大的。民国以来，揭橥过好些主义理论，一直都只是招牌与广告，不兑现的支票，到了现在居然有实行的，这在中国是破天荒的奇迹，在我向来相信道义之须事功化的人，自然更不能不表示佩服。这个中国历史上的新的转变，自然难以一言包括尽了，现在只就普通一般所共见共闻的来说，中国共产党有批评制度，学习精神，有切实刻苦稳健的作风，俭朴肯干，实事求是的态度（大都引用张治中氏的话），都是中国从来所无的新的趋向，大抵是举世皆知的，但是我觉得最有意义的乃是这一点，中国共产党将理论与实践合一，打破过去统治界的传统空气，建立农民的质朴的作风，来推行政治，它的意义与价值之大的确不容易估计，至少与打倒封建独裁的武力相比不在其下，而且更为难能，因为这是开创的。关于这方面，只在这里诚实的表示一点佩服的敬意，不再赘说，因为这在中国共产党自己知道得很清楚，外边说过的也已不少了。

我因为是不懂政治经济的，所说的话便只是这一点粗浅的，却是真实的话，要表明我的意思，所以不复踌躇的写了出来。但或者有人说，某人也来说这些话么，我想这种批评原是可能的，因此我觉得关于自己须说明几句，因为关于我的有些思想与行为恐怕先生也不大明白。人家批评我，在抗战前说是有闲消极，在战后则是附逆与敌合作。关于自己的事情，应当严格批评，坦白承认错误，但是我现在还须得先来叙述事实缘由，这里便多少有点像是辩解，可是诚实地说，决不是强词夺理的辩解，其间显示出来的错误，我都承认。我的思想因为涉猎妇女问题与性心理的关系，受倍倍耳卡本德蔼理思等人的影响，关于妇女之性的解放与经济的解放，归结到共产的社会，这个意见一直是如此。中国古人中给我影响的有三个人，一是东汉的王仲任，二是明代的李卓吾，三是清代的俞理初，他们都是"疾虚妄"，知悉人情物理，反对封建的礼教的人，尤其是李卓吾，对于我最有力量。五四前后有一个时期，大家对于李卓吾评论称扬的很多，他的意见都见于所作《焚书》《初潭集》，及藏书中，这些书在明清两朝便被列为非圣无法的禁书。他以新的自由的见解，来批评旧历史，推翻三纲主义的道德，对于卓文君、武后、冯道诸人都有翻案的文章。他说不能以孔子之是非为是非，可是文章中多是"据经引传"，在《焚书》中有一篇信札，说明自己不相信古人，而偏多引他们的话，这便因为世人都相信典据，借了古人的话过来，好替自己作屏风罢了。我也并不相信孔孟会得有民主思想的，更不喜欢汉宋以来的儒教徒，可是写文章时也常引用孔孟的话，说孔孟以前的儒家原是有可取的，他们不奉文武周公而以禹稷为祖师，或者上去更是本于神农之言也说不定，他们的目的是要人民得生活，虽然不是民治，也总讲得到民享，这里也是用的同一方法，即所谓托古改制，自己知道说的不是真实，但在那环境中也至少是不得已的。民国三十二年中所写，论《中国的思想问题》《中国文学上的两种思想》这些篇，都是这一例。对于旧礼教的意见我与李卓吾差不多是一致的,虽然他所用以打破儒教的独裁之器具是佛教的禅,我们在这时代自然是用别的器具,即是科学。礼教吃人都有历史的事实根据,一条条写在书上的,这二千年来中国的道德原是为代表家长的利益而建立的,它的主要的纲领便是男子中心的三纲主义。为家长的男子,是他们宇宙的中心,妻子都是他的所有,子女应该竭尽其能力供给他,必要时可以变卖作奴婢、顶凶或娼妓,病时割肉煎汤,生气时杀死勿论。这是父为子纲,已经够受了,但是说到夫为妻纲更是要不得,儿女只是他的财产牲畜,妻妾则是财产牲畜又益是器具,于同样随意处分之外,还加上一种出于珍惜妒忌之意的残虐行为,是这一纲上所特有的。主父死了,妻妾和车马衣服一起的埋入坟墓里,因为他死后还要用的,此其一。遇到战乱的时候,主父也即是后世的官绅士人,第一希望妻妾赶快上吊投河,因为这是他所使用的,不愿意再给别人拿去,他又不能保护,所以死了干净,而且又于他有光荣,等到太平时候,他可以回来,一面仍旧迎取三妻四妾,一面又可钉匾造牌坊,旌表节烈,给他家门增加名誉,此其二。这种不平等不人道的道德在社会上继续占着势力,宋朝以后更加盛大,以至于今。我在这里对于夫纲特别多说了好些话,并不一定是着重妇女问题,事实乃是,因为君为臣纲这一项正是由此而出,所以有先加说明之必要。专制君主制度在世界上到处有过,君尊臣卑一样是如此,但与中国不同的是,世间一般君臣关系,即使至不平等,也只是主奴的关系,役使生死可以惟命,如是而已,中国的君臣关系则是以男女为规范,所谓臣妾,处士处女,都是对举,诗文中以男女比喻君臣者往往多有,其最明显最普通的联系,则是所谓忠贞、气节,都是说明臣的地位身份与妾妇一致,这是现今看来顶不合理的事。在古时候,或者也不足为怪,但是在民国则应有别,国民对于国家民族自有其义分,惟以贞姬节妇相比之标准，则已不应存在了。我相信民国的道德惟应代表人民的利益，那些旧标准的道德，我都不相信，虽然也并不想故意的破坏它。还有一点我很不满意于董仲舒的话，说正其谊不谋其利，明其道不计其功，觉得古人只知道讲空话、唱高调，全不实行，这个毛病很大，所以主张道义之须事功化，这也受着颜习斋的影响，却也是由我的实感上发生的。我冗长的说这些话，是想说明一点，我的反礼教的思想，后来行事有些与此有关，因此说是离经叛道，或是得罪名教，我可以承认，若是得罪民族，则自己相信没有这意思，并不以此为辩解，这只是事实的说明罢了。

再就事实来说一下。我于民国六年到北京大学，至二十六年已经满二十年了，北大定例凡继续服务满五年者可以休假一年，我未曾利用过，这时想告假休息，手续刚在办，卢沟桥事件就发生了。北大迁移长沙，教授集议过两次，商定去留随意，有些年老或有家累的多未南下。那时先母尚在，舍弟的妻子四人，我的女儿（女婿在西北联大教书）和她的子女三人，都在我家里，加上自己的家人共有十四口，我就留下不走。北大将年老的教授孟森、马裕藻、冯祖荀和我（其时年只五十四）共四人承认为北大留平教授，委托照管北大校产，十一月中，北大校长蒋梦麟又给我一个电报，加以嘱托。是年年底，北大第二院即理学院的保管职员走来找我，说日本宪兵队派人去看，叫两天内让出该院，其时孟森已病笃，马裕藻不愿管事，由我与冯祖荀出名具函去找伪临时政府教育部长汤尔和，由其当夜去与日宪兵队长谈判，得以保全，及胜利后国民党政府教育部长朱家骅至北平视察，发表谈话，称为中国最完整保存之理科。北京大学图书馆及文史研究所亦以我的名义收回，保存人与物的原状，后来对于国立北平图书馆也是如此办法。及汤尔和病死，教育总署一职拟议及我，我考虑之后，终于接受了。因为当时华北高等教育的管理权全在总署的手里，为抵制王揖唐辈以维护学校起见，大家觉得有占领之必要。在职二年间，积极维持学校实在还在其次，消极的防护，对于敌兴亚院伪新民会的压迫和干涉，明的暗的种种抗争，替学生与学校减少麻烦与痛苦，可以说是每日最伤脑筋的事。这有多少成效，不敢确说，但那时相信那是值得做的事情，至少对学生青年有些关系或好处，我想自己如跑到后方去，在那里教几年书，也总是空话，不如在沦陷中替学校或学生做得一点一滴的事，倒是实在的。我不相信守节失节的话，只觉得做点于人有益的事总是好的，名分上的顺逆是非不能一定，譬如受国民政府的委托去做"戡乱"的特务工作，决不能比在沦陷区维持学校更好，我的意见有些不免是偏的，不过都是老实话，但是我所顾虑到的只是学校学生一方面，单为知识阶级的利益着想，未能念及更广大的人民大众，这当然是错误，我也是承认的。

　　与敌人合作，在中国人中间大概是很少的，（但）虚与委蛇不能真算是合作，若是明的暗的抗争，自然更不是了。在沦陷的前后，我的思想文字的方面可以有两件事来证明，前后并没有什么转变。其一，在抗战前我曾写了几篇日本管窥，在国闻周刊上发表，末了的第四篇管窥发在二十六年七月初的那一期上，是该刊战前最后的一期了。这里边我说明：要了解日本的国民性，我们从文化上如文学美术等去找钥匙，那是不可能的，因为那种钥匙虽然可以应用在文化问题上，但是如用以解说政治军事上的问题时，便要碰了壁，无论如何是开不通的了。现在须得改从宗教入手，去观察日本民间的神道教，这与外来的儒佛两教不同，完全是一种神灵附身的狂信，出会的神舆，常常不照路线乱走乱撞，在中国民间是绝对见不到的。这种感情冲动，往往超过了理性制裁，无可理喻的发动起来，可以看作对内对外的乱暴行动之说明。二十九年冬天，日本国际文化振兴会要求写一篇文章，纪念他们的建国二千六百年祭,没有法子拒绝,我写了一篇《日本之再认识》给它,这文有印本,读者可以知道里边还是那个结论,说要了解国民性,如从文化下手没有结果,必须从其固有的宗教入门,才有希望。这可以代表我对于日本所说的言论。其二,关于对于中国的言论,在沦陷中写了不少,可以其中一篇《中国的思想问题》作为代表。这是在三十一年冬天所写的,其时兴亚院新民会等正热心于替中国人建立一个中心思想,不用说那是想用大东亚新秩序做中心的,我的文章便是对此而发。照例引用了些孔孟的话,高调禹稷的作风,我说明中国早已自有其中心思想,此思想并不单是出于文人学士的提倡,乃是上自圣贤,下至匹夫匹妇,无不心中共有,所以既然无法消除,也是无须注入的,这本于民族求生意志,个人要能生存,也要大家一起生存,圣人加上一个名称曰仁,老百姓不认识这字,意思却是先天的懂得的。中国民族平时很是和平,很肯吃苦,但是假如到了民族生存的紧要关头,那也就不能让步了。这里的理论有些自己知道是浅薄空泛,但其重要的不是学理而是作用。到了次年九月,日本军部统制下的日本文学报国会发起大东亚文学者大会在东京开会,由会员片冈铁兵提出扫荡中国反动的老作家问题,其演说词中有云:

"现在余在此指出之敌人,正是诸君所认为残余敌人之一,即目前正在和平地区内蠢动之反动的文坛老作家,而此敌人虽在和平地区之内尚与诸君思想的热情的文学活动相对立,而以有力的文学家资格站立于中国文坛。彼常以极度消极的反动思想之表现与动作,对于诸君及吾人之建设大东亚之思想表示敌对。彼为诸君及吾辈斗争途上之障碍物,积极之妨害者,彼为大东亚地域中心必须摧毁之邪教偶像云云。"(原文见该会机关报《文学报国》第三号,三十三年五月上海出版之《杂志》中载有全译。)他这里还没有说出姓名,经我直接去信质问,片冈来信承认所说残余敌人即是指我。(原信送在南京高等法院，现存有誊本。）其第三节中云：

"读了《中国的思想问题》的人，假如不曾感觉在今日历史中该文所演的脚色乃是反动保守的，则此辈只是眼光不能透彻纸背的读者而已。鄙人感到不应阻害中国人民的欲望之主张，实即是对于为大东亚解放而斗争着的战争之消极的拒绝，因此在去年九月大东亚文学者大会会议席上，作了那样的演说。为中国人民所仰为指南之先生有此文章，其影响力为何如，鄙人念及，为之栗然。先生此文无非将使拒否大东亚战争，至少亦欲对于此战争出于旁观地位之一部分中国人民之态度，予以传统道德之基础，而使之正当化耳。"

这里可以看出来我在沦陷中的文字是哪一种色彩，敌人认为是他们斗争途上之障碍物，积极之妨害者，必须扫荡摧毁之对象，这总可以表明不是合作得来的人。至于此外文章也还写了些，但是没有什么值得说的，所以不再赘说了。

本来竭力想写的简单，实在已经太噜嗦了。虽然有些地方为的要说明，也有不得已的，要请原谅。过去思想上的别扭，行动上的错误，我自己承认，但是我的真意真相，也希望先生能够了解，所以写这一封信，本来也想写给毛先生，因为知道他事情太忙，不便去惊动，所以便请先生代表了。

民国三十八年七月四日，周作人

【题解】

这封书简，发表于 1987 年《新文学史料》第 2 期。发表当初，抬头的地方空了两格，略去了收信人的名字，信中也没有出现周恩来的字样。前面有编者的以下按语："这是周作人写给中央负责同志的一封信，是林辰同志于一九五一年向冯雪峰同志借阅时抄下的，现在我们从林辰处抄得一份，发表于此，以供研究周作人问题的同志参考",并题名为"周作人的一封信"。这应该是一个很合理的措施。将近四十年前所写的这封信,其在此刻公开发表的原因也是很清楚的。周作人参加伪傀儡政权得到了地下党的授意,与这种"新史料"引起的热议有关,1986年11月在北京鲁迅博物馆召开了"敌伪时期周作人思想创作研讨会",此信抄本的所有者林辰曾于会上提到这封信,而在后续的议论中这封信的复印件最终公开,两者之间有着明显的因果关系。此信的存在早在一部分人中间有所流传,我也是1981年夏天造访北京的时候,在当时留学北京大学的尾崎文昭君陪同下,访问那时还健在的社科院唐弢先生之际听到的。那时,周作人研究本身在一小部分学者中间带着忧惧而渐渐展开,人们觉得这样的信件即使公开发表也不会成为问题吧。唐弢先生也说,他是从郑振铎那里看到过这封信,但不知道如今存在什么地方,如果自己查到了会告诉我们的。在文章中最早提到这封信的,仿佛是王士菁的《关于周作人》(载1985年《鲁迅研究动态》第4期)。他这样说道:

> 全国解放后不久,大概是一九五〇年十二月间吧,上海的冬天暗的比较早。有一天,雪峰同志来到武进路三〇九弄十二号鲁迅著作编刊社,坐在我的对面,打开他的台灯,看一份材料,越看越生气地对我说:"你看,周作人如果有一点自知之明,是不应该写这样的东西的。"我问这是怎么回事,雪峰同志说:最近领导上转给他一份材料,是周作人为自己辩护的。

此刻的冯雪峰,是中央人民政府设在上海的华东军事委员会委员,虽然他没有接受文化部长的任命,但与唐弢一起负责解放后不久的上海在周恩来等直接关怀下设立鲁迅纪念馆和故居复原的工作，并兼任同样是根据中央政府的决定而组成的鲁迅著作编刊社社长和总编。林辰也便是在此编刊社冯雪峰领导下的一位（陈早春《冯雪峰评传》）。

在林辰所藏这封信的抄本公开前后，唐弢也发表了题为《关于周作人》（1987年《鲁迅研究动态》第5期）一文，详细介绍了书简的内容。唐弢文章所言的经过是这样的：

> 大概是一九五〇年吧，中央召开全国文物工作会议，我从华东来到北京。文物局长郑振铎，还有文化部长沈雁冰等，刚从政务院总理周恩来那里拿到一封周作人给他的信，信很长，将近六千字，是周作人的亲笔（见图）。总理交给文学研究会几位同人拟具意见，我从西谛（郑振铎）那里得见此信。信的开端没有抬头，只写"××先生"……

如"见图"所示，唐弢文中之图一看便知道是周作人手书的影印件，但只有最后的一页，若将王、唐两文合在一起观之，则知道抬头的收信人处当初就是空两格的。就是说，正如书简的末尾所言，本来想直接写给周恩来的，但至少在形式上要表明其真正的诉说对象乃是毛泽东所领导的共产党。书简是通过党内的文化系统直接转到冯雪峰手上，还是先咨询了郑、沈文学研究会旧同人，两者的前后关系不甚明了。总之，从各种事例来推测，则无疑是毛泽东最终做出了裁决，这在唐弢文中是这样记述的：

> 我不知道文学研究会几位老同人当年拟具了什么意见，却从周总理那里，听到毛泽东主席看完书信后说的几句话，毛主席说："文化汉奸嘛，又没有杀人放火。现在懂古希腊文的人不多了，养起来，让他做翻译工作，以后出版。"大概这

就是人民文学出版社每月支二百元（以后改为四百元）的依据。

原文中的"养起来"，正如周作人的例子，我听说是一个政治术语，常用于审查带着旧体制下经历的人物在新体制中如何定位的情况下。针对这个抗战后因通敌叛国罪而受到国民党政府法律制裁的周作人，共产党政府则没有重新审判，而是以战争期间毛泽东的《在延安文艺座谈会上的讲话》点名称其为"文化汉奸"的代表为前提，在新政权之下做出这种待遇决定的。有关公民权问题还有北京八道湾住宅的权利等法律措施暂且不论，毛泽东的这个裁量基本上决定了周作人在人民共和国的生活，则是事实。唐弢接着讲到，后来鲁迅遗孀许广平《鲁迅回忆录》草稿完成之际，在邵荃麟、林默涵等文化官员为讨论此书稿而召集的会议上自己"也聊陪末席"的经历。会上，该书"所谓兄弟"一章攻击周作人夫妻的段落被大量删除，会后许广平面有不豫之色，唐弢便将上述毛泽东的评价告诉她，许广平听了也就释然了。由此可以知道，这种相关图书的审阅和作者的认可，就是说，与有问题人物相关的所有判断，都要仰赖毛主席那一句话。

其次，来思考一下书简写作前后的情况和内容上与周作人相关的问题。他在这一年的1月26日，被濒临崩溃的南京国民政府提前释放。直到重返北京的老宅为止，他在上海的原学生尤炳圻家中做了半年的食客，这期间，他似乎也考虑过叫北京的家人到上海来定居，但在6月的上海友人聚会的席间，他已表示希望很快就回到北京去（张菊香主编《周作人年谱》1949年6月13日）。比周作人早些出狱并参加了此次聚会的方纪生，曾陪同日本国籍的夫人回国而不幸客死日本，其死去之前写下的简略自传（伊藤虎丸所藏手稿《我的简历》）中，亦有这样一段：

一九四九年［五月］我在上海的友人尤炳圻家中迎来了解放军解放上海，那天早上，周先生对我说，"你和平白［尤炳圻］这往后要跟随共产党走。这是中国人今后唯一正确的道路。不管怎么说，共产党有大公无私的气魄，只有共产党能够解放中国"。上海解放前，他就向王古鲁和平白表示过这样的想法，当时我没有在场。郑振铎听了这话有些担心，便说你们要劝周先生看看形势再回［北京］去。胡适也通过王古鲁劝他不要动，可是周先生却说共产党不会杀他，并让我转达胡适不要逃走。那时，顾颉刚（古代史学家）住在北四川路，我经常去拜访，有一次他说，"正好你来了，胡先生有挂轴和袁大头（铸有袁世凯头像的一元银币）十块放在这里，让你转给周先生。……胡先生现在没工夫，这算作惜别的表示吧"。顾先生打开挂轴，其中是杜甫的两句诗：

不眠思战伐，

无力挽乾坤。

我和顾先生默默无言，心情沉重。……

一个是抗战中傀儡政权的大臣，一个是国民政府驻美大使；一个是战后汉奸审判的被告，一个是重新复校的北京大学校长。曾经的文学革命的双星，其鲜明的对照已是众所周知的故事。这前世因缘，如今以国共两党内战的最后决战之危机为背景，形成了另一个政治性的对照。就在这封书简写毕不到一个月的时候，上海《亦报》刊登出题为"胡适之硬拉周作人"的未署名文章，其中有这样一段（《周作人年谱》1949年7月28日）：

胡适之这次去美国甘心为蒋贼吹牛之前，曾经小住上海，知道周作人出狱居沪，就叫人约周往谈，但为周所拒，后来又约在彼此认识的某君家里吃饭,周仍婉辞。有人问周何故如此?周说我与胡博士私人毫无仇怨,但他近来有点忘记自己说过的话,我只好不识抬举。原来胡适在北平解放之前,曾说:"周作人为北京大学牺牲,我胡适也要留在北平仍为北大努力。"谁知不过几时,他就专机南下。周之牢骚意或指此。后来胡适又托人坚劝周作人南下,力保无论到香港去台湾,一定有教授位置。周却对来人笑谢,说我当年苦住北平,曾以苏武自况,这次傥离上海,难道自居白俄,还是自称政治垃圾?

周在上海时就僦居斗室,日读希腊神话与塞尔朋自然史自娱。解放后有友人赠以新华书店出版之毛主席刘少奇陈伯达著作,亦细读不倦。有天报上说蒋贼广播谓四个月不收复上海便自杀,他看了微笑,说不知想吓哪一个?

关于周作人的选择,还有另一个证言,即出狱后通过尤炳圻打探过去台湾的可能性(洪炎秋《我所知道的周作人》)。这即使有什么事实作为根据,与其说是在国共两党势力之间做出的政治性选择,不如说是出于背负着"通敌"经历而要解决眼下设身处地的生活问题这样一种考虑。可以说,他的政治性选择本身不必进一步援引这个那个的旁证亦十分清楚,而上面的新闻报道,与几年前他出狱时上海的舆论气氛处在追讨汉奸的热潮中不同,如今的关心更倾向于:处在作为内战的结果而权力更迭之际,与历来为国民党一方政治人物之胡适的名士风度无法比拟的周作人会如何处世进退。我不清楚《亦报》这家报纸原来的倾向,但当时的政治色彩在上述报道中也表现得很是鲜明,与仿佛要和国民政府一起没落下去的胡适之政治上的冥顽不化相对照,而称赞周作人选择的贤明,如果考虑到在这前后该报发表了周作人到建国初期为止写过的近千篇短文(收入《周作人集外文·〈亦报随笔〉》),则不能不深切感到时代潮流的变迁。不过，说到与胡适有私情，如沦陷时期从美国寄来直接的劝告，或公审时以北京大学为中心进行的救援运动他所付出的努力，进而如方纪生所记逃亡缝隙间对自己的关怀，其善意周作人当没有怀疑，而如今劝自己"南下"甚至被疑为"硬拉"，故而周作人的拒绝并非政治上的自我陶醉，毋宁说是在理解了胡适的善意的基础上，以同样的善意对他提出了留在大陆的劝告，另一方面，正是因为懂得了如今没有选择余地，只能于公开场合与胡适撇清关系。

此种情况之下，促使周作人向共产党提出申辩的直接契机还不清楚，但从下狱到出狱的经历来说，只要不出走海外，就只得向新政权表明态度，顺势也确认一下自己应有的身份。《周作人年谱》于1949年末尾作为本年中的事项而提到这封信，说这是"由周作人一个学生请董必武转去"的，这位于同年9月召开的政治协商会议上做有关新政府组织法报告不久又就任人民法院首届院长的共产党老前辈，当时正处在推动"民主人士团结"的统一战线工作的核心位置上（《中共党史人物传》），作为向周作人敞开新政权的窗口，请此人转信的确是非常合适的。而书简的真正收信人毛泽东，乃是青年时代在北京大学图书馆工作过，为请教日本"新村"运动而访问过周作人八道湾家宅的新文化运动后辈。共产党不仅有胜者的威势且在政治道义上有相当的根据，故使众多党外人士信服其政权亦是历史的事实。以上总总背景使这封信带上了一定的人情味，有时甚至显露出过于天真的调子。

借用信中的说法，这封信由以下两部分构成：（一）"对于新民主主义的意见"之陈述，（二）对"自己私人的一点事情"的解释。而后一部分，又分为抗战前的被视为"有闲消极"和战后被称为"与敌人合作"这两个部分。但最重要的还是"与敌人合作"方面，"有闲消极"的积极之侧面作为"与敌人合作"部分的前提,而强调其间的连续性乃是整封信的主要构想。比起国民政府的法庭来,周作人对新政权的予以自己以理解有不可同日而语的期待,可以说,因此有着相当程度上透明的中立性。对照他本人的实际思想、行动来看,也会发现他从关注共产主义问题的角度所构成的思想之整然有序性是无可争议的,虽然有急于强调其连续性而在谈"消极悠闲"的部分勉强插入"与敌人合作"问题的不足(例如,从推重李卓吾而讲到其书信中多引古人的话是为了"作屏风",之后突然转到"我也并不相信孔孟",而立刻开始谈起在"那环境中""我"的种种努力),但所谈都是有事实根据的。

这正对应着信中所说的"诚实",但这样一来,于如此被动的文脉下的此种用法,我不禁感到他那本来作为文章轨范的"诚实"不就要变得啼笑皆非了吗?他的文章轨范在这里实际上成了欲哭不能的东西,这在书信开头自称旧时新闻记者的笔调而以更鄙俗的"拍马屁"和"丑表功"来形容,反而使自尊心得以温存的少见调门中,显得更加清楚。如此这般的献丑表白,或者是因为对共产主义者持有亲近感也未可知,而更本质的原因难道不是在于下面的事实吗?曾经坚持军事上必然败北之预测的他,在书信的一开头,其文人原本穷极的气概就早已沉痛地丧失殆尽了。我们结合具体一点儿的例子再做些思考,比如最重要的抗战时"与敌人合作"的部分,其中有使用"占领"一词而申辩其出任傀儡政权教育督办的政治动机一段。当时在他的周围的确有这样的考虑,甚至地下党系统至少并不反对的事实如今也基本上明了了。如果可以"诚实"地主张这种政治上的功绩与出任伪职本身的另一个政治性相抵消,那么,其申辩就没有"丑表功"等的道理了。或者如他所暗示:南下抗日地区受国民党的委托去做戡乱的特务工作和在占领之下维护学校,这两者之间究竟哪个更好呢?这样一种即使有现实性而他本人并没有面临选择之苦的假设,即使取已然没有了妥协余地的国共关系不问，如果只是以获得共产党的政治裁量为写信的唯一目的，那么开头所表露出来的羞羞答答的姿态就不能不使其解释变得相当的卑躬屈膝。然而，实际的情况是他苦于两方面都靠不上的暧昧性，结果只能刻意强调其被动的"诚实"而别无他法。进而，是不是也对日本方面的大东亚思想有所共鸣不得而知，与其说凭借实际上的抵抗动机不如说是没有根本的自觉而完全随波逐流的经历，恐怕不必费一词便颠覆了其"不辩解"信条，这应当是一直束缚着他的吧。这种苦衷当然源自下面这样的不相称，即来自倪云林故事的他那"不辩解"说（《药堂杂文·辩解》）的基于相当名士范儿的洒脱之达观的审美化处世态度，与正是这种达观使他视而不见的政治大环境下所存在着的责任问题，这两者之间的不相称性。如书简中表示的那样，在他那里出任伪职本身与其说是责任问题不如说是自身的名节问题，将这个名节性的"道义"置于"事功"的政治实用主义之下，以强化其一贯的传统批判的主张，然而这依然有无法辩解清楚的地方，他自己也不得不一再承认这一点。结果，他无以跨越自尊心的维度，只能依靠往昔的功绩和因缘关系而维持其求得谅解的态度，这也是与那名士风度大有关系的必然结局。

当然，说到作为追究其出任伪职责任之场的政治大环境，跨越战争与革命导致的多重权力之矛盾纠葛而走到如今，不管他是如何达到感佩于共产党的政策与作风的境地的，总之，这样的信若说不带有一点儿为生存而讨方便的政治性，那也是不可能的。在这个意义上，此信大致发挥了向共产党和新政权表明"团结"之意向的作用，虽说根本没有为其"文化汉奸"翻案的意思，但依靠爱惜其才能的毛泽东之宽容大度的政治裁量，他在人民共和国之下生存的余地首先得到了保障。看到这封书简的冯雪峰之所以被激怒，那是因为他将此作为文人的文章来读的。顺便一提，冯雪峰于抗战中曾写过一篇在党内最见情理的批判文章《谈士节兼论周作人》(《雪峰文集》第3卷，作于1943年)。我认为，与其在这封针对无法与周作人本来所言"诚实"讲话的读者同日而语的对象所写就的信中去寻找其文学性，不如把它当做有着各种过去经历的知识分子向党提出的数不清的申辩书之一，以此来观察其历史的意义。

1952年以后到人民文学出版社的楼适夷，后来负责安排周作人做出版社的特约翻译，翻译希腊、日本的古典文学作品。楼曾听到过这样一则有关周作人的轶事传闻：他要用周作人的名义出版书，中宣部要求周写一篇公开的检讨，承认参加敌伪政权的错误。周写了一篇六千多字的书面文字，但不承认错误，认为自己参加敌伪是为了保护民族文化。领导上以为这样的自白无法向群众交代，而没有公开发表，并规定以后出书只能用周启明的名字。(《我认识的周作人》，载1987年《鲁迅研究动态》第1期)［补注一］如果我们试问，那时他能提出足以让他在一个知识人与大众乃至作家与读者之理想的相互关系中得以复活的"自我批判"吗？我们从包括他本身在内的所有条件来考虑，恐怕都难以得出肯定性的回答。果真如此，并没有意识到自己实际上背负着责任问题的周作人，拒绝只为换取待遇的改善而做言不由衷之"自我批判"的献丑，或许还算不错的了。［补注二］

［补注一］从"文联"(中国文学艺术界联合会)方面体现中宣部的意旨而去接触周作人的一位人物也写道，有关任伪职事，周作人不讲自己好，也不讲自己坏，希望他能有所"认识和反省"，但"基本上是失

败的"。（佟韦《我认识的周作人》，载 1988 年《鲁迅研究动态》第 1 期）

[补注二] 在本书即将校订完毕之际，我读到毛泽东秘书胡乔木的书信集（《胡乔木书信集》，人民出版社，2002），其中有一封 1951 年 2 月 24 日致毛泽东的信，是根据胡的手稿收录于书信集中的。

主席：

周作人写了一封长信给你，辩白自己，要求不要没收他房屋（作为逆产），不当他是汉奸。他另又写了一封信给周扬，现一并送上。

我的意见是：他应当彻底认错，像李季一样在报纸上悔过。他的房屋可另行解决（事实上北京地方法院也并未准备把他赶走）。他现已在翻译欧洲古典文学，领取稿费为生，以后仍可在这方面做些工作。周扬亦同此意。当否请示。

敬礼！

乔木

二月二十四日

我也和周总理讲了，周作人的来信正在传阅当中，我还没有读到。

根据书信编集者的注释，说周作人应当彻底认错时列举的李季乃是共产党创始人之一，1920 年代北伐大革命失败后，一段时间里他曾赞同托派，后来甚至脱离一切组织关系而专注于翻译和著述。对于这段历史，他曾在报纸上表明"悔过"（《刘仁静和李季的声明》，载 1950 年 12 月 21 日《人民日报》）。

另外，胡乔木在这本书信集中提到，毛泽东当日便批示"照此办理"。此时给毛泽东的"长信"还没有公开。胡乔木在附言中所说的周作人致周恩来信，当不是拙文所谈写于两年前的那封信吧。那么，当时周作人似乎写了同样内容的申诉信寄给毛泽东、周扬，还有周恩来了。

可是，接下来就有上海的朋友寄给我一批资料，是有关质疑那封致周恩来信的文章和相关的一些讨论文字。提出质疑的是倪墨炎（《毛泽东"关于周作人的批示"的来龙去脉》，载2003年4月20日《文汇报》。还有同报5月22日的赵americana平《乔木关于知堂信》、朱正《似宜稍有余地》，11月16日的倪墨炎《学术研究需要探讨和讨论》）。倪墨炎文章的要点是：以"先生"为抬头的信不可能是当时寄给周恩来的，即便确实为周作人的亲笔，恐怕也是本人抄写而经过郑振铎转给唐弢和冯雪峰的，原信不是周恩来收到而没有理睬，就是原本就没有真正寄送，而实际上大概是后一种情况吧。这样，毛泽东的裁量和周恩来转给旧文学研究会同人阅览等，都不过是唐弢等基于猜想的传闻，应予否定的。这篇文章的论证涉及多个方面，相当周到，其基本的观点是说毛泽东和周恩来对"一个刑期未满的汉奸"怎么会像对待"'国宝级'的贵宾"一样呢，如果"稍微熟悉党政机关办事的常识"，这样的事情是不可想象的。

我本来就属于不熟悉这种"常识"的人，没有加入讨论的余地，但也不能为倪墨炎连唐弢回忆的动机也加以彻底怀疑的文章所"说服"。至少倪的观点，对我所最为关心的周作人亲笔信中明确记载的1949年7月4日时他对共产党和毛泽东有那样的申辩这一事实，没有任何影响。我所关注的毋宁说是倪文中没有给出出处而附带说明的中华人民共和国对于周作人的法律处置。即，在胡乔木致毛泽东信报告了周作人的诉求又经过了近三年时间的1954年12月22日，北京市法院最终做出了对周作人的"剥夺政治权利"的决定，以及数年后的1958年4月25日和30日两次驳回了周作人的"恢复选举权"的申诉。

新版后记
（2004年）

　　如旧版《北京苦住庵记》的后记所述，最早动笔写作此书已是四分之一世纪以前的事情了，如今，在如此匆忙的时代要重新出版，是需要有相应的理由的。不过，在我本人则理由很简单，首先，执笔写作的时候，中国大陆的"文化大革命"还处于余烬未了的阶段，中国方面的资料几乎都要通过香港和台湾来寻找，这种资料上的限制我一开始就意识到了。另外，仿佛是对长期以来问罪和抹杀的反动似的，"文革"结束以后渐渐开始直到今天，中国围绕周作人问题的认识发生了相当的变化。总之，旧版中根据香港的传闻所记主人公的死亡日期便差了半年，依据这样不准确的信息对于其临终情况的描述也便与事实大有出入，更何况随着有关周作人的政治上之禁忌的松动，大量的事实和资料开始浮出水面。这也引起了我特别的关注，甚或写了一些对于旧作进行补充的文章，这在我也是自然而然的事情吧，结果便有了现在这些甚至颇琐细的补注乃至数篇后日编。

　　这次改版，除追加了补注和后日编外，还有若干的变化。旧作不仅原本受到了上述客观因素的限制，而且在主观企图上也存在着执笔时期的历史条件意识，因此，从道理乃至实感上讲原文的改动是困难的，但也有不得不改动的地方。其一，因为一直觉得书中引用的诗文还有推敲重译的余地，故借改版的机会做了必要的处理。其二，当时作为想象主人公所处环境的稀少材料而不忍舍弃、在追加了补注之后又显得不必要甚至碍事的一些插话，以及改版后不必再保留的一类谈资，也都一并做了整理。但是，这一类整理限于推敲的范围之内，而因资料上的限制导致的错误如上述死亡日期的误记一类则原封不动，原则上均将实际的订正和加增放到补注里。

对于自己的著作的记忆似乎意外地不可相信，这是我借此次改版机会重新通读一遍旧作时感觉到的。对于本书的主人公，我自然站在与中国人不同的立场上，甚至反手利用我无法像中国人那样去加以批判的关系，而试图尽可能去接近周作人的经历体验，今天想来，结果是对这位文弱之人的失败主义式的抵抗给予了相当的肯定。仿佛前一个世纪的教训和新世纪的现实，让人知道了与当时的正义与非正义不同的彻底胜利主义本身的否定性报应，结果，好像对文弱者流的败北主义式思想比以前更容易谈论了似的。这样，反倒令人偏袒起负面一方的这种摩擦感也确实变得相当稀薄了，刚才说到重读所引用的诗文，实际上和这种情况有关系。具体而言，旧版中对沦陷时期的笔记《读〈东山谈苑〉》和战后的五言古风《修禊》等的评价做了全力的拔高，仿佛周作人在文学上弥补了反政治主义的政治性难关和失败似的。这回我则更倾向于将通过文学也未能弥补的重创作为重创来直视的读法。这种观点在旧版中通过对《知堂回想录》的不满等已经表现出来了，可另一方面由于没有控制住要从主人公的不幸命运中搭救出其文学来的愿望，而产生了多少有些过度的解读。对此的调整也还是在补注中来做而与改版的方针保持一贯，但是引用的诗文之训诂和解读，保留其修改之前的状态已没有意义，故在推敲本文的范围内做了必要的处理，同时，对于附录的《知堂狱中杂诗抄》一文也施加了与此相照应的修改。总之，我个人的想法已无从改变，不过，对于引用的诗文之解读上的上述修改，若要对周作人之失败主义式抵抗的思想之可能性做认真的思考，或许是一个必经的手续吧。

以上是新版的大概情况。本来，这理应是由后辈之手将其葬于历史之中的书籍了，可是，如果说即便为此也应该对有关周作人"事件"始末的基本事项加以整理的话，那么，我想这本像对陋屋做了修补和加筑的书，一段时间内仍然有其存在的意义吧。作为我个人，则是以最后一次做完了事的心情来修订此书的，与当初写作时感到资料不足所留下的后遗症不同，若为历史的细节所诱惑做起来，则几近于无边无沿的，而其实证的意义本来也是很有限的。

我终于可以放下心来，而且也应该回顾一下旧版刊行以来的诸种因由了，不过，这里只略记到刊行新版为止的一些人之因缘，以表示谢忱。旧作得以在筑摩书房出版单行本，主要得力于该书店担任主编的已故老友中岛岑夫的意向。可是，出版后不久筑摩书房便告破产，他则以火中取栗的姿态处于出任适用更生法的公司社长的困境之下。在这种状况下，对只会短期内有销路的这本旧作表示同情，风间完治编辑于出版社重建之后便一再怂恿其再版。可是由于上述理由，考虑到若再版必须加以修订增补，我却感到麻烦为难起来，结果在犹豫之中，风间君迎来了退休的年龄。这次终于着手修订也是他那督促鼓励所使然，但结果由于当初在杂志上连载的旧缘分而由岩波书店刊行新版，则得力于当时《思想》（岩波书店刊行——译者）杂志编辑部的米滨泰英的大力支持，他曾经促成我写作此书并一直关心着单行本的命运。还有，《晚年的周作人》作者文洁若女史、活跃于台湾实业界的张深切日记版权继承人张孙煜先生，他们欣然答应本书附录其文章、资料。进而，在我供职一桥大学期间，以周作人与日本文化的论文取得博士学位，现在中国社会科学院文学研究所工作的赵京华君，多次帮助我在北京做过调查和联系的工作。

另外，这个新版与旧版相比字数大增，原本是想写成供一般读者阅读的书变得厚重起来，虽说这并非本意而且现在也是不得已的，可预计的书价涨到了难以相信的程度，这使我很狼狈。因此，向财团法人日中友好会馆日中和平友好交流计划的历史研究支援事业提出了出版补助的申请，幸运的是由此该书定价的上扬得到了相当程度的控制。在此，一并表示谢忱。

二〇〇四年五月　木山英雄

译者后记

本书是日本中国学家木山英雄所著中国作家周作人的一部传记。众所周知，周作人是一个复杂而多有争议的历史人物，在动荡的近现代史中他经历了几次重大的人生抉择，如清末赴日留学，五四时期参与文学革命并倡导人的文学和思想革命，1920年代以后决心专注于现代散文（小品文）的创作，与现实政治拉开距离而积极从事文明批评的工作，1930年代从五四时期的激烈反传统到回归"原始儒家"，致力于传统与现代的创造性转化等等。这些重大的人生、思想抉择不仅塑造了作为历史人物的"周作人"之品格和他在人们心目中的地位，同时也构成了一个个社会性"事件"，是今天的研究者和知识人依然关注的对象。然而，以上任何一次抉择，都没有1937年全面抗战爆发后他的一系列选择的影响更为重大和深远。从决意滞留沦陷下的北京到出任傀儡政权要职最后受到国民政府的审判，在历史脱出直线发展的轨道而发生"转弯"的关头，周作人一步步远离了浴血抗战的中国和主流知识分子群体，而走进了他人生中最黑暗的那个阶段。这不仅给他个人的命运以决定性的打击，而且如木山英雄所言，也给他的同胞和民族乃至中国现代文学的历史造成了难以愈合的伤痕。因此，以1937年到1945年为一个历史单元来记述周作人的传记，就成了一个非常重要的研究课题。

然而，这个历史单元乃是中日关系以至东亚史上最黑暗的一段。其中不仅交织着殖民侵略与被殖民被侵略之间抵抗与屈从的复杂关系，而且生活于其中的每个人都要面临由国家、民族、文化和个人所构成的关系链条达到紧张极限的局面，在这样的局面之下，每个人有不同的抉择及其人生命运。木山英雄的这部传记便首先意识到了这一点，并在叙述结构和方法上确定了三个层面。第一，从"事件史"的层面尽可能详细地叙述围绕周作人构成的一系列"事件"，如"更生中国文化建设座谈会"（1937），大后方和抗战地区对其附逆事敌的声讨（1938），元旦狙击事件（1939），出任伪职的前前后后（1940），"大东亚文学者大会"与"扫荡反动老作家"（1943），以及战后的汉奸审判（1946）等等，构成了传记的结构主线。第二，在"事件史"的大背景下，从人物传记的层面深入挖掘和梳理传主在一系列"事件"关系中个人言行与抉择的过程，尤其注意每一次抉择后面的深层思想和心理动机，由此呈现出传主此一人生阶段的"精神史"。第三，作为那场侵略战争的加害国国民同时也是一位关心革命中国的日本知识分子，传记作者木山英雄还试图在"事件史"和"精神史"之上，去尝试触及"从中日战争本身的复杂性到日本人与中国人乃至亚洲人之间的相互联带与理解，或者不如说没有联带和不理解，特别是日本人那种器量能力的问题"（《尾声》）等，由此，也就获得了超越一般道德判断而更侧重经验性史料的实证分析和自然而然的对于人之关怀的立场。从这样的立场出发，自然也就使本书超出了一般的人物传记，而具有了反思战争历史和中日关系，并在此基础上冷静观察和剖析传主"精神史"的思想评论品格。

1946年国民政府根据"汉奸惩处条例"判处周作人有期徒刑10年。这之后,他的名字便从公众社会消失了,甚至遭到了学术界的忘却,直到1978年中国实行改革开放和思想解放,周作人才又回到人们关注的视线中。这期间,中国学者的相关研究有了长足的进展,甚至在1990年代于专业研究领域之外,还出现了"周作人热",其作品得到重印并受到广泛的阅读。然而客观地讲,受历史材料和研究者视野的局限,有关战争时期的周作人研究依然不够深入透彻。这不仅影响到我们对周作人其人和全部思想、文学的整体理解,而且妨碍了我们以此为媒介深入观察中国近现代史乃至中日关系史的视野。而在大众性"周作人热"退去之后,近几年中国研究界又呈现出比较沉寂的局面。我希望通过此书在汉语学术界的翻译出版,能够引起相关问题的深入讨论,从而对打破这种沉寂局面起到促进作用。《北京苦住庵记》一方面挖掘收集到大量鲜为人知的史料,特别是围绕元旦"狙击事件"和周作人出任伪职前后来自日本方面的种种威逼劝诱,还有"大东亚文学者大会"前后,日本各路文人、作家与周作人之间发生的种种关系等,作者在1970年代通过大量的史实调查和对日方仍健在的当事人进行走访,获得了珍贵的第一手材料。这些材料的多数依然是目前中国学者所不知的。另一方面,基于"经验性的考究和自然而然的对于人的关怀",针对周作人日伪时期一系列言论行动背后"动机"的细致入微的解读,特别是基于国家民族、文化同一性和个体自我的复杂关系对其"精神史"所做的鞭辟入里的剖析,足以促使读者重新回到历史现场,设身处地去了解周作人的心路历程。比起一些研究者仅从民族国家大义出发居高临下地进行道德判断来,这样的解读反而更能使我们体味到那个战争时代的黑暗和残酷,以及生活于其中的人们内心的苦楚和无奈,从而提升我们对于历史和道德本身的价值判断能力。至于作者在"新版后记"和"致中文版读者"中提出的周作人"失败主义式的抵抗思想之可能性"问题，则更是一个需要我们从单一的民族国家思维框架中跳出来，面向未来予以认真思考和回应的重大课题。我期待中日两国学者能够对此展开深入的讨论。

本书原由日本筑摩书房出版于1978年，书名为《北京苦住庵记——日中战争时代的周作人》。后来，随着新史料的不断出现和周作人越来越受到中日两国学术界的瞩目，作者木山英雄也继续关注战争时期的周作人，并写下了后续的研究文章。2004年，在改由岩波书店刊行新版之际，则特别增加了"后日编"部分，并以"补注"的方式把20余年来新发现的史料和研究成果消化于传记之中，而改换了一个长长的新书名《周作人"对日协力"始末——补注〈北京苦住庵记〉及后日编》。这次中译以岩波书店新版为底本，同时根据作者的意见，去掉了"后日编"部分，只保留了其中《知堂狱中杂诗抄》一篇。书名依然延用旧版的。另外，书中的"补注"为2004年新版时作者所加，而"注"则是1978年旧版的原注。为保存该书的历史性，这次中译仍保持原样，没有做硬性的统一。

作为译者，我对去掉岩波新版"后日编"的部分，略觉遗憾。这里，仅录存其篇目，以备参考：

一、有关周作人的新史料问题

二、周作人致周恩来信——翻译题解

三、周作人狙击事件与"抗日杀奸团"

四、读张深切的北京日记（附日记原文）

五、知堂狱中杂诗抄

附录：《晚年的周作人》（文洁若）

最后，由衷感谢木山英雄先生百忙之中审阅了全部译稿，以及对译者我的学术研究方面的殷殷期待。也感谢王得后、高远东两先生的热诚鼓励和在资料方面的宝贵指教，同时，还要感谢三联书店叶彤先生对本书出版的大力支持。

赵京华
2007 年 12 月　于北京太阳宫寓所

译者再印后记

　　借此次加印的机会,增补了一篇原作者所作《〈周作人致周恩来信〉及题解》(收录于《周作人"对日协力"始末——补注〈北京苦住庵记〉及后日编》,岩波书店,2004)。该文发表于1994年日本《中国研究月报》第48卷第8号,时间上虽与本书日文初版相隔17年,但其内容与书中所述事项密切相关,故作为中文版"附录2"收入,以供读者参考。

　　另,此次加印,译者做了最低限度的文字修订。衷心感谢袁一丹、陈言两位女史在文献史料和文字勘误方面提供的宝贵意见。

译者

2024年3月29日